Recht –
schnell erfasst

Thomas Eissing

Behinderten-recht

Schnell erfasst

Reihenherausgeber
Dr. iur. Detlef Kröger
Dipl.-Jur. Claas Hanken

Autor
Prof. Ass. jur. Thomas Eissing

Dienst:
HTWS Zittau-Görlitz
FB Sozialwesen
Furtstraße 2 / Postfach 300 648
02826 Görlitz
Tel.: 03581 - 4 828 122 (Sekretariat), - 143 (persönl.)
t.eissing@hs-zigr.de

Privat:
Am Moorwiesengraben 26
24113 Kiel
Tel.: 0431 - 685 354
eissing-junghanns@web.de

Graphiken
Dirk Hoffmann

ISSN 1431-7559

ISBN 978-3-540-33954-0 Springer Berlin Heidelberg New York

Bibliografische Information der Deutschen Nationalbibliothek
Die Deutsche Nationalbibliothek verzeichnet diese Publikation in der Deutschen Nationalbibliografie; detaillierte bibliografische Daten sind im Internet über http://dnb.d-nb.de abrufbar.

Dieses Werk ist urheberrechtlich geschützt. Die dadurch begründeten Rechte, insbesondere die der Übersetzung, des Nachdrucks, des Vortrags, der Entnahme von Abbildungen und Tabellen, der Funksendung, der Mikroverfilmung oder der Vervielfältigung auf anderen Wegen und der Speicherung in Datenverarbeitungsanlagen, bleiben, auch bei nur auszugsweiser Verwertung, vorbehalten. Eine Vervielfältigung dieses Werkes oder von Teilen dieses Werkes ist auch im Einzelfall nur in den Grenzen der gesetzlichen Bestimmungen des Urheberrechtsgesetzes der Bundesrepublik Deutschland vom 9. September 1965 in der jeweils geltenden Fassung zulässig. Sie ist grundsätzlich vergütungspflichtig. Zuwiderhandlungen unterliegen den Strafbestimmungen des Urheberrechtsgesetzes.

Springer ist ein Unternehmen von Springer Science+Business Media

springer.de

© Springer-Verlag Berlin Heidelberg 2007

Die Wiedergabe von Gebrauchsnamen, Handelsnamen, Warenbezeichnungen usw. in diesem Werk berechtigt auch ohne besondere Kennzeichnung nicht zu der Annahme, dass solche Namen im Sinne der Warenzeichen- und Markenschutz-Gesetzgebung als frei zu betrachten wären und daher von jedermann benutzt werden dürften.

Herstellung: LE-TEX Jelonek, Schmidt & Vöckler GbR, Leipzig
Umschlaggestaltung: WMX Design GmbH, Heidelberg

SPIN 11749660   64/3100YL - 5 4 3 2 1 0   Gedruckt auf säurefreiem Papier

Vorwort

Das vorliegende Buch will die Besonderheiten der behindertenrechtlichen Regelungen nach dem Sozialgesetzbuch Band IX – dem Recht der Rehabilitation und Teilhabe behinderter Menschen – auf der Grundlage des allgemeinen sozialen Leistungsrechts nach dem Sozialgesetzbuch vorstellen und erläutern.

Diese Kenntnisse haben im Studium der Heil- und Behindertenpädagogik sowie im Studium der Sozialpädagogik beachtliche Bedeutung, weil der Erwerb profunder Kenntnisse des sozialen Behindertenrechts im Studium der Vorbereitung auf die professionelle Arbeit mit behinderten Menschen dient.

Bei der Durchführung von Beratung sowie bei der Planung und Umsetzung von Hilfen für Menschen, die mit körperlichen, geistigen und/oder seelischen Behinderungen ihr Leben meistern müssen, werden die Kenntnisse des sozialen Behindertenrechts häufig benötigt. Thematisiert werden mit diesem Buch die sozialen Rechte behinderter Menschen und die Möglichkeiten, diese Rechte im Einzelfall geltend machen zu können.

Die Regelungen des SGB IX, soweit sie die Pflicht der Arbeitgeber zur Beschäftigung schwerbehinderter Menschen zum Gegenstand haben, werden nicht besprochen – diese Bestimmungen gehören ihrer Rechtsnatur nach in den Bereich des Arbeitsvertrags- und des Betriebsverfassungsrechts.

Besondere Rechtsvorschriften für Behinderte gibt es in vielen Bereichen des öffentlichen Rechts – z.B. im Baurecht und im Steuerrecht; auch die Gleichstellungsgesetze der Länder sind geprägt von Regelungen, die den besonderen Problemlagen Behinderter Rechnung tragen. All diese Gesetze und Verordnungen sollen mit diesem Buch ebenfalls nicht angesprochen werden.

Görlitz, August 2006 Prof. Thomas Eissing

Inhaltsübersicht

Behindertenrecht und Sozialrecht   1
• Der Standort des Behindertenrechts in der Rechtsordnung • Behindertenrecht und Sozialgesetzbuch • Anspruchsgrundlage • Antragserfordernis und Zuständigkeit • Zum Erscheinungsbild der Sozialleistungen •

Zentrale Begriffe des Behindertenrechts   23
• Zum Begriff Krankheit • Zum Begriff Behinderung • Zum Begriff Rehabilitation • Erwerbsminderung und Erwerbsunfähigkeit • Der Begriff Arbeitsunfähigkeit • Zum Begriff Arbeitslosigkeit • Zum Begriff Pflegebedürftigkeit •

Behinderung und Arbeitsleben   61
• Zweck und Ziel der Leistungen • Leistungsbezug für Menschen mit Behinderungen • Die besonderen Förderformen des SGB IX • Werkstatt für Behinderte (WfB) • Einrichtungen und Dienste zur Durchführung der besonderen Aufgaben für behinderte Menschen • Behinderung und Grundsicherung für Arbeitssuchende •

Leistungen zur Gesundheitsversorgung und bei Pflegebedürftigkeit   101
• Leistungen zur Gesundheitsversorgung und Krankenbehandlung • Anspruchsgrundlage • Leistungsspektrum • Das sozialrechtliche Leistungsverhältnis bei Krankenbehandlung • Leistungen zur Früherkennung und Frühförderung • Die Leistungen der Pflegeversicherung nach SGB XI • Sozialrechtliches Leistungsverhältnis •

Leistungen zur sozialen Eingliederung für behinderte Menschen   131
• Leistungen der sozialen Eingliederungshilfe • Leistungsformen im Einzelnen • Soziale Eingliederungshilfe und Sozialhilfe • Leistungsarten der Sozialhilfe • Leistungen der Eingliederungshilfe • Anspruch auf Eingliederungshilfe • Qualitätssicherung •

Behinderung und Betreuungsbedürftigkeit   151
• Verortung des Betreuungsrechts • Betreuung und Vormundschaft • Voraussetzungen für die Anordnung einer Betreuung • Das gerichtliche Verfahren zur Betreuerbestellung • Aufgabenkreis der Betreuung • Durchführung der Betreuungsaufgabe • Vergütung der Betreuungstätigkeit •

Behinderung und Psychisch-Kranken-Recht   173
• Verortung des Psychisch-Kranken-Gesetzes • Hilfen nach dem PsychKG als Leistungen des SGB • Maßnahmen gegen den Willen des psychisch kranken Menschen •

Behinderung und Erziehungsaufgabe   187
• Recht auf Entwicklungsförderung und Pflicht zur Erziehung • Leistungen der Kinder- und Jugendhilfe •

Das sozialrechtliche Verwaltungsverfahren   195
• Verwaltungsakt • Widerspruchsverfahren •

Fallbeispiel und Lösung   203
• Fallgeschichte: Hendrike und Bruno • Beantwortung der Fragen •

Register   213

Inhaltsverzeichnis

Behindertenrecht und Sozialrecht..1
1. Der Standort des Behindertenrechts in der Rechtsordnung....................2
   1.1. Internationales Recht...2
   1.2. Nationales Verfassungsrecht...4
   1.3. Behindertengleichstellungsgesetz....................................6
   1.4. Ausgestaltung der Verfassungsgrundsätze durch das SGB 7
2. Behindertenrecht und Sozialgesetzbuch.....................................10
   2.1. Rechtsstellung behinderter Menschen................................11
   2.2. Recht auf Zugang zur Sozialversicherung und Mitgliedschaft.........12
   2.3. Rechtsfolgen aus der Mitgliedschaft 13
3. Anspruchsgrundlage..14
   3.1. Bedarfssituation...15
   3.2. Beispiele..16
4. Antragserfordernis und Zuständigkeit 18
5. Zum Erscheinungsbild der Sozialleistungen.................................19
   5.1. Leistungstypen...19
   5.2. Leistungsformen 19
   5.3. Grundsätze der Leistungserbringung.................................20
6. Wiederholungsfragen und -aufgaben 22

Zentrale Begriffe des Behindertenrechts..23
1. Zum Begriff Krankheit...24
   1.1. Medizinische Betrachtung...24
   1.2. Sozialrechtliche Sichtweise..24
   1.3. Anspruch auf Krankenbehandlung 26
   1.4. Krankheit als Versicherungs- und Leistungsfall.....................27
   1.5. Behandlungsleistungen..28
   1.6. Rechtsfolgen bei Erkrankung..29
   1.7. Zuständigkeit der Leistungsträger 30
2. Zum Begriff Behinderung...31
   2.1. Abgrenzung vom Begriff Krankheit...................................31
   2.2. Definition durch die WHO 32
   2.3. Konkretisierung durch die Eingliederungshilfe-Verordnung 34

	2.4. Grad der Behinderung	34
	2.5. Behinderung und Schwerbehinderung	36
	2.6. Rechtsfolgen bei Behinderung	37
3.	Zum Begriff Rehabilitation	39
	3.1. Ziele der Maßnahmen	39
	3.2. Arten von Leistungen zur Wiederbefähigung	40
	3.3. Bewilligung von Maßnahmen	40
	3.4. Durchführung einer Maßnahme zur Rehabilitation	41
4.	Erwerbsminderung und Erwerbsunfähigkeit	42
	4.1. Gesetzliche Definition	42
	4.2. Erwerbsminderung und Erwerbsunfähigkeit als Behinderung	43
	4.3. Beispiel	43
	4.4. Verhältnis zum Grad der Behinderung	44
	4.5. Rechtsfolge	45
5.	Der Begriff Arbeitsunfähigkeit	46
	5.1. Arbeitsunfähigkeit und Krankheit	46
	5.2. Unterschied zur Erwerbsunfähigkeit	46
	5.3. Beispiel	46
	5.4. Rechtsfolgen bei Arbeitsunfähigkeit	47
6.	Zum Begriff Arbeitslosigkeit	49
	6.1. Vorschriften zur Arbeitslosigkeit	49
	6.2. Pflichten des Arbeitssuchenden	50
	6.3. Rechtsfolgen	51
	6.4. Anspruch auf Arbeitslosengeld (Alg I)	52
	6.5. Alg II und Behinderung	54
7.	Zum Begriff Pflegebedürftigkeit	57
	7.1. Gesetzliche Definition	57
	7.2. Krankheit und Behinderung	57
	7.3. Feststellungsverfahren	57
	7.4. Leistungen	58
8.	Wiederholungsfragen und -aufgaben	60

Behinderung und Arbeitsleben **61**

1.	Zweck und Ziel der Leistungen	62
	1.1. Zum Begriff Arbeit im Verständnis des Sozialrechts	63
	1.2. Zum Begriff Arbeitsförderung	64
	1.3. Arbeitsförderungsrecht	64

1.4. Leistungsberechtigung 65
1.5. Leistungsspektrum und Zuständigkeit 66
2. Leistungsbezug für Menschen mit Behinderungen 68
    2.1. Anspruchsgrundlagen und Leistungsbeschreibung..................................68
    2.2. Besondere Leistungen..69
    2.3. Ziel und Zweck der besonderen Leistungen...69
    2.4. Arten der Förderung...70
3. Die besonderen Förderformen des SGB IX 72
    3.1. Trainingsmaßnahmen...74
    3.2. Neigung und Eignung 74
    3.3. Eingliederungsvereinbarung..75
    3.4. Bildungsmaßnahmen 76
    3.5. Förderung der Berufsausbildung...76
    3.6. Förderung der beruflichen Weiterbildung 79
    3.7. Unterstützung während einer Maßnahme der Aus- oder Weiterbildung 80
4. Werkstatt für Behinderte (WfB) 84
    4.1. Begriff und Aufgaben 84
    4.2. Leistungszweck 85
    4.3. Leistungen zur Rehabilitation 86
    4.4. Leistungsansprüche in der WfB...87
    4.5. Zuständigkeit 88
5. Einrichtungen und Dienste zur Durchführung der besonderen Aufgaben für behinderte Menschen...90
    5.1. Integrationsamt...90
    5.2. Integrationsfachdienst..92
    5.3. Integrationsprojekt...93
    5.4. Arbeitsassistenz 94
6. Behinderung und Grundsicherung für Arbeitssuchende...................................95
    6.1. Behinderte Menschen als Adressaten 95
    6.2. Aufgabe der Grundsicherung und Ziele der Leistungen..........................96
    6.3. Leistungsarten..96
    6.4. Voraussetzungen für den Bezug von Leistungen 98
7. Wiederholungsfragen und -aufgaben 100

Leistungen zur Gesundheitsversorgung und bei Pflegebedürftigkeit..................101
1. Leistungen zur Gesundheitsversorgung und Krankenbehandlung 102
    1.1. Zielstellungen des SGB V 102

1.2. Zielstellungen im SGB IX 103
2. Anspruchsgrundlage 104
    2.1. Anspruchsberechtigung 104
    2.2. Antrag 105
    2.3. Behandlungsbedarf und zugelassene Leistungen 105
3. Leistungsspektrum 107
    3.1. Prävention 107
    3.2. Arten der Krankenbehandlung 109
4. Das sozialrechtliche Leistungsverhältnis bei Krankenbehandlung 111
    4.1. Beteiligte 111
    4.2. Rechtsbeziehungen im Behandlungsverhältnis 111
5. Leistungen zur Früherkennung und Frühförderung 113
    5.1. Anspruchsgrundlage 113
    5.2. Leistungsbeschreibung 114
    5.3. Beratung der Sorgeberechtigten 114
    5.4. Selbsthilfegruppen 115
    5.5. Kosten 116
6. Die Leistungen der Pflegeversicherung nach SGB XI 117
    6.1. Pflegeleistungen und Rehabilitation 117
    6.2. Zuständigkeit und Organisation 117
    6.3. Aufgaben der Pflegeversicherung 119
    6.4. Leistungsberechtigung 120
    6.5. Verfahren zur Feststellung von Pflegebedürftigkeit 120
    6.6. Bewilligungsbescheid 121
    6.7. Leistungskatalog 123
    6.8. Durchführung der Pflege 127
7. Sozialrechtliches Leistungsverhältnis 128
8. Wiederholungsfragen und -aufgaben 130

Leistungen zur sozialen Eingliederung für behinderte Menschen 131
1. Leistungen der sozialen Eingliederungshilfe 132
2. Leistungsformen im Einzelnen 133
3. Soziale Eingliederungshilfe und Sozialhilfe 134
    3.1. Sozialhilfe 134
    3.2. Aufgaben 135
    3.3. Leistungen und Träger 135
    3.4. Anspruchsgrundlage 136

3.5. Einkommen und Vermögen 138
4. Leistungsarten der Sozialhilfe 140
   4.1. Hilfe zum Lebensunterhalt 140
   4.2. Bedarf 141
5. Leistungen der Eingliederungshilfe 144
6. Anspruch auf Eingliederungshilfe 146
7. Qualitätssicherung 148
8. Wiederholungsfragen und -aufgaben 149

Behinderung und Betreuungsbedürftigkeit **151**
1. Verortung des Betreuungsrechts 152
   1.1. Betreuung und Sozialgesetzbuch 152
   1.2. Betreuungsrecht als materielles und formelles Zivilrecht 153
2. Betreuung und Vormundschaft 154
3. Voraussetzungen für die Anordnung einer Betreuung 155
   3.1. Grundsatz der Erforderlichkeit 155
   3.2. Beispiele 156
   3.3. Unterhaltspflicht gegenüber Verwandten 157
   3.4. Hilfeleistung eigener Art 157
4. Das gerichtliche Verfahren zur Betreuerbestellung 159
   4.1. Zuständigkeit, Einleitung des Verfahrens 159
   4.2. Rechtsstellung des Behinderten im Verfahren und anwaltliche Vertretung 159
   4.3. Anhörung 160
   4.4. Ergebnis der Anhörung 160
   4.5. Erstellung eines Gutachtens 160
   4.6. Schlussgespräch und Abschluss des Verfahrens 161
   4.7. Rechtswirkung der gerichtlichen Entscheidung 163
5. Aufgabenkreis der Betreuung 164
6. Durchführung der Betreuungsaufgabe 165
   6.1. Das Innenverhältnis 166
   6.2. Das Außenverhältnis 167
   6.3. Das Verhältnis zum Vormundschaftsgericht 167
7. Vergütung der Betreuungstätigkeit 170
   7.1. Umfang der Arbeit als Kriterium 171
   7.2. Vergütung nach dem 2. Betreuungsrechts-Änderungsgesetz 171
8. Wiederholungsfragen und -aufgaben 172

Behinderung und Psychisch-Kranken-Recht **173**
1. Verortung des Psychisch-Kranken-Gesetzes 174
   1.1. Regelungsgegenstand 175
   1.2. Adressaten der Hilfen 175
   1.3. Der Hilfebegriff und die Organisation der Hilfen 176
2. Hilfen nach dem PsychKG als Leistungen des SGB 179
3. Maßnahmen gegen den Willen des psychisch kranken Menschen 181
   3.1. Vorrang des Hilfeangebots 181
   3.2. Vorführung zur Untersuchung 181
   3.3. Unterbringung gegen den Willen 182
   3.4. Unterbringungsverfahren 183
4. Wiederholungsfragen und -aufgaben 186

Behinderung und Erziehungsaufgabe **187**
1. Recht auf Entwicklungsförderung und Pflicht zur Erziehung 188
2. Leistungen der Kinder- und Jugendhilfe 190
   2.1. Hilfe zur Erziehung 190
   2.2. Eingliederungshilfe für seelisch behinderte junge Menschen 191
   2.3. Hilfen zur sozialen Eingliederung 193
3. Wiederholungsfragen und -aufgaben 194

Das sozialrechtliche Verwaltungsverfahren **195**
1. Verwaltungsakt 197
2. Widerspruchsverfahren 201
3. Wiederholungsfragen und -aufgaben 202

Fallbeispiel und Lösung **203**
1. Fallgeschichte: Hendrike und Bruno 204
2. Beantwortung der Fragen 207

Register **213**

Verzeichnis der Abkürzungen

AfA	Agentur für Arbeit
AHP	Anhaltspunkte für die ärztliche Gutachtertätigkeit
BBiG	Bundesbildungsgesetz
BGB	Bürgerliches Gesetzbuch
BGG	Behindertengleichstellungsgesetz
FGG	Gesetz über die Freiwillige Gerichtsbarkeit
GdB	Grad der Behinderung
GG	Grundgesetz der Bundesrepublik Deutschland
HLU	Hilfe zum Lebensunterhalt
MDK	Medizinischer Dienst der Krankenkassen
PsychKG	Psychisch-Kranken-Gesetz
RSVO	Regelsatzverordnung
SGB	Sozialgesetzbuch
UN-MRK	UN-Menschenrechtskonvention
VO	Verordnung
WfB	Werkstatt für Behinderte

Behindertenrecht und Sozialrecht

1. Der Standort des Behindertenrechts in der Rechtsordnung   1
2. Behindertenrecht und Sozialgesetzbuch   10
3. Anspruchsgrundlage   14
4. Antragserfordernis und Zuständigkeit   18
5. Zum Erscheinungsbild der Sozialleistungen   19
6. Wiederholungsfragen und -aufgaben   22

1. Der Standort des Behindertenrechts in der Rechtsordnung

Das mit diesem Buch schwerpunktmäßig besprochene soziale Behindertenrecht findet seine rechtlichen Grundlagen

- im internationalen Recht, dort in der Menschenrechtskonvention der Vereinten Nationen von 1948,
- im deutschen Verfassungsrecht nach dem Grundgesetz (GG),
- im deutschen Sozialrecht nach dem Sozialgesetzbuch (SGB).

Im Folgenden sollen die zentralen Vorschriften der genannten Rechtsgrundlagen vorgestellt werden, um den Standort des Behindertenrechts im internationalen und nationalen Recht *konkret* aufzuzeigen.

1.1. Internationales Recht

Die Allgemeine Erklärung der Menschenrechte (AEMR) als Bestandteil der **UN-Menschenrechtskonvention** ist als völkerrechtliche Vereinbarung für die Regierungen aller Beitrittsländer eine verbindliche staatspolitische Leitlinie mit der Pflicht zur Umsetzung in die Lebenswirklichkeit der Bevölkerung jedes einzelnen Staates. Sie hat für die rechtliche Verortung der gesellschaftlichen Stellung der von Behinderung betroffenen Menschen eine tragende Bedeutung.

- In der **Präambel** der Konvention kommt das Bekenntnis zu Würde und Wert der menschlichen Persönlichkeit zum Ausdruck.
- Art. 1 AEMR konkretisiert die Präambel.

Art. 1 AEMR

> Alle Menschen sind frei und gleich an Würde und Rechten geboren. Sie sind mit Vernunft und Gewissen begabt und sollen einander im Geist der Brüderlichkeit begegnen.

Hiermit ist zum Ausdruck gebracht, dass Menschen im gesellschaftlichen Leben die Gebote des sozialen Miteinanders achten und respektieren sollen. Die Regierungen der einzelnen Staaten haben die Rahmenbedingungen des sozialen Alltags im Sinne des Geistes einer sozialen Gemeinschaft auszugestalten, so dass die Bevölkerungen auch ein soziales Miteinander leben können.

- **Art. 2 AEMR** bringt zum Ausdruck, dass jeder Mensch Anspruch hat auf die mit der Konvention erklärten Rechte und zwar ohne Ansehung der Unterschiede in Rasse, Hautfarbe, Geschlecht, Sprache, Religion, Vermögen und sozialer Herkunft. Gemeint ist damit, dass keinem Menschen wegen niedrigen sozialen Standes oder fehlender materieller Mittel eine minderwertigere Position im Sozial-

und Rechtsleben zugewiesen werden darf als Menschen, die über materiellen Wohlstand und Besitz verfügen.

Im Sinne des Art. 2 AEMR tragen die Mitgliedstaaten der Vereinten Nationen besondere Verantwortung dafür, dass auch Behinderte trotz behinderungsbedingter Armut dieselben sozialen und politischen Rechte wahrnehmen können wie alle übrigen Bürger ihres Landes.

- **Art. 22 AEMR** garantiert das *Recht auf soziale Sicherheit*.

> Jeder hat als Mitglied der Gesellschaft das Recht auf soziale Sicherheit und Anspruch darauf, durch innerstaatliche Maßnahmen und internationale Zusammenarbeit sowie unter Berücksichtigung der Organisation und der Mittel jedes Staates in den Genuß der wirtschaftlichen, sozialen und kulturellen Rechte zu gelangen, die für seine Würde und die freie Entwicklung seiner Persönlichkeit unentbehrlich sind.

Art. 22 AEMR

Diese Bestimmung bringt für jede Staatsregierung die Pflicht zum Ausdruck, allen Menschen ihres Hoheits- und Veraltungsgebiets das zum Erhalt der Würde des Menschen erforderliche Existenzminimum zu garantieren und ihnen die Möglichkeit zu geben, alle sozialen und kulturellen Werte der Gesellschaft zu nutzen, die anerkanntermaßen zur Entfaltung der Persönlichkeit notwendig sind. Demnach soll jeder Mensch Zugang haben zu einer schulischen Ausbildung, den sonstigen Bildungseinrichtungen und auch zu den Orten des kulturellen Geschehens.

- **Art. 25 AEMR** garantiert dem Individuum das Recht auf soziale Absicherung.

> 1. Jeder hat das Recht auf einen Lebensstandard, der seine und seiner Familie Gesundheit und Wohl gewährleistet, einschließlich Nahrung, Kleidung, Wohnung, ärztliche Versorgung und notwendige soziale Leistungen gewährleistet sowie das Recht auf Sicherheit im Falle von Arbeitslosigkeit, Krankheit, Invalidität oder Verwitwung, im Alter sowie bei anderweitigem Verlust seiner Unterhaltsmittel durch unverschuldete Umstände.
> 2. Mütter und Kinder haben Anspruch auf besondere Fürsorge und Unterstützung. Alle Kinder, eheliche wie außereheliche, genießen den gleichen sozialen Schutz.

Art. 25 AEMR

Diese Vorschrift will erreichen, dass die Mitgliedsstaaten ihrer Bevölkerung Unterstützungsleistungen bereitstellen für Situationen, in denen der einzelne Mensch sich nicht allein behelfen kann. Insbesondere sind Hilfen für Mütter bei der Wahrnehmung ihrer fürsorgerischen und erzieherischen Aufgaben vorzuhalten. Für Kinder ist aus dieser Vorschrift der Anspruch auf Förderung der Entwicklung ihrer Persönlichkeit abzuleiten.

1.2. Nationales Verfassungsrecht

In der deutschen Staatsverfassung, dem **Grundgesetz** (GG), sind für die Rechtsposition behinderter Menschen von Bedeutung die Vorschriften der Art. 1, Art. 2, Art. 3 und Art. 20 GG, deren Wortlaut hier kurz auszugsweise wiedergegeben und besprochen sein soll.

Art. 1 GG Abs. 1 lautet:

Art. 1 I GG

Menschenwürde

> Die Würde des Menschen ist unantastbar. Sie zu achten und zu schützen ist Verpflichtung aller staatlichen Gewalt.

Was heißt das? Nach Auffassung der Verfassungsgerichte und der Rechtslehre beinhaltet die Vorschrift einen allgemeinen Werte- und Achtungsanspruch der Einzelpersönlichkeit als Teil der Menschenwürde. Der Staat hat die so verstandene Menschenwürde nicht nur zu achten und zu schützen, sondern auch zu fördern.

Inhaltlich ist die Menschenwürde von den Menschenrechten her zu erfassen.

Im Wortlaut von **Art. 1 GG Abs. 2** heißt es entsprechend:

Art. 1 II GG

> Das Deutsche Volk bekennt sich darum zu unverletzlichen und unveräußerlichen Menschenrechten als Grundlage jeder menschlichen Gemeinschaft, des Friedens und der Gerechtigkeit in der Welt.

Aus dieser Regelung ist die *Verknüpfung* von *Menschenrechten* und *Menschenwürde*, wie sie in Art. 1 GG Abs. 1 festgeschrieben ist, herzuleiten. Im Sinne der Grundrechte nach dem GG umfasst der Begriff Menschenwürde das Recht des Individuums auf Anerkennung und Achtung seiner individuellen Eigenarten und Eigenschaften. Die spezifische Beeinträchtigung eines behinderten Menschen ist zu respektieren; sie/er soll wegen der Behinderung nicht als minderwertig angesehen werden.

Zur Menschenwürde gehört auch die freie Entfaltung der Persönlichkeit, die durch **Art. 2 Abs. 1 GG** geschützt ist. Im Wortlaut heißt es dort:

Art. 2 I GG

> Jeder hat das Recht auf die freie Entfaltung seiner Persönlichkeit, soweit er nicht die Rechte anderer verletzt [...]

Nach der Rechtsprechung des Bundesverfassungsgerichts wird durch diese Vorschrift die *Freiheit der Person* im realen Sinn, also die *Bewegungsfreiheit* geschützt – darüber hinaus aber auch die *Entfaltungsfreiheit* im materiellen Sinne. Unter Person im Sinne von *Persönlichkeit* ist demnach all das zu verstehen, was das Individuum in quantitativer und qualitativer Hinsicht ausmacht – also auch die Ausgestaltung der realen, materiellen Lebensverhältnisse.

Im Hinblick auf Menschen mit Behinderungen beinhaltet **Art. 2 Abs. 1 GG** demnach eine Verpflichtung der staatlichen Gemeinschaft, ihnen mithilfe sozialrechtlicher Unterstützungsleistungen materieller Art eine Kompensation der behinderungsbedingt reduzierten Entfaltung ihrer Persönlichkeit zur Verfügung zu stellen.

In **Art. 3 Abs. 3, S. 2 GG** kommt das Benachteiligungsverbot (bzw. Gleichbehandlungsgebot) zum Ausdruck:

Niemand darf wegen seiner Behinderung benachteiligt werden.

Art. 3 III 2 GG

Der Bund hat in Umsetzung von EU-Recht das »Allgemeine Gleichbehandlungsgesetz« (AGG) erlassen, das am 1ä.0ä.2006 in Kraft getreten ist.

Nach dem Zweck dieser Bestimmung ist der Gesetzgeber berechtigt und verpflichtet, Menschen mit Behinderungen in einer Weise Unterstützung zu geben, die Bürgern ohne behinderungsbedingte Beeinträchtigungen nicht gewährt wird. Der Gerechtigkeitsgedanke fordert hier die Ungleichbehandlung gleichberechtigter Grundrechtsträger, weil die Lebenssituation beider Personengruppen nicht vergleichbar ist. (In mehreren Leistungsbereichen des Sozialgesetzbuches sind »besondere« Leistungen für Menschen mit Behinderungen zur Verfügung gestellt.)

Die Bestimmung des **Art. 20, Abs. 1 GG** bringt das Bekenntnis der deutschen Staatsordnung zu einer gerechten Sozialordnung zum Ausdruck. Im Wortlaut ist ausgeführt:

Die Bundesrepublik Deutschland ist ein demokratischer und sozialer Bundesstaat.

Art. 20 I GG

Diese Regelung wird »Sozialstaatsklausel« oder auch *Sozialstaatsprinzip* genannt und ist eine grundgesetzliche Forderung mit Bindungswirkung für die Gesetzgebung, die Rechtsprechung und ebenso für die Entscheidungspraxis der Sozialverwaltung.

Die Funktion der Sozialstaatsklausel ist von sozialpolitischer Bedeutung, weil es staatlicher Unterstützung bedarf, um z.B. die Freiheit der Berufswahl oder die Befriedigung kultureller Bedürfnisse realisieren zu können. Es werden deshalb seitens der Sozialverwaltung Maßnahmen zur Förderung der Berufsausbildung angeboten, und zur Förderung des kulturellen Lebens werden Einrichtungen wie Theater, Museen, Volkshochschulen u.a.m. geschaffen, oder es werden private Initiativen im Kulturbereich gefördert.

Für Menschen mit Behinderungen leitet sich aus der Sozialstaatsklausel das Recht ab, trotz der behinderungsbedingten Beeinträchtigung grundsätzlich die Möglichkeit der Teilhabe am allgemeinen gesellschaftlichen Leben eingeräumt zu bekommen. Inwieweit dieses Recht von der *Sozialpolitik* in die Wirklichkeit umgesetzt wird, ist abhängig von der sozial- und finanzpolitischen Anschauung, die von den in der Regierungsverantwortung stehenden Parteien vertreten wird.

1.3. Behindertengleichstellungsgesetz

Das Allgemeine Gleichbehandlungsgesetz enthält allgemeine Regelungen zur Gleichbehandlung, das Behindertengleichstellungsgesetz spezifische Regelungen zur Gleichstellung behinderter Menschen.

§ 4 BGG

Barrierefreiheit

Mit dem Gesetz zur Gleichstellung behinderter Menschen (BGG) – in Kraft seit 2002 – hat der Gesetzgeber das sozialpolitische Ziel, eine für Menschen mit Behinderungen möglichst weit gehende Barrierefreiheit bei der Teilhabe am öffentlichen Leben zu schaffen, ein beachtliches Stück vorangetrieben.

Unter Barrierefreiheit im Sinne dieses Gesetzes ist gemäß § 4 BGG Folgendes zu verstehen:

> Barrierefrei sind bauliche und sonstige Anlagen, Verkehrsmittel, technische Gebrauchsgegenstände, Systeme der Informationsverarbeitung, akustische und visuelle Informationsquellen und Kommunikationseinrichtungen sowie andere gestaltete Lebensbereiche, wenn sie für behinderte Menschen in der allgemein üblichen Weise, ohne besondere Erschwernis und grundsätzlich ohne fremde Hilfe zugänglich und nutzbar sind.

Mit der Vorschrift des § 7 Abs. 2 BGG wird das oben besprochene Gleichbehandlungsgebot nach Art. 3, Abs. 3, S. 2 GG konkretisiert.

Das Gebot barrierefreien Zugangs ist im BGG insbesondere für folgende Bereiche des öffentlichen Lebens hervorgehoben:

- Öffentliche Bauten und Verkehr (vgl. § 8 BGG),
- Kommunikation (vgl. § 9 BGG)
- Teilhabe am allgemeinen öffentlichen Leben und
- Informationstechnik (vgl. § 11 BGG)

BARRIERE

Gem. § 7 Abs. 2 BGG darf ein Träger öffentlicher Gewalt (z.B. Stadtverwaltung, Ordnungsbehörde, Ministerium) behinderte Menschen nicht dadurch benachteiligen, dass ihnen behinderungsbedingt der Zugang zu öffentlichen Gebäuden und Einrichtungen oder deren Nutzung erschwert ist. Eine Benachteiligung liegt schon immer dann vor, wenn behinderte und nichtbehinderte Menschen »ohne zwingenden Grund« unterschiedlich behandelt und dadurch in der gleichberechtigten Teilhabe am Leben in der Gesellschaft beeinträchtigt werden. Wenn öffentliche Gebäude, Plätze, Straßen sowie Verkehrsanlagen und Beförderungsmittel nur unter Überwindung von Erschwernissen, nur mit fremder Hilfe oder gar nicht zu nutzen sind, obschon dies mithilfe baulicher Umgestaltung möglich wäre, dann liegt ein Verstoß gegen das Gebot der Barrierefreiheit vor.

Durch die Vorschrift des § 8 BGG ist den *Trägern öffentlicher Gewalt* (z.B. den Trägern der Sozialversicherung, den Gerichten, der Polizei und anderen Behörden und Ämtern) auch auferlegt, im Bedarfsfall unter Zuhilfenahme von Gebärdensprache oder sonstiger geeigneter Kommunikationshilfen mit Behinderten zu kommunizieren, um ihnen bei der Durchführung amtlicher Anliegen zu helfen.

1.4. Ausgestaltung der Verfassungsgrundsätze durch das SGB

Die konkrete Ausgestaltung der besprochenen verfassungsrechtlichen Grundsätze ist das Sozialgesetzbuch (SGB). Die Vorschrift des **§ 1 SGB I – Aufgaben des Sozialgesetzbuchs** – schreibt in **Abs. 1, Satz 1** den Zweck dieses Gesetzeswerks fest:

> Das Recht des Sozialgesetzbuchs soll zur Verwirklichung sozialer Gerechtigkeit und sozialer Sicherheit Sozialleistungen einschließlich sozialer und erzieherischer Hilfen gestalten.

§ 1 SGB I

Die Aufgabe des SGB ist demnach darin zu sehen, Sozialleistungen zur Absicherung des einzelnen Bürgers gegen die Risiken des sozialen Lebens zur Verfügung zu stellen, bei denen er selbst aufgrund bestimmter sozialer oder persönlicher Umstände nicht in der Lage ist, sich zu helfen. Die Sozialleistungen sollen grundsätzlich also dem Zweck dienen, dem Individuum in der gesellschaftlichen Wirklichkeit soziale Sicherheit zu gewährleisten.

Im Sinne des so verstandenen Gesetzeszwecks lässt sich der Begriff »soziale Sicherheit« kennzeichnen als Absicherung in Situationen, in denen ein Mensch der Unterstützung durch die soziale Gemeinschaft bedarf. Ein Bedarf an Unterstützung und Hilfe entsteht vor allem durch

soziale Sicherheit

- körperliche, psychische, geistige Krankheit oder Behinderung,
- Erwerbsunfähigkeit,
- Arbeitslosigkeit,
- Pflegebedürftigkeit,
- Unfall bei Ausübung der Erwerbstätigkeit.

Der Begriff Soziale Sicherheit umfasst darüber hinaus den Rechtsschutz gegenüber dem Handeln der Sozialverwaltung und die Wahrung des Sozialgeheimnisses durch den Datenschutz.

Das Sozialverwaltungsrecht nach dem SGB X und das Sozialgerichtsgesetz gewähren die Möglichkeit, gegen Entscheidungen (Bescheide) der Sozialverwaltung ein Rechtsmittel einzulegen, um sie auf ihre Rechtmäßigkeit hin überprüfen zu lassen.

Die Vorschrift des **§ 35 SGB I** schreibt das Sozialgeheimnis fest und führt in ihrem **Abs. 1, S. 1** aus:

§ 35 I 1 SGB I
> Jeder hat Anspruch darauf, daß die ihn betreffenden Sozialdaten (§ 67 Abs. 1 Zehntes Buch) von den Leistungsträgern nicht unbefugt erhoben, verarbeitet oder genutzt werden (Sozialgeheimnis).

Es folgt eine Übersicht zum Inhalt der einzelnen Bücher des SGB (soweit er in diesem Buches behandelt wird):

Inhalt der einzelnen Bücher des SGB		
Buch	Inhaltsbeschreibung	Vorschriften
SGB I	a) Allgemeine Regelungen zur Sozialversicherung	a) §§ 30–59 SGB I
	b) Rechte und Pflichten bei Mitgliedschaft	b) 60–67 SGB I
SGB II	Leistungen zur Grundsicherung für Arbeitsuchende (Alg II)	§§ 1–35 SGB II
	Anspruchsvoraussetzungen	§§ 7–13 SGB II
	Leistungen zur Eingliederung	§§ 14–1ä SGB II
SGB III	Leistungen der Arbeitsförderung: Beratung, Vermittlung	§§ 29 ff., 45 f SGB III
	Ausbildung, Weiterbildung	§§ 45–ä6 SGB III
	Besondere Leistungen für behinderte Menschen	§§ 97–111 SGB III
SGB IV	Regelungen für alle Bücher: Versicherter Personenkreis Beschäftigung Beiträge	§§ 2, 7, 20 ff. SGB IV
SGB V	Leistungen zur Gesundheitsversorgung	
	Prävention und Früherkennung	§§ 20–26 SGB V
	Krankenbehandlung	§§ 27 ff. SGB V

\multicolumn{3}{c}{**Inhalt der einzelnen Bücher des SGB**}
Buch	**Inhaltsbeschreibung**	**Vorschriften**
SGB VI	Rehabilitationsleistungen der Rentenversicherung	§§ 9–16 SGB VI
	Gesundheitliche Rehabilitation	
	Sicherung der Erwerbsfähigkeit	
SGB VII	Leistungen der gesetzlichen Unfallversicherung	§§ 26 ff. SGB VII
SGB VIII	Leistungen der Kinder- und Jugendhilfe	
	Hilfe zur Erziehung	§§ 27 ff. SGB VIII
	Eingliederungshilfe für seelisch behinderte Kinder	§ 35 a SGB VIII
SGB IX	Rehabilitation und Teilhabe behinderter Menschen	
	gesundheitliche Rehabilitation	§§ 26 ff. SGB IX
	berufliche Rehabilitation	§§ 33 ff. SGB IX
	soziale Rehabilitation	§§ 55 ff. SGB IX
SGB X	Verwaltungsverfahren im Sozialrechtsverhältnis	§§ ä ff., 20 ff. SGB X
	Bescheid und Widerspruchsverfahren	§§ 31 ff., 44 f. SGB X
SGB XI	Leistungen bei Pflegebedürftigkeit	§§ 2ä ff. SGB XI
SGB XII	Leistungen der Sozialhilfe	§§ 19 ff. SGB XII

Die Leistungen der gesetzlichen Unfallversicherung werden hier nicht näher aufgelistet, weil sie Leistungen zur Krankenbehandlung, zur Teilhabe am Arbeitsleben, zur Teilhabe im sozialen Leben der Gemeinschaft, bei Pflegebedürftigkeit umfassen, die im Kontext mit den anderen Büchern besprochen werden.

2. Behindertenrecht und Sozialgesetzbuch

Das mit diesem Buch besprochene Recht behinderter Menschen auf Unterstützung durch Sozialleistungen nach dem SGB lässt sich als *soziales Behindertenrecht* bezeichnen. Es findet manifesten Ausdruck in den einzelnen Regelungsbereichen dieses Gesetzbuches. Bereits die Vorschrift des **§ 29 SGB I** zeigt auf, dass von Menschen mit Behinderungen Leistungen zur medizinischen Rehabilitation, zur Teilhabe am Arbeitsleben und Leistungen zur Teilhabe am Leben in der Gemeinschaft in Anspruch genommen werden können.

Eine besondere Herausstellung des Rechts behinderter Menschen auf Unterstützungsleistungen erfolgt durch das **SGB IX**, das die *Leistungen zur Rehabilitation und Teilhabe behinderter Menschen* zum Gegenstand hat.

Der **Zweck** des SGB IX kommt in der Vorschrift des **§ 4 SGB IX** zum Ausdruck – dort ist in **Abs. 1** ausgeführt:

§ 4 I SGB IX

> (1) Die Leistungen zur Teilhabe umfassen die notwendigen Sozialleistungen, um unabhängig von der Ursache der Behinderung
> 1. die Behinderung abzuwenden, zu beseitigen, zu mindern, ihre Verschlimmerung zu verhüten oder ihre Folgen zu mildern,
> 2. Einschränkungen der Erwerbsfähigkeit oder Pflegebedürftigkeit zu vermeiden, zu überwinden, zu mindern oder eine Verschlimmerung zu verhüten sowie den vorzeitigen Bezug anderer Sozialleistungen zu vermeiden oder laufende Sozialleistungen zu mindern,
> 3. die Teilhabe am Arbeitsleben entsprechend den Neigungen und Fähigkeiten dauerhaft zu sichern oder
> 4. die persönliche Entwicklung ganzheitlich zu fördern und die Teilhabe am Leben in der Gesellschaft sowie eine möglichst selbständige und selbstbestimmte Lebensführung zu ermöglichen oder zu erleichtern.

Der Zweck der Leistungen nach dem SGB IX ist also in der Wiederherstellung und Wiederbefähigung des von Krankheit und Behinderung betroffenen Menschen zu sehen.

2.1. Rechtsstellung behinderter Menschen

Die Rechtsstellung behinderter Menschen findet konkreten Ausdruck in § 1 Abs. 1 SGB I:

Das Recht des Sozialgesetzbuchs soll zur Verwirklichung sozialer Gerechtigkeit und sozialer Sicherheit Sozialleistungen einschließlich sozialer und erzieherischer Hilfen gestalten. Es soll dazu beitragen
- ein menschenwürdiges Dasein zu sichern,
- gleiche Voraussetzungen für die freie Entfaltung der Persönlichkeit, insbesondere auch für junge Menschen, zu schaffen,
- die Familie zu schützen und zu fördern,
- den Erwerb des Lebensunterhalts durch eine frei gewählte Tätigkeit zu ermöglichen und
- besondere Belastungen des Lebens, auch durch Hilfe zur Selbsthilfe, abzuwenden oder auszugleichen.

§ 1 I SGB I

Diese Vorschrift nimmt damit erkennbaren Bezug auf das Grundgesetz und konkretisiert nachfolgend aufgelistete grundgesetzlich geschützte Rechtspositionen, die im Behindertenrecht nach dem SGB von Bedeutung sind:

- den Begriff der Menschenwürde iSv. Art 1 GG,
- das Gebot der freien Entwicklung der Persönlichkeit gem. Art. 2 GG,
- den Schutz und die Förderung der Familie gem. Art. 6 Abs. 2 GG,
- das Recht auf eine frei gewählte Tätigkeit gem. Art. 12 GG und
- das Gebot der Vermeidung von Benachteiligung wegen Vorliegens einer behinderungsbedingten Beeinträchtigung gem. Art. 3 Abs. 3, S. 2 GG.

Diese Rechtspositionen finden in den Vorschriften des SGB vielfältigen Niederschlag; sie werden im SGB IX leistungsrechtlich ausgestaltet.

Das SGB eröffnet Menschen mit Behinderungen zwei Wege, um soziale Sicherheit durch Sozialleistungen zu erreichen – zum Einen folgt das Recht auf Sozialleistungen aus der Mitgliedschaft in der Sozialversicherung; zum Anderen haben alle Behinderten, die keine Mitgliedschaft besitzen, das Recht, die Leistungen nach SGB XII (Sozialhilferecht) in Anspruch zu nehmen.

2.2. Recht auf Zugang zur Sozialversicherung und Mitgliedschaft

Der gesetzliche Auftrag, die Verwirklichung sozialer Sicherheit durch Sozialleistungen herbeizuführen, soll durch die in **§ 2 SGB I** angesprochenen sozialen Rechte erfüllt werden. Diese Vorschrift ist im Kontext mit den Regelungen des § 4 SGB I zu lesen, der die Sozialversicherung behandelt.

Die in § 2 SGB I genannten sozialen Rechte werden durch die Vorschrift des **§ 4 SGB I** konkretisiert. Dort ist in Abs. 1 zunächst zum Ausdruck gebracht, dass jeder ein Recht auf Zugang zur Sozialversicherung hat. Das Recht auf Zugang bedeutet hier den Erwerb der Mitgliedschaft. Aus § 4 Abs. 2 SGB I geht deutlich hervor, dass die Mitgliedschaft in der Sozialversicherung ein Recht auf alle notwendigen Maßnahmen zum Schutz, zur Erhaltung, zur Besserung und zur Wiederherstellung der Gesundheit und Leistungsfähigkeit beinhaltet.

Die Mitgliedschaft in der Sozialversicherung gründet sich auf einen bestimmten sozialen Status, der *Versicherungspflichtigkeit* genannt wird – diesen Status haben u.a. Arbeiter, Angestellte, Auszubildende, Arbeitslose, Teilnehmer an beruflichen Fördermaßnahmen, Behinderte, Studenten, Praktikanten sowie Rentner.

Zur besseren Anschauung seien hier nachstehende Vorschriften auszugsweise wiedergegeben:

In **§ 5 Abs. 1 SGB V** (gesetzliche Krankenversicherung) heißt es: »Versicherungspflichtig sind

§ 5 I SGB V

1. Arbeiter, Angestellte und zu ihrer Berufsausbildung Beschäftigte […]
2. Personen in der Zeit, für die sie Arbeitslosengeld oder Unterhaltsgeld nach dem Dritten Buch beziehen, […]
5. Personen, die in Einrichtungen der Jugendhilfe für eine Erwerbstätigkeit befähigt werden sollen,
6. Teilnehmer an Leistungen zur Teilhabe am Arbeitsleben sowie an Abklärung der beruflichen Eignung oder Arbeitserprobung,
7. behinderte Menschen, die in anerkannten Werkstätten für behinderte Menschen […] tätig sind […]
9. Studenten […] bis zum Abschluß des vierzehnten Fachsemesters, längstens bis zur Vollendung des dreißigsten Lebensjahres […],
11. Personen, die die Voraussetzungen für einen Anspruch auf Rente […] erfüllen und die Rente beantragt haben […].

Die Vorschrift des **§ 1 Abs. 2 SGB XI** führt aus: »In den Schutz der sozialen Pflegeversicherung sind kraft Gesetzes alle einbezogen, die in der gesetzlichen Krankenversicherung versichert sind.«

§ 25 Abs. 1 SGB III schreibt fest:

> Versicherungspflichtig sind Personen, die gegen Arbeitsentgelt oder zu ihrer Berufsausbildung beschäftigt (versicherungspflichtige Beschäftigung) sind.

§ 25 I SGB III

2.3. Rechtsfolgen aus der Mitgliedschaft

Die Mitgliedschaft in der gesetzlichen Sozialversicherung bedeutet für den/die Leistungsempfänger/-in konkret

- das **Recht**, Leistungen und Maßnahmen zum Schutz, zum Erhalt und zur Wiederherstellung von Gesundheit und Arbeitsfähigkeit sowie Maßnahmen zur Unterstützung bei der beruflichen Eingliederung verlangen zu können;
- die wirtschaftliche **Absicherung** im Falle von Krankheit, Behinderung, Arbeitslosigkeit, Minderung oder Verlust der Erwerbsfähigkeit, Alter oder in sonstigen Situationen, in denen ein Mensch der sozialen und materiellen Unterstützung durch die Gemeinschaft bedarf – das heißt: grundsätzlich können derartige Unterstützungsmaßnahmen in entsprechenden Lebenslagen eingefordert werden;
- die **Pflicht zur Mitwirkung** gem. §§ 60 ff. SGB I; d.h. der Leistungsempfänger muss konstruktiv mit dem Leistungsträger (bzw. dem Leistungserbringer) im Sinne des Leistungsziels zusammenzuarbeiten;
- die Verpflichtung, die **Beiträge** zur Sozialversicherung zu zahlen;
- für die **Leistungsträger** entsteht aus der Mitgliedschaft die **Pflicht**, die benötigten Leistungen zur Verfügung zu stellen.

Gem. § 20 SGB IV werden die Leistungen der Sozialversicherung durch die Beiträge der Versicherten, der Arbeitgeber und Dritter, durch staatliche Zuschüsse und durch sonstige Einnahmen aufgebracht.

3. Anspruchsgrundlage

Aus dem Wortlaut des **§ 2 SGB I** wird deutlich, dass jeder Mensch grundsätzlich *Ansprüche auf Sozialleistungen* erheben kann, wenn eine Anspruchsgrundlage des SGB ihn dazu berechtigt. Die Vorschrift lautet in **Abs. 1**:

§ 2 I SGB I

> Der Erfüllung der in § 1 genannten Aufgaben dienen die nachfolgenden sozialen Rechte. Aus ihnen können Ansprüche nur insoweit geltend gemacht oder hergeleitet werden, als deren Voraussetzungen und Inhalt durch die Vorschriften der besonderen Teile dieses Gesetzbuchs im einzelnen bestimmt sind.

Im Satz 1 der Vorschrift ist von Rechten und in Satz 2 von Ansprüchen die Rede. Wenn in gesetzlichen Regelungen ein Recht oder Rechte genannt, umschrieben oder der Begriff Recht sonst wie gebraucht wird, dann geht es allgemein um Rechte, deren Adressat jeder Mensch im Geltungsbereich des in Rede stehenden Gesetzes – hier des SGB – ist.

Wird hingegen in einer gesetzlichen Vorschrift der Begriff Anspruch gebraucht, dann geht es konkret um die Frage, ob der Bezug von Leistungen in Betracht kommt oder nicht. Oder anders ausgedrückt: will ein unterstützungsbedürftiger Mensch eine Sozialleistung beziehen, muss es eine Rechtsvorschrift geben, welche diese Leistung vorsieht. Eine solche Rechtsvorschrift heißt im Sprachgebrauch des Gesetzes Anspruchsgrundlage.

Anspruchsgrundlage

Frage: Woran erkenne ich, dass es sich bei einer Vorschrift um eine Anspruchsgrundlage handelt? Die Antwort ergibt sich aus **§ 40 Abs. 1 SGB I**. Dort heißt es:

§ 40 I SGB I

> Ansprüche auf Sozialleistungen entstehen, sobald ihre im Gesetz oder auf Grund eines Gesetzes bestimmten Voraussetzungen vorliegen.

Dies bedeutet konkret ausgedrückt Folgendes: eine Anspruchsgrundlage muss die Leistung, die benötigt wird, bereitstellen – das heißt: es muss eine Vorschrift geben, aus der hervorgeht, unter welchen Voraussetzungen die begehrte Leistung bezogen werden kann. Liegen diese Voraussetzungen vor, dann besteht Anspruch auf eine Sozialleistung.

3.1. Bedarfssituation

Weitere Voraussetzung für einen Leistungsbezug ist das Bestehen einer Bedarfssituation, d.h. bei einem Menschen ist eine Situation eingetreten, die einen Bedarf an Sozialleistungen hervorruft. Sie/er hat im konkreten Fall einen Bedarf an einer oder mehrerer Sozialleistungen, um weiterhin ein abgesichertes Leben führen zu können, das dem Niveau eines menschenwürdigen Daseins entspricht, wie es in § 1 SGB I zum Ausdruck gebracht ist.

Typische Bedarfsfälle sind: Krankheit, Behinderung, Pflegebedürftigkeit, Erwerbsminderung Arbeitslosigkeit, Erziehungsbedürftigkeit. Die sozialrechtliche Bedarfssituation besteht, wenn ein Mensch Leistungen benötigt, die durch die Vorschriften des Sozialgesetzbuches zur Verfügung gestellt sind.

Nachstehendes Schema soll exemplarisch den Kontext von Bedarfssituation, Art der benötigten Leistung, Anspruchsgrundlage und zuständigem Leistungsträger anschaulich machen.

Leistungsbedarf, behindertenspezifische Ausprägung, Anspruchsgrundlage und Leistungsträger im Kontext			
Bedarfsfall	**Beschreibung der benötigten Leistungen**	**Anspruchs-grundlage**	**Leistungsträger**
Behinderung und Krankheit	Gesundheitsbehandlung § 26 SGB IX	§§ 27 ff. SGB V	§ 21 Abs. 2 SGB I (Krankenversicherung)
Behinderung, Ausbildung und Erwerbstätigkeit	Erlangung und Erhaltung eines Arbeitsplatzes, § 3 Abs. 3 SGB IX	§§ 59 ff. und §§ 77 ff. SGB III, auch §§ 9, 15, 16 SGB VI	§ 19 Abs. 2 SGB I Agentur für Arbeit sowie Träger der Rentenversicherung
Behinderung und Hilfen zur beruflichen Eingliederung	Unterstützung zur Überwindung von Nachteilen, § 33 Abs. 6 und Abs. 7 SGB IX	§§ 97 ff. SGB III, insbes. §§ 100–102 SGB III	§ 19 Abs. 2 SGB I Agentur für Arbeit
Behinderung und Pflegebedürftigkeit	Hilfe durch Pflegeleistungen, § 26 Abs. 1, Ziff. 2 SGB IX	§ 2ä SGB XI	§ 21 a SGB I Pflegekassen der Krankenversicherung
Behinderung und soziale Eingliederung	§§ 55–5ä SGB IX	§ 17 SGB XII iVm. §§ 53 ff. SGB XII	§ 2ä Abs. 2 SGB I Sozialamt
Behinderung und Erwerbsunfähigkeit, Erwerbsminderung	§§ 26 ff., 33 ff. SGB IX	§§ 16, 31 SGB VI	§ 23 Abs. 2 SGB I Rentenversicherung

3.2. Beispiele

Anhand von drei Beispielen sollen die Voraussetzungen für einen Anspruch auf Bezug von Leistungen verdeutlicht werden.

Beispiel 1: Frau Alm ist Mutter von drei Kindern, die sie trotz einer erheblichen körperlichen Behinderung selbst erzieht und betreut. Mit dem Heranwachsen der Kinder werden die mit der Erziehungsaufgabe verbundenen Belastungen für Frau Alm immer größer. Die Kinder zeigen zunehmend Verhaltensauffälligkeiten: sie machen Unfug in Schule und Nachbarschaft und gehorchen der Mutter nur noch gelegentlich.

Frau Alm beantragt daher beim Jugendamt eine Unterstützungsleistung, die ihr Hilfe bei der Erziehung der Kinder gibt.

Frage: Hat sie einen **Anspruch** auf eine solche Sozialleistung?

Antwort: Es müsste eine Vorschrift geben, deren Regelungszweck die Bezeichnung der Voraussetzungen ist, die in der Person von Frau Alm vorliegen müssen, damit sie die beantragte Leistung erhalten kann.

Für die gegebene Sachlage ist § 27 SGB VIII die einschlägige **Anspruchsnorm**. Diese Norm gewährt die Leistung »Hilfe zur Erziehung«, wenn die in der Vorschrift genannten Voraussetzungen für den Bezug der Sozialleistung »Hilfe zur Erziehung« vorliegen.

Nach den in § 27 SGB VIII genannten Voraussetzungen für eine Hilfe zur Erziehung müsste für die Kinder von Frau Alm eine Situation gegeben sein, die eine Gefährdung des Entwicklungswohls der Kinder bedeutet. Eine *geeignete Hilfeform* könnte die Sozialpädagogische Familienhilfe iSv. § 31 SGB VIII sein. Das Jugendamt als Leistungsträger der Leistungsform »Hilfe zur Erziehung« müsste hier genau prüfen, ob eine dem Entwicklungswohl der Kinder von Frau Alm entsprechende Erziehung nicht gewährleistet und die vorgesehene Hilfe für die Entwicklung geeignet und notwendig ist.

Nähere Ausführungen zur Sozialleistung »Hilfe zur Erziehung« siehe Kapitel »Behinderung und Erziehungsaufgabe«, 2.1.

Beispiel 2: Ludwig ist seit sechs Monaten arbeitslos und will seine Vermittlungschancen verbessern. Nun wird ihm von der Agentur für Arbeit eine Maßnahme zur Weiterbildung bewilligt. Er beantragt jetzt auch die Übernahme der Kosten für die Betreuung seiner Kinder während der Weiterbildung, weil seine Frau wegen eigener Erwerbstätigkeit tagsüber außer Haus ist.

Frage: Kann ihm diese Leistung gewährt werden?

Antwort: Eine Regelung, die sein Interesse an der Übernahme der Betreuungskosten stützt, bildet der § 83 SGB III iVm. dem § 79 Abs. 1, Ziff. 4 SGB III. Nach diesen Vorschriften besteht ein **Anspruch** auf Übernahme der Kinderbetreuungskosten in Höhe von 130,– € durch die

Agentur für Arbeit, weil ohne diese Leistung die Teilnahme an der Weiterbildung nicht gewährleistet wäre – Ludwig stünde in einem Konflikt zwischen der Kinderbetreuung als seiner Erziehungsaufgabe und der Pflicht zur Teilnahme an der Bildungsmaßnahme; er könnte die Weiterbildungsmaßnahme nicht erfolgreich absolvieren, wenn ihm kein Geld zur Bezahlung der Kinderbetreuung zur Verfügung gestellt würde.

Beispiel 3: Der berufstätige Bert beantragt nach langer Krankheit eine Erholungskur. Die Gewährung einer solchen Kurmaßnahme erfolgt durch den zuständigen Rentenversicherungsträger (siehe § 19 Abs. 2, Ziff. 1 SGB I). Voraussetzung ist, dass durch die Rehabilitationsmaßnahme die Gesundheit des Bert gebessert und er im Erwerbsleben wieder »seinen Mann stehen« könnte, seine gesundheitliche Verfassung also stabilisiert wird. In **§ 9 Abs. 1 SGB VI** ist bestimmt:

> Die Rentenversicherung erbringt Leistungen zur medizinischen Rehabilitation, […] um […] den Auswirkungen einer Krankheit oder einer körperlichen, geistigen oder seelischen Behinderung auf die Erwerbsfähigkeit der Versicherten entgegenzuwirken oder sie zu überwinden […].

§ 9 I SGB VI

Nach dem Regelungszweck dieser Vorschrift müsste medizinisch festgestellt werden, dass die beantragte Kur einen wesentlichen Beitrag zur Wiederherstellung von Berts Erwerbsfähigkeit leisten könnte. Dann hätte Bert einen Anspruch auf eine Maßnahme zur gesundheitlichen Rehabilitation und würde die Kurmaßnahme bewilligt werden.

4. Antragserfordernis und Zuständigkeit

Die begehrte Leistung muss beim zuständigen Leistungsträger beantragt werden – dies ist bestimmt in § 16 SGB I sowie in § 19 SGB IV. Es gilt der Grundsatz *keine Leistung ohne Antrag.*

Der Mensch, der die Sozialleistung begehrt, muss berechtigt sein, den Antrag zu stellen. Diese Berechtigung ergibt sich aus der Mitgliedschaft in der Sozialversicherung.

Merke: Der Antrag muss beschieden werden – d.h. der im Einzelfall zuständige Leistungsträger, bei dem der Antrag auf die Sozialleistung gestellt wird, muss die Berechtigung zum Erhalt der beantragten Leistung prüfen und einen Bescheid erlassen. Ein solcher Bescheid stellt den sog. *Sozialverwaltungsakt* dar.

Welchem Leistungsträger die **Zuständigkeit** für die Erbringung von Leistungen obliegt, ist abhängig von der Art der Leistung, die beantragt werden soll. So sind zuständig für Leistungen

- der Arbeitsförderung die Dienststellen der Agentur für Arbeit gem. § 19 SGB I,
- der gesetzlichen Krankenversicherung gem. § 21 Abs. 2 SGB I die Orts-, Betriebs-, Ersatzkassen u.a.,
- der sozialen Pflegeversicherung nach § 21 a Abs. 2 SGB I die Pflegekassen der Krankenkassen,
- der gesetzlichen Rentenversicherung nach § 23 Abs. 2 SGB I die Regionalträger der allgemeinen Rentenversicherung. Die Leistungsträger sind organisationsrechtlich betrachtet sogenannte Körperschaften des Öffentlichen Rechts (Eine Körperschaft des Öffentlichen Rechts ist ein auf freiwilliger oder zwangsweiser Mitgliedschaft beruhender Verband von natürlichen oder juristischen Personen, der als betriebliche Einheit organisiert ist und über bestimmte Personal- und Sachmittel verfügt, um einem öffentlichen Zweck zu dienen und ihn soweit als möglich zu erfüllen).

Zum Sozialverwaltungsrecht und dem Verwaltungsakt werden Erläuterungen im Kapitel »Das sozialrechtliche Verwaltungsverfahren« gegeben.

5. Zum Erscheinungsbild der Sozialleistungen

Die Regelung des § 11 SGB I bestimmt, dass die Arten der Sozialleistungen in Gestalt von Dienst-, Sach- und Geldleistungen erbracht werden können. Grundsätzlich ist hier zu unterscheiden zwischen nachstehend aufgelisteten Leistungstypen und Leistungsformen.

5.1. Leistungstypen

Leistungstypen sind gem. § 11 SGB I:

- **Dienstleistungen**, z.B. die Aufklärung und Beratung von Leistungsempfängern über ihre Rechte und Pflichten; die Erteilung von Auskunft (§§ 13, 14, 15 SGB I); die Krankenbehandlung iSv. § 27 SGB V; Pflegeleistungen gem. § 28 SGB XI; die Vermittlung in Arbeit gem. § 35 SGB III; die Hilfe zur Erziehung nach § 27 SGB VIII;
- **Sachleistungen**, z.B. Brillen, Rollstuhl, Prothesen (vgl. §§ 32, 33 SGB V und § 31 SGB IX) Arbeitszeug (§ 33 Abs. 7, Ziff. 2 SGB IX), Wohnungsmobiliar (§ 27 SGB XII),
- **Geldleistungen**, z.B. das Arbeitslosengeld gem. § 117 iVm. §§ 127 ff. SGB III; die Leistungen zur Grundsicherung nach §§ 14, 19 SGB II; das Krankengeld nach § 44 SGB V, das Ausbildungsgeld nach § 104 SGB III.

5.2. Leistungsformen

Nachstehend sind mit Bezug auf die einschlägigen Vorschriften beispielhaft einige Leistungsformen anschaulich gemacht:

- **Beratung und Vermittlung**:

Jeder hat Anspruch auf Beratung über seine Rechte und Pflichten nach diesem Gesetzbuch. Zuständig für die Beratung sind die Leistungsträger, denen gegenüber die Rechte geltend zu machen oder die Pflichten zu erfüllen sind.	**§ 14 SGB I**

- **Leistungen der Arbeitsförderung**:

Arbeitnehmer erhalten folgende Leistungen: [...] Berufsberatung sowie Ausbildungs- und Arbeitsvermittlung und diese unterstützende Leistungen [...].	**§ 3 SGB III**

   Nach **§ 35 Abs. 1, S. 1 SGB III** ist die Agentur für Arbeit verpflichtet, Ausbildungs- und Arbeitsvermittlung anzubieten.

§ 29 I SGB III	Die Agentur für Arbeit hat Jugendlichen und Erwachsenen, die am Arbeitsleben teilnehmen oder teilnehmen wollen, Berufsberatung und Arbeitgebern Arbeitsmarktberatung anzubieten.
	• **Berufs-, Ausbildungs- und Arbeitsförderung**:
§ 59 SGB III	Auszubildende haben Anspruch auf Berufsausbildungsbeihilfe während einer beruflichen Ausbildung oder einer berufsvorbereitenden Bildungsmaßnahme [...].
§ 77 SGB III	Arbeitnehmer können bei beruflicher Weiterbildung durch Übernahme der Weiterbildungskosten gefördert werden, wenn [...] «
	• **Gesundheitsfürsorge**:
§ 27 I SGB V	Versicherte haben Anspruch auf Krankenbehandlung, wenn sie notwendig ist, um eine Krankheit zu erkennen, zu heilen, ihre Verschlimmerung zu verhüten oder Krankheitsbeschwerden zu lindern.

Die *Krankenbehandlung* umfasst:

a) ärztliche und zahnärztliche Versorgung (mit Zahnersatz),

b) Arznei-, Verband-, Heil- und Hilfsmittel,

c) Krankenhausbehandlung,

d) medizinische und ergänzende Leistungen zur gesundheitlichen Rehabilitation gem. § 40 Abs. 1 SGB V.

- **Berufliche Wiedereingliederung**: z.B. durch Sprach- und Beschäftigungstherapie, Belastungserprobung und Arbeitstherapie gem. § 15 SGB VI.
- **Eingliederungshilfe** gem. §§ 53, 54 SGB XII durch Hilfen zu einer angemessenen schulischen Ausbildung, einer sonstigen Ausbildung oder zur Unterstützung der Teilhabe am sozialen Leben.

5.3. Grundsätze der Leistungserbringung

Bei der Ausführung der eben skizzierten Sozialleistungen ist von den Leistungsträgern ganz grundsätzlich die Vorschrift des § 17 SGB I zu beachten, die den Leistungsträgern die Pflicht auferlegt, darauf hinzuwirken, dass

1. die Berechtigten die ihnen zustehenden Sozialleistungen in zeitgemäßer Weise, umfassend und zügig erhalten,

2. die zur Ausführung von Sozialleistungen erforderlichen Dienste und Einrichtungen rechtzeitig und ausreichend zur Verfügung stehen,

3. der Zugang zu den Sozialleistungen möglichst einfach gestaltet wird, insbesondere durch Verwendung allgemein verständlicher Antragsvordrucke und
4. die Verwaltungs- und Dienstgebäude frei von Zugangs- und Kommunikationsbarrieren sind und Sozialleistungen in barrierefreien Räumen und Anlagen ausgeführt werden.

Nach § 17 Abs. 2 SGB I haben hörbehinderte Menschen das Recht, bei der Ausführung von Sozialleistungen, insbesondere auch bei ärztlichen Untersuchungen und Behandlungen, Gebärdensprache zu verwenden. Die zuständigen Leistungsträger sind verpflichtet, die insoweit entstehenden Kosten und auch die für andere Kommunikationshilfen, soweit erforderlich, zu tragen.

Diese Grundsätze finden eine Konkretisierung in den Vorschriften der §§ 6, 9, 10 und 11 BGG. In § 6 Abs. 3 BGG (ebenso auch in § 9 Abs. 1 BGG) ist das Recht hörbehinderter Menschen (Gehörlose, Ertaubte und Schwerhörige) und sprachbehinderter Menschen festgeschrieben, die Deutsche Gebärdensprache oder lautsprachbegleitende Gebärden oder andere geeignete Kommunikationshilfen zu verwenden. Nach § 10 Abs. 1 BGG sind bei der Gestaltung von schriftlichen Bescheiden und Vordrucken Behinderungen von Menschen zu berücksichtigen. Gem. § 11 BGG sind zudem die Internetauftritte und -angebote der Leistungsträger mit Mitteln der Informationstechnik so darzustellen, dass sie von behinderten Menschen grundsätzlich uneingeschränkt genutzt werden können.

6. Wiederholungsfragen und -aufgaben

1. Welche Rechtssätze bilden die Grundlagen des sozialen Behindertenrechts? Lösung S. 2-7
2. Was bedeutet der Begriff »Benachteiligungsverbot«? Wo findet er seine Rechtsgrundlage? Lösung S. 5
3. Geben Sie eine Umschreibung des Begriffs »Soziale Sicherheit«! Lösung S. 7 f.
4. Definieren Sie den Begriff »Anspruchsgrundlage« – beziehen Sie sich auf das Gesetz! Lösung S. 14
5. Geben Sie den Zweck der Leistungen nach dem SGB IX an – in welcher Vorschrift wird der Leistungszweck zum Ausdruck gebracht? Lösung S. 10
6. Wann besteht eine Bedarfssituation mit Anspruch auf Leistungen nach dem SGB? Benennen Sie die einzelnen Merkmale. Lösung S. 14, 15

Zentrale Begriffe des Behindertenrechts

1. Zum Begriff Krankheit 24
2. Zum Begriff Behinderung 31
3. Zum Begriff Rehabilitation 39
4. Erwerbsminderung und Erwerbsunfähigkeit 42
5. Der Begriff Arbeitsunfähigkeit 46
6. Zum Begriff Arbeitslosigkeit 49
7. Zum Begriff Pflegebedürftigkeit 57
8. Wiederholungsfragen und -aufgaben 60

In diesem Kapitel wird eine *Erläuterung von Begriffen* vorgenommen, die im Kontext mit den behindertenrechtlichen Regelungen im SGB eine tragende Bedeutung besitzen – diese Begriffe beschreiben Ereignisse, die anspruchsbegründende Wirkung entfalten.

In der Darstellung wird folgendermaßen vorgegangen: zunächst wird eine Begriffsbestimmung gegeben; als Rechtsfolge aus diesem Ereignis wird skizziert, welche Leistungen im Bedarfsfall von dem zuständigen Leistungsträger zur Verfügung gestellt sind.

1. Zum Begriff Krankheit

Eine Definition von Krankheit gibt es im SGB nicht – der Gesetzgeber hat diesen Begriff nicht näher konkretisiert. Nach allgemeiner Auffassung in der sozialgerichtlichen Rechtsprechung und der einschlägigen Literatur zum Sozialrecht wird darunter verstanden ein *regelwidriger Zustand des Körpers, des Geistes oder der Seele*, der medizinische Intervention erforderlich macht mit dem Ziel, Schmerzen oder andere Beeinträchtigungen zu verhindern, zu beheben oder zu lindern.

1.1. Medizinische Betrachtung

In medizinischer Betrachtung wird jede körperliche, geistige oder psychische Anomalität als pathologisch angesehen und ist damit für den Mediziner ein Zustand des Krankseins – ob eine ärztliche Versorgung, also eine medizinische Behandlung erforderlich ist, hat für diese Betrachtungsweise keine Bedeutung.

Beispiele: Kurzsichtigkeit, Rückgratverkrümmung, Schwerhörigkeit, Stoffwechselstörung, Geschwüre, Akne usw. sind als Abweichungen vom Zustand des »normal gesunden Menschen« erkennbar – es liegt eine Abweichung von der normal-gesunden Körperverfassung und damit aus medizinischer Sicht eine Krankheit vor. Die Frage, ob dieser Zustand einer ärztlichen Intervention bedarf, spielt aus medizinischer Sicht keine Rolle.

1.2. Sozialrechtliche Sichtweise

In der sozialrechtlichen Dimension des SGB ist der Zustand des Krankseins im Sinne des gesetzlichen Zwecks der Vorschrift zu verstehen, die eine Regelung für den Krankheitsfall trifft.

Der Krankheitsbegriff in der gesetzlichen Krankenversicherung.

In der gesetzlichen **Krankenversicherung**, also im Regelungsbereich des **SGB V**, ist ein Zustand des Krankseins gegeben, wenn die körperliche, geistige oder seelische Verfassung von der als gesund erlebten Befindlichkeit negativ abweicht – der betroffene Mensch sich also unwohl fühlt und dieser Zustand

1. von zeitlich begrenzter Dauer ist,
2. klinisch manifest, d.h. ärztlich feststellbar ist (ein Arzt muss also die Erkrankung mit Attest bescheinigen können),
3. konkret zu Funktionsstörungen (Beschwerden) führt und
4. einen Behandlungsbedarf hervorruft.

Diese inhaltliche Konkretisierung des Krankheitsbegriffs lässt sich herleiten aus der Vorschrift des § 44 Abs. 1, S. 1 SGB V, die ausführt wie folgt:

> Versicherte haben Anspruch auf Krankengeld, wenn die Krankheit sie arbeitsunfähig macht [...]

§ 44 I 1 SGB V

Die Arbeitsunfähigkeit wird deutlich mit dem Zustand von Krankheit gleichgestellt. Die Funktionsstörung der körperlichen, geistigen oder seelischen Kräfte macht für eine gewisse Zeitspanne die gewöhnliche Arbeitsleistung unmöglich. Dieser Zustand ist ärztlich feststellbar und erfordert eine medizinische Behandlung.

Merke: Eine medizinische Behandlung ist bereits in dem ärztlichen Rat zu sehen, zu Hause zu bleiben und sich zu schonen.

Der Krankheitsbegriff im Sinne der gesetzlichen **Rentenversicherung**, also iSd. **SGB VI**, meint eine körperliche Verfassung, welche die Erwerbsfähigkeit dauerhaft ausschließt oder erheblich herabsetzt.

Der Krankheitsbegriff in der gesetzlichen Rentenversicherung.

Die Vorschriften des § 43 SGB bestimmen in **Abs. 1, S. 2** und **Abs. 2, S. 2**, dass ein Mensch voll oder teilweise erwerbsgemindert ist, wenn er wegen Krankheit oder Behinderung nicht mehr in der Lage ist, die volle Stundenzahl eines normalen Arbeitstages zu leisten.

Beispiel: Ein LKW-Fahrer hat wegen eines Bandscheibenschadens fortdauernde Rückenschmerzen, die seine Konzentration im Verkehr beeinträchtigen und auch zu erheblichen Schlafstörungen führen. Er ist häufig sehr erschöpft und bringt die erforderliche Wachsamkeit im Verkehr nur noch für zwei bis drei Stunden in Folge auf. Er befürchtet, dass er seine Arbeit aufgeben muss, wenn sich seine körperliche Verfassung nicht bessert.

Beispiel

Frage 1: Ist der Mann krank im medizinischen Sinne?

Antwort: Die Frage ist positiv zu beantworten, weil sein Gesundheitszustand von der normal-gesunden körperlichen Verfassung erheblich negativ abweicht und er die Störung auch als beeinträchtigend erlebt.

Frage 2: Ist der LKW-Fahrer krank im Sinne des SGB V?

Antwort: Auch im Sinne der gesetzlichen Krankenversicherung nach dem SGB V ist er krank, weil eine ärztliche Intervention erforderlich ist, um den gestörten körperlichen Zustand zu bessern und zu heilen.

Frage 3: Ist dieser LKW-Fahrer auch als krank im Sinne des SGB VI anzusehen?

Antwort: Das hängt davon ab, ob er nach erfolgreicher medizinischer Behandlung seine Arbeit wieder beschwerdefrei fortführen kann – wenn nicht, besteht eine Krankheit iSd. SGB VI, weil seine Erwerbsfähigkeit in Frage gestellt ist. Wenn er mithilfe einer Maßnahme der beruflichen Rehabilitation (Umschulung, Fortbildung) in die Lage versetzt wird, eine andere Erwerbstätigkeit als die eines LKW-Fahrers bei voller Wochenstundenzahl ausüben zu können, dann gilt er nicht als krank iSd. SGB VI.

Im Verständnis des SGB VI gilt er nur als krank, wenn er gar nicht mehr oder nur noch zeitlich eingeschränkt arbeiten kann (Einzelheiten dazu in diesem Kapitel zu Punkt 4).

Merke: Sozialrechtlich relevant ist nur ein Kranksein, das zu Behandlungsbedürftigkeit, Arbeits- oder Erwerbsunfähigkeit führt und Sozialleistungen erforderlich macht. Für das Kranksein im Rechtssinne ist der medizinische Grund ohne Belang.

Erscheinungsformen von Krankheit

Es wird grundsätzlich unterschieden zwischen

a) organischen Erkrankungen (= regelwidriger körperlicher Zustand)

   Beispiele: Grippe, Blasenentzündung, Blutvergiftung, Magengeschwür, Beinbruch

   und

b) geistig-seelischen Erkrankungen (= regelwidriger geistiger oder seelischer Zustand).

   Beispiele: Psychosen, Depressionen, Neurosen, Schockschäden, psycho-reaktive Störungen.

1.3. Anspruch auf Krankenbehandlung

Die Vorschrift des § 27 SGB V regelt den Anspruch auf Krankenbehandlung; in Abs. 1, S. 1 ist ausgeführt:

§ 27 SGB V

Versicherte haben Anspruch auf Krankenbehandlung, wenn sie notwendig ist, um eine Krankheit zu erkennen, zu heilen, ihre Verschlimmerung zu verhüten oder Krankheitsbeschwerden zu lindern. Die Krankenbehandlung umfaßt

1. Ärztliche Behandlung einschließlich Psychotherapie als ärztliche und psychotherapeutische Behandlung,

2. zahnärztliche Behandlung,
2a. Versorgung mit Zahnersatz einschließlich Zahnkronen und Suprakonstruktionen,
3. Versorgung mit Arznei-, Verband-, Heil- und Hilfsmitteln,
4. häusliche Krankenpflege und Haushaltshilfe,
5. Krankenhausbehandlung,
6. Leistungen zur medizinischen Rehabilitation und ergänzende Leistungen.

In **Satz 2** des § 27 SGB V wird die Beachtung der besonderen Bedürfnisse psychisch Kranker herausgestellt.

Die Regelungen der §§ 28–43 SGB V beschreiben sehr ins Einzelne gehend den weiteren allgemeinen Leistungskatalog der gesetzlichen Krankenversicherung (vgl. dazu »Leistungen zur Gesundheitsversorgung und bei Pflegebedürftigkeit«, Abschn. 3).

1.4. Krankheit als Versicherungs- und Leistungsfall

Das Auftreten einer Erkrankung ist sozialrechtlich gesehen

a) ein *Versicherungsfall*, wenn der kranke Mensch Sozialversicherungsschutz besitzt, also Mitglied in der gesetzlichen Krankenversicherung ist;

b) ein *Leistungsfall*, wenn die Gesundheitsverfassung als Zustand von Kranksein diagnostiziert wird und Leistungen im Sinne der §§ 27 ff. SGB V (Leistungen zur Krankenbehandlung) und/oder der §§ 40 ff. SGB V (Leistungen zur medizinischen Rehabilitation) erforderlich macht (i.E. siehe Kapitel »Leistungen zur Gesundheitsversorgung und bei Pflegebedürftigkeit«, 3.2).

Beispiel: Zwei Heilpädagoginnen, Anja und Tine, leiten als Angestellte einer kirchlichen Gemeinde mit viel Engagement und Spaß den Jugendclub »aktive Freizeitgestaltung«, dessen Zielsetzung auch auf die Integration jugendlicher Behinderter ausgerichtet ist. Eines Tages erleidet Tine aus nicht erklärbarem Grunde einen Hörsturz – sie wird bis auf Weiteres krankgeschrieben. Eine erhebliche Störung der Hörfähigkeit bleibt auf Dauer und hat zur Folge, dass Tine ihre Arbeit für die Kirchengemeinde aufgeben muss.

Der **Versicherungsfall** liegt vor: Tine arbeitet in einem Angestelltenverhältnis, sie ist also Mitglied in der Sozialversicherung.

Der **Leistungsfall** mit Anspruch auf ärztliche Behandlung, Krankengeld und Maßnahmen zur beruflichen Wiedereingliederung liegt hier auch vor, weil

a) bei Tine eine Behandlungsbedürftigkeit besteht,

b) eine Krankschreibung wegen Arbeitsunfähigkeit erfolgt und

c) sie die bisher ausgeübte Beschäftigung wegen der eingetretenen Schwerhörigkeit nicht fortsetzen kann.

Tine hat Bedarf an den skizzierten Leistungen, weil mit deren Hilfe ihre Gesundheitsverfassung gebessert und sie in die Lage versetzt wird, wieder einer Erwerbstätigkeit nachzugehen.

Als **Anspruchsgrundlage** für diese Leistungen kommen im vorliegenden Fall in Betracht die §§ 27, 44 SGB V und §§ 15, 16 SGB VI. Die Krankenversicherung von Tine ist zuständig für die Leistungen zur Krankenbehandlung und zur gesundheitlichen Rehabilitation; der Träger ihrer Rentenversicherung ist verpflichtet, Maßnahmen zur beruflichen Wiedereingliederung von Tine durchzuführen.

Merke: Beide Leistungsträger haben bei der Erbringung der Leistungen zusammenzuwirken – in den §§ 11, 12 SGB IX ist bestimmt, dass bereits während der medizinischen Rehabilitation geprüft werden muss, »ob durch geeignete Leistungen zur Teilhabe am Arbeitsleben die Erwerbsfähigkeit des behinderten oder von Behinderung bedrohten Menschen erhalten, gebessert oder wiederhergestellt werden kann.«

Die im Einzelfall erforderlichen Leistungen zur Wiedereingliederung in die Arbeitswelt wird Tines Rentenversicherung mit der Agentur für Arbeit abstimmen.

1.5. Behandlungsleistungen

Die Behandlungsleistungen bei Krankheit sind im Einzelnen in §§ 26 ff. SGB IX unter der Bezeichnung »Leistungen zur medizinischen Rehabilitation« aufgelistet; hier wird einerseits Bezug genommen auf den allgemeinen Leistungskatalog des § 27 SGB V und andererseits findet eine Konkretisierung statt durch die Benennung von Leistungen, die von behinderungsspezifischer Bedeutung sind.

In **§ 26 Abs. 1 SGB IX** ist ausgeführt:

§ 26 I SGB IX

> Zur medizinischen Rehabilitation behinderter und von Behinderung bedrohter Menschen werden die erforderlichen Leistungen erbracht, um
>
> 1. Behinderungen einschließlich chronischer Krankheiten abzuwenden, zu beseitigen, zu mindern, auszugleichen, eine Verschlimmerung zu verhüten oder

2. Einschränkungen der Erwerbsfähigkeit und Pflegebedürftigkeit zu vermeiden, zu überwinden, zu mindern, eine Verschlimmerung zu verhüten sowie den vorzeitigen Bezug von laufenden Sozialleistungen zu vermeiden oder laufende Sozialleistungen zu mindern.

In § 26 Abs. 2 und Abs. 3 SGB IX werden die dem besonderen Bedarf behinderter Menschen zur Verfügung gestellten Leistungen im Einzelnen spezifiziert; hier sollen im Kontext herausgehoben werden

- Heilmittel einschließlich physikalischer Sprach- und Beschäftigungstherapie, Abs. 2, Ziff. 4 SGB IX,
- Psychotherapie als ärztliche und psychotherapeutische Behandlung, Abs. 2. Ziff. 5 SGB IX,
- Hilfen bei Krankheits- und Behinderungsverarbeitung, Abs. 3, Ziff. 1 SGB IX,
- Hilfen zur seelischen Stabilisierung und Förderung der sozialen Kompetenz, Abs. 3, Ziff. 5 SGB IX,
- Aktivierung von Selbsthilfepotenzialen, Abs. 3, Ziff. 6 und Ziff. 7 SGB IX.

1.6. Rechtsfolgen bei Erkrankung

Eine Krankheit löst als **Rechtsfolge** die *Leistungspflicht* der zuständigen Sozialversicherungsträger, also der gesetzlichen Krankenkassen, aus – diese haben die ärztlichen Behandlungsmaßnahmen sowie die erforderlichen Heil- und Hilfsmittel zur Verfügung zu stellen und zu bezahlen.

Als weitere **Rechtsfolge** bei Krankheit kommt die Zahlung von *Krankengeld* in Betracht. Gem. **§ 44 Abs. 1 SGB V** entsteht bereits mit Feststellung der Krankheit durch einen Arzt der Anspruch auf Zahlung von Krankengeld. Allerdings wird es als Leistung der gesetzlichen Krankenversicherung erst nach einer Krankheitsdauer von mehr als sechs Wochen gezahlt. Der Grund hierfür liegt in der Regelung des § 3 Entgeltfortzahlungsgesetz, nach der für den Arbeitgeber die Pflicht besteht, dem erkrankten Arbeitnehmer Lohnfortzahlung bis zu sechs Wochen ab Feststellung der Arbeitsunfähigkeit zu leisten.

> Die vertragsärztliche Versorgung und die Vergütung der in freier Praxis tätigen Ärzte ist in den Vorschriften der §§ 95 ff. SGB V geregelt; die Vorschriften zur Vereinbarung über die Versorgung der behandlungsbedürftigen Menschen mit Arznei- und Heilmitteln finden sich in den §§ ä4 ff. SGB V im Detail.

1.7. Zuständigkeit der Leistungsträger

Die *Zuständigkeit* des Leistungsträgers für die erforderliche medizinische Versorgung hängt ab von der Ursache der Erkrankung. Um diese zu ermitteln, ist zu fragen, ob die Krankheit

- ein Ausdruck von Insuffizienz in Gestalt von organischer, körperlicher, geistiger oder seelischer Schwäche ist (z.B. verursacht durch eine Infektion oder Allergie, durch ein traumatisches Erlebnis oder einen Knochenbruch) – dann ist die Zuständigkeit eines der Leistungsträger nach dem SGB V begründet (vgl. § 21 Abs. 2 SGB I);
- infolge der ausgeübten Erwerbstätigkeit eingetreten ist – dann ist die Zuständigkeit eines der Rentenversicherungsträger iSd. SGB VI begründet (vgl. § 23 Abs. 2 SGB I);
- durch Arbeitsunfall verursacht ist – dann ist die Zuständigkeit eines der Unfallversicherungsträger iSd. SGB VII begründet (vgl. § 22 Abs. 2 SGB I). Für Menschen, die nicht Mitglied in einer gesetzlichen Krankenversicherung sind, werden die Kosten für die Leistungen der Gesundheitsversorgung entsprechend dem Leistungskatalog der gesetzlichen Krankenversicherung durch den zuständigen Sozialhilfeträger getragen, wenn die Betroffenen die Behandlungskosten nicht selbst zahlen können. Einzelheiten regeln hier die §§ 47 ff. SGB XII.

2. Zum Begriff Behinderung

Die *gesetzliche Definition* des Begriffs findet sich in der Vorschrift des § 2 Abs. 1 SGB IX – sie stellt klar, dass Menschen als behindert anzusehen sind, wenn ihre

> körperliche Funktion, geistige Fähigkeit oder seelische Gesundheit mit hoher Wahrscheinlichkeit länger als sechs Monate von dem für das Lebensalter typischen Zustand abweichen und daher ihre Teilhabe am Leben in der Gesellschaft beeinträchtigt ist.

§ 2 I SGB IX

Entsprechendes kommt in der Vorschrift des **§ 53 Abs. 1 SGB XII** zum Ausdruck, der den Adressatenkreis und die Aufgaben der Eingliederungshilfe für behinderte Menschen festlegt; es handelt sich dabei um

> Personen, die durch eine Behinderung im Sinne von § 2 Abs. 1 Satz 1 des Neunten Buches wesentlich in ihrer Fähigkeit, an der Gesellschaft teilzuhaben, eingeschränkt [...] sind [...]

§ 53 I SGB XII

Aus dem Wortlaut der Vorschriften wird deutlich, dass ein innerer Zusammenhang zwischen der Abweichung des Gesundheitszustands von der normal-gesunden Verfassung und den beeinträchtigten Teilhabemöglichkeiten des betroffenen Menschen gegeben sein muss – die eingeschränkte Teilhabe am Leben der Gesellschaft muss Folge der Gesundheitsstörung sein.

Beispiel: *Wegen einer Dysfunktion der Nieren muss Paul täglich zur Dialyse. Er kann deshalb nur in zeitlich eingeschränktem Umfang einer Erwerbstätigkeit nachgehen und auch keine Reisen ins Ausland unternehmen.*

2.1. Abgrenzung vom Begriff Krankheit

Der Zustand von Behinderung ist mit Blick auf seine Auswirkungen weitergehender als das Kranksein und meint eine *Funktionsstörung*, welche die Teilhabe am sozialen Leben in der Gesellschaft (Arbeit, Bildung, Kultur, Sport) auf *unabsehbar lange* Zeit beeinträchtigt oder verhindert – demnach fallen alle chronischen Krankheiten, Gesundheitsschäden mit bleibenden Negativfolgen sowie Beeinträchtigungen körperlicher, geistiger oder seelischer Art unter den Begriff Behinderung, sofern sie einen Zustand mit Dauerwirkung (= das Ende der Störung ist nicht absehbar) hervorrufen und den betroffenen Menschen daran hindern, am Leben der Gesellschaft in einer Weise teilzuhaben, wie es Menschen ohne behinderungsbedingte Beeinträchtigungen möglich ist.

2.2. Definition durch die WHO

Die Weltgesundheitsorganisation (WHO) hat im Jahr 2001 den Begriff der Behinderung weiterentwickelt und ihm mit der »Internationalen Klassifikation der Funktionsfähigkeit und Behinderung« (ICF – International Classification of Functioning, Disability and Health) eine neue Verständnisdimension gegeben. Die **ICF** stellt nicht mehr vorrangig auf die Defizite eines behinderten Menschen ab, sondern sieht den Aspekt der **Befähigung zur Teilhabe** im Vordergrund. Das Ausmaß einer Beeinträchtigung wird gemessen an der Art und dem Umfang der Möglichkeiten des individuell betroffenen Menschen, trotz Vorliegens einer körperlichen, geistigen oder seelischen Funktionsstörung am beruflichen und sozialen Leben partizipieren zu können.

Beispiel: Ein Mann hat einen ausgeprägten Morbus-Osler-Befund in der Nase, der häufig starkes Bluten verursacht. Der Blutverlust hat einen permanent sehr niedrigen Hämoglobinwert im Blut zur Folge – die berufliche und allgemeine Leistungsfähigkeit dieses Mannes ist stark herabgesetzt, weil er nur noch in zeitlich begrenztem Umfang arbeiten und keinen Sport mehr treiben kann; zudem fühlt er sich häufig depressiv. Die Befähigung zur Teilhabe am beruflichen und sozialen Leben ist damit für diesen Mann erheblich beeinträchtigt.

Die Sichtweise der ICF bemisst behinderungsbedingte Beeinträchtigungen der funktionalen Gesundheit mit Blick auf ihre realen Auswirkungen in folgenden Bereichen:

- Funktionen und Strukturen des menschlichen Organismus (Körper, Geist und Seele) – *Frage:* wie wirkt sich die Beeinträchtigung auf Körper, Geist und/oder Seele aus?
- Teilhabemöglichkeit des Menschen an den gesellschaftlichen Lebensbereichen Bildung, Arbeit und Kultur – *Frage:* kann dieser Mensch grundsätzlich am gesellschaftlichen Leben teilnehmen wie andere auch? Kann sie/er z.B. eine Ausbildung absolvieren, einer Erwerbstätigkeit nachgehen, Kurse der Volkshochschule besuchen, an musischen, bildnerischen oder darstellenden Aktivitäten teilnehmen bzw. solche Tätigkeiten selbst betreiben?
- Soziale Tätigkeiten (Aktivitäten) eines Menschen jeder Art – *Frage:* Kann dieser Mensch reisen, Freizeit mit anderen verbringen, Sport treiben und sich politisch engagieren?

Nach Auffassung der WHO wird eine Behinderung demnach als vorliegend erachtet, wenn die Funktions- oder Fähigkeitsstörung zu einer Beeinträchtigung der Teilhabe am Leben in der Gesellschaft führt – wenn der von Behinderung betroffene Mensch also von bestimmten Aktivitäten quasi ausgeschlossen ist oder sie wegen der Behinderung nur in sehr eingeschränkter Weise ausüben kann. Relevant insoweit sind vor allem die Lebensbereiche Arbeit, Bildung, Gemeinschafts- und Sozialleben, Mobilität, Selbstversorgung bei der Befriedigung der alltäglichen Bedürfnisse, Erledigung der regelmäßigen Tätigkeiten im Ablauf des Alltags und die zwischenmenschliche Kommunikation. Es wird also abgestellt auf die Befähigung zur Persönlichkeitsentfaltung, die dem Betroffenen trotz der behinderungsbedingten Beeinträchtigungen mit Blick auf seine konkrete Lebenssituation noch möglich ist.

Nach hier vertretener Auffassung lässt sich die Frage, wann eine Beeinträchtigung der Teilhabe am gesellschaftlichen Leben vorliegt, allerdings kaum generell und alle Einzelfälle gleichermaßen erfassend beantworten. Die Auswirkungen körperlicher, geistiger und seelischer Behinderung sind in ihren multiplen Erscheinungsformen zu unterschiedlich.

Es ist aber auch nicht das erklärte Ziel der ICF, einen normativen Definitionsrahmen als Richtlinie zur Erfassung der vielfältigen Erscheinungsformen von Behinderung vorzugeben – vielmehr soll die ICF erreichen, einen einheitlichen Sprachgebrauch für die Kennzeichnung der funktionalen Gesundheit und der unterschiedlichen Beeinträchtigungen aufzustellen, damit die Kommunikation zwischen den im Behindertenbereich wirkenden Leistungsträgern und den mit behinderten Menschen professionell arbeitenden Fachleuten erleichtert wird.

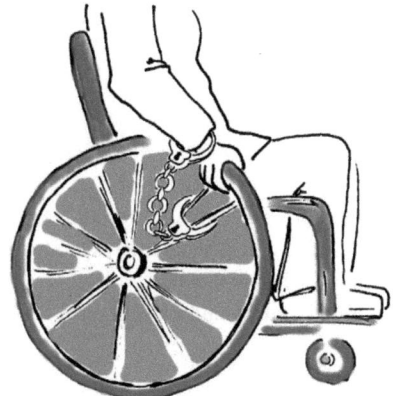

AN DEN ROLLSTUHL GEFESSELT

2.3. Konkretisierung durch die Eingliederungshilfe-Verordnung

Der Begriff *Behinderung* im Sinne des § 2 SGB IX und der WHO-Definition erfährt eine sehr ins Einzelne gehende Konkretisierung durch die *Eingliederungshilfe-Verordnung*, die im Kontext mit den Vorschriften der §§ 53 ff. SGB XII erlassen worden ist. In ihren §§ 1–3 beschreibt diese VO detailliert die Merkmale der Menschen, die im Verständnis des SGB als körperlich, geistig und seelisch behindert gelten.

Dazu zählen gemäß diesen Regelungen

- Personen, deren Bewegungsfähigkeit [...] in erheblichem Umfange eingeschränkt ist,
- Personen mit erheblichen Spaltbildungen [...] oder mit abstoßend wirkenden Entstellungen vor allem des Gesichts [...],
- Personen, deren körperliches Leistungsvermögen infolge Erkrankung, Schädigung oder Fehlfunktion eines inneren Organs oder der Haut in erheblichem Umfange eingeschränkt sind,
- Blinden oder stark Sehbehinderten,
- Personen, die gehörlos sind oder denen eine sprachliche Verständigung über das Gehör nur mit Hörhilfen möglich ist,
- Personen, die nicht sprechen können, Seelentauben und Hörstummen, Personen mit erheblichen Stimmstörungen sowie Personen, die stark stammeln, stark stottern oder deren Sprache stark unartikuliert ist,
- Personen, die infolge einer Schwäche ihrer geistigen Kräfte in erheblichem Umfang in ihrer Fähigkeit zur Teilhabe in der Gesellschaft eingeschränkt sind,
- Personen mit körperlich nicht begründbaren Psychosen, seelischen Störungen infolge von Krankheiten oder Hirnverletzungen ,
- Personen mit Suchtkrankheiten,
- Personen mit Neurosen und Persönlichkeitsstörungen.

Es ist unschwer nachvollziehbar, dass Menschen, die mit einer (oder mehreren) der aufgelisteten Beeinträchtigungen behaftet sind, grundsätzlich mit Blick auf ihre Teilhabemöglichkeiten am gesellschaftlichen Leben beeinträchtigt sind.

2.4. Grad der Behinderung

Der Begriff **Grad der Behinderung** (GdB) wird in der Vorschrift des **§ 2 Abs. 2 SGB IX** verwendet:

> Menschen sind [...] schwerbehindert, wenn bei ihnen ein Grad der Behinderung von wenigstens 50 vorliegt [...]

§ 2 II SGB IX

Frage: Was ist mit dem Begriff *Grad der Behinderung* gemeint?

Antwort: Der GdB bezeichnet das Ausmaß der Funktionsstörung und damit die Schwere der Behinderung im konkreten Einzelfall, ohne dabei auf die Teilhabemöglichkeiten des behinderten Menschen am Leben in der Gesellschaft abzustellen. Ein »Grad der Behinderung von wenigstens 50« bringt zum Ausdruck, dass dieser Mensch durch die bei ihm festgestellte körperliche, geistige und/oder seelische Behinderung im Vergleich mit normal-gesunden Menschen in erheblichem Umfang *beschwert* ist – umgangssprachlich wird gesagt: sie/er »hat es nicht einfach im allgemeinen Leben«.

Ausmaß der Beeinträchtigung im Einzelfall

Der GdB trifft keine Aussage über die Fähigkeit, einer Erwerbstätigkeit nachgehen zu können. So steht ein festgestellter GdB von 90 nicht im Widerspruch dazu, dass der von Behinderung betroffene Mensch an seinem Arbeitsplatz durchaus eine 100%-ige Leistung erreicht, wie die anderen in diesem Betrieb beschäftigten Menschen auch.

Der GdB wird durch ein Feststellungsverfahren, das in § 69 SGB IX geregelt ist, im konkreten Einzelfall durch eine ärztliche Untersuchung ermittelt. Zur Feststellung des GdB im konkreten Einzelfall wird die **AHP-Tabelle** verwendet, die vom Bundesministerium für Soziales herausgegeben wird; sie beschreibt eine sehr große Zahl von medizinischen Befunden und klassifiziert diese in Prozent, beginnend bei 10. Die rechtliche Qualität der AHP-Tabelle ist die einer Rechtsnorm vergleichbar; sie wird von den Sozialgerichten, den Versorgungsämtern, den Landesämtern für Soziale Dienste bzw. den Landesämtern für Gesundheit und Soziales und den Hauptfürsorgestellen, aber auch von anderen Institutionen und Trägern der Behindertenhilfe als Richtlinie zur Einstufung von Behinderungssachverhalten, also zur Bewertung des Schweregrades einer festgestellten Behinderung, angewendet.

Feststellung des Grades der Behinderung

AHP ist die Abkürzung für »Anhaltspunkte für die ärztliche Gutachtertätigkeit« im Rahmen des Feststellungsverfahrens nach § 69 SGB IX. Die AHP-Tabelle kann auf Anfrage bei dem genannten Ministerium bezogen werden.

Das Feststellungsverfahren wird von dem örtlich zuständigen Versorgungsamt oder von anderen zuständigen Behörden (z.B. der Hauptfürsorgestelle) durchgeführt; im Zweifel über die Zuständigkeit ist Auskunft und Beratung bei einer der in §§ 22, 23 SGB IX angesprochenen Servicestellen einzuholen; diese sind von den Rehabilitationsträgern einzurichten.

Feststellungsverfahren

Merke: Nach § 69 Abs. 5 SGB IX stellt die im Einzelfall zuständige Behörde auf Antrag des Behinderten einen Ausweis über die Eigenschaft als schwerbehinderter Mensch und den Grad der Behinderung aus.

2.5. Behinderung und Schwerbehinderung

In verschiedenen Vorschriften, die inhaltliche Regelungen zu Sozialleistungen für Menschen mit Behinderungen treffen, wird mal der Begriff *Behinderung*, dann der Begriff *Schwerbehinderung* verwendet; ferner erscheinen im Gesetz auch die Begriffe *Schwere der Behinderung* und *wesentliche Behinderung*, ohne dass eine deutliche definitorische Unterscheidung erkennbar ist. Dieser Befund soll im Folgenden erhellt werden.

Die Regelung des **§ 2 SGB IX Abs. 2** führt im Wortlaut aus:

§ 2 II SGB IX

> Menschen sind im Sinne des Teils 2 schwerbehindert, wenn bei ihnen ein Grad der Behinderung von wenigstens 50 vorliegt und sie ihren Wohnsitz, ihren gewöhnlichen Aufenthalt oder ihre Beschäftigung auf einem Arbeitsplatz im Sinne des § 73 rechtmäßig im Geltungsbereich dieses Gesetzbuches haben.

Entsprechendes gilt gem. **Abs. 3** der Vorschrift für Menschen mit einem geringeren GdB als 50 (wenigstens aber 30) unter der Voraussetzung, dass sie ohne die Gleichstellung einen geeigneten (der Behinderung Rechnung tragenden) Arbeitsplatz nicht erlangen oder nicht behalten können.

Beide Regelungen orientieren sich am GdB, dessen Schweregrad jedoch keine Schlussfolgerung auf die Befähigung zur Teilhabe am Leben in der Gesellschaft, insbesondere am Arbeitsleben, zulässt.

Der Begriff Behinderung im Sinne von § 2 SGB IX umfasst die in § 19 SGB III und in §§ 97 ff. SGB III enthaltenen Umschreibungen, mit denen die Art und Schwere der Behinderung thematisiert wird.

In **§ 19 SGB III** ist ausgeführt:

§ 19 I SGB III

> Behindert im Sinne dieses Buches sind Menschen, deren Aussichten, am Arbeitsleben teilzuhaben oder weiter teilzuhaben, wegen Art oder Schwere ihrer Behinderung im Sinne von § 2 Abs. 1 des Neunten Buches nicht nur vorübergehend wesentlich gemindert sind und die deshalb Hilfen zur Teilhabe am Arbeitsleben benötigen, einschließlich lernbehinderter Menschen.

Die Regelung des **§ 97 Abs. 1 SGB III** bestimmt:

§ 97 I SGB III

> Behinderten Menschen können Leistungen zur Förderung der Teilhabe am Arbeitsleben erbracht werden, die wegen Art oder Schwere der Behinderung erforderlich sind, um ihre Erwerbstätigkeit zu erhalten, zu bessern, herzustellen oder wiederherzustellen und ihre Teilhabe am Arbeitsleben zu sichern.

Die Vorschriften der **§§ 100, 102 SGB III** listen unter Bezugnahme auf die §§ 97 ff. SGB III die *allgemeinen* und *besonderen Leistungen* für behinderte Menschen auf. In **§ 102 Abs. 1, Ziff. 1** und **Ziff. 2 SGB III** ist auch von »Art oder Schwere der Behinderung« die Rede.

Der Begriff Behinderung iSv. § 2 SGB IX umfasst zudem die Definition von Behinderung nach **§§ 53 ff. SGB XII.** In den Vorschriften über die *Eingliederungshilfe für behinderte Menschen* erscheint ebenfalls der Ausdruck »Art oder Schwere der Behinderung«. Die Eingliederungshilfe-Verordnung (VO zu § 53 SGB XII) verwendet in §§ 1, 2, und 3 den Begriff *wesentlich behinderte Menschen,* der zum Ausdruck bringt, dass Menschen mit einem GdB von wenigstens 50 – also schwerbehinderte Menschen iSv. § 2 SGB IX – dem dort genannten Adressatenkreis zugerechnet werden.

<small>Einzelheiten unter »Behinderung und Arbeitsleben«, 2.</small>

Dieser Befund weist aus, dass der Begriff Behinderung iSv. § 2 SGB IX die Begriffe *wesentliche Behinderung, Art und Schwere der Behinderung* und *Schwerbehinderung*, wie sie in anderen Vorschriften zum Ausdruck kommen, impliziert. Folglich sind die Adressaten der §§ 97 ff. SGB III sowie die Adressaten der Leistungen zur sozialen Eingliederung Menschen mit einem GdB von wenigstens 50, also schwerbehinderte Menschen im Sinne des Gesetzes.

Merke: Menschen mit Behinderungen, die mit einem geringeren GdB als 50 bewertet bzw. eingestuft sind, haben grundsätzlich keinen Anspruch auf besondere, behindertenspezifische Leistungen.

2.6. Rechtsfolgen bei Behinderung

Als **Rechtsfolge** aus dem Zustand einer Behinderung sind für den betroffenen Menschen *bedarfsentsprechende Leistungen* durch den im Einzelfall zuständigen Rehabilitationsträger zur Verfügung gestellt. Dem betroffenen Menschen sind grundsätzlich die vom Gesetz vorgesehenen Leistungen zur medizinischen, beruflichen und sozialen Rehabilitation eröffnet; welche Leistungen erbracht werden, hängt ab von der im Einzelfall erforderlichen Unterstützung, mit der den Folgen aus der Behinderung entgegengewirkt werden soll.

Die notwendigen Leistungen werden erbracht

<small>Anspruchsgrundlagen</small>

- nach den Anspruchsgrundlagen des **SGB III, SGB V** und des **SGB VI**, wenn der Anspruchsteller Mitgliedschaft in der Sozialversicherung besitzt – wenn ein Bedarf an Leistungen besteht, die im SGB III, SGB V oder SGB VI keine Anspruchsgrundlage finden, dann ist der Träger der Sozialhilfe leistungsverpflichtet (dieser Fall kommt in Betracht bei Leistungen zur sozialen Eingliederung nach §§ 54 ff. SGB XII),
- nach den Vorschriften der **§§ 53, 54 SGB XII**, wenn keine Mitgliedschaft in der Sozialversicherung besteht und der behinderte

Mensch »arm« im Sinne der §§ 17, 19 SGB XII (Sozialhilferecht) ist.

Leistungsarten

Die Leistungsformen im Einzelnen sind divers und in ihrer Ausgestaltung grundsätzlich an dem Bedarf des Anspruchstellers auszurichten. Das SGB IX beschreibt im Sinne einer Auflistung sämtliche Leistungen für Behinderte, die von den einzelnen Sozialversicherungsträgern zur Verfügung gestellt werden, sofern ein Bedarf besteht.

Der im SGB IX ausgewiesene Leistungskatalog für Menschen mit Behinderungen unterscheidet grundsätzlich zwischen den Kategorien

- **gesundheitliche Rehabilitation** / Wiederherstellung = Leistungen zur medizinischen Rehabilitation, s. §§ 26 ff. SGB IX iVm. der Anspruchsgrundlage des § 27 SGB V;
- **berufliche Rehabilitation** / Wiederbefähigung zur Ausübung einer Erwerbstätigkeit = Leistungen zur Teilhabe am Arbeitsleben, s. §§ 33 ff. SGB IX iVm. der Anspruchsgrundlage aus §§ 98 ff. SGB III
- **soziale Rehabilitation** / Wiedereingliederung im Sinne einer Stärkung der Kompetenz zur Teilhabe am sozialen und kulturellen Leben der Gesellschaft, s. §§ 55 ff. SGB IX iVm. der Anspruchsgrundlage aus § 53 Abs. 3 SGB XII. (Die Leistungsarten im Einzelnen werden besprochen in den Kapiteln »Behinderung und Arbeitsleben«, »Leistungen zur Gesundheitsversorgung und bei Pflegebedürftigkeit« und »Leistungen zur sozialen Eingliederung für behinderte Menschen«.)

3. Zum Begriff Rehabilitation

Eine *gesetzliche Definition* dieses Begriffs findet sich im SGB nicht. Eine konkrete Begriffsumschreibung wird jedoch vorgenommen in den Vorschriften des § 9 Abs. 1 SGB VI (Aufgabe der Leistungen zur Teilhabe) und des § 4 Abs. 1 SGB IX (Leistungen zur Teilhabe), die wegen ihrer Bedeutung im Kontext nachstehend wiedergegeben werden. **§ 9 Abs. 1 SGB VI** führt aus:

> Die Rentenversicherung erbringt Leistungen zur medizinischen Rehabilitation, Leistungen zur Teilhabe am Arbeitsleben sowie ergänzende Leistungen, um
> 1. den Auswirkungen einer Krankheit oder einer körperlichen, geistigen oder seelischen Behinderung auf die Erwerbsfähigkeit der Versicherten entgegenzuwirken oder sie zu überwinden und
> 2. dadurch Beeinträchtigungen der Erwerbsfähigkeit der Versicherten oder ihr vorzeitiges Ausscheiden aus dem Erwerbsleben zu verhindern oder sie möglichst dauerhaft in das Erwerbsleben wiedereinzugliedern. […]

§ 9 I SGB VI

Die Vorschrift des **§ 4 Abs. 1 SGB IX** erklärt:

> Die Leistungen zur Teilhabe umfassen die notwendigen Sozialleistungen, um […] die Behinderung abzuwenden, zu beseitigen, zu mindern, ihre Verschlimmerung zu verhüten oder ihre Folgen zu mildern, […]

§ 4 I SGB IX

Demnach bedeutet Rehabilitation die Wiederbefähigung des von Krankheit, Behinderung, Unfall, Erwerbsunfähigkeit oder Arbeitslosigkeit betroffenen behinderten Menschen mithilfe geeigneter Maßnahmen bzw. Unterstützungsleistungen.

Wiederbefähigung

3.1. Ziele der Maßnahmen

Ziel der Hilfemaßnahmen nach dem SGB ist die *Rehabilitation*. Diese Zielstellung wird durch die Regelung des § 4 Abs. 2 SGB IX iVm. dem Abs. 1 der Vorschrift vorgegeben – dort ist zum Ausdruck gebracht, dass die Leistungen zur Teilhabe erbracht werden, um eine Behinderung abzuwenden, zu beseitigen, ihre Folgen zu mildern und eine Beeinträchtigung der Erwerbsunfähigkeit oder eine Pflegebedürftigkeit zu vermeiden.

Wie am Ende der Erläuterungen zum Begriff Behinderung festgehalten, wird unterschieden zwischen Leistungen der gesundheitlichen, der beruflichen und der sozialen Rehabilitation.

3.2. Arten von Leistungen zur Wiederbefähigung

Im SGB findet sich in den unterschiedlichen Regelungsbereichen eine ganze Reihe von Arten der Leistungen, die dem Zweck von Rehabilitation dienen sollen. Einige Beispiele aus gesetzlichen Vorschriften sollen die unterschiedlichen Arten und Ziele veranschaulichen:

Zur **beruflichen Rehabilitation** ist in § 1 SGB III ausgeführt:

§ 1 SGB III | Die Leistungen der Arbeitsförderung sollen dazu beitragen, dass ein hoher Beschäftigungsstand erreicht und die Beschäftigungsstruktur ständig verbessert wird. Sie sind insbesondere darauf auszurichten, das Entstehen von Arbeitslosigkeit zu vermeiden oder die Dauer der Arbeitslosigkeit zu verkürzen. [...]

In § 97 Abs. 1 SGB III heißt es:

§ 97 I SGB III | Behinderten Menschen können Leistungen zur Förderung der Teilhabe am Arbeitsleben erbracht werden, die wegen Art oder Schwere der Behinderung erforderlich sind, um ihre Erwerbstätigkeit zu erhalten, zu bessern, herzustellen oder wiederherzustellen und ihre Teilhabe am Arbeitsleben zu sichern.

Zur **gesundheitlichen Rehabilitation** macht § 27 Abs. 1 SGB V deutlich:

§ 27 I 1 SGB V | Versicherte haben Anspruch auf Krankenbehandlung, wenn sie notwendig ist, um eine Krankheit zu erkennen, zu heilen, ihre Verschlimmerung zu verhüten oder Krankheitsbeschwerden zu lindern.

Zur **sozialen Rehabilitation** gibt § 55 SGB IX an:

§ 55 SGB IX | Als Leistungen zur Teilhabe am Leben in der Gemeinschaft werden die Leistungen erbracht, die den behinderten Menschen die Teilhabe am Leben in der Gesellschaft ermöglichen oder sichern oder sie so weit wie möglich unabhängig von Pflege machen [...]

3.3. Bewilligung von Maßnahmen

Bevor eine Maßnahme zur Rehabilitation von dem zuständigen Leistungsträger veranlasst wird, hat er zu prüfen, ob die Maßnahme eine hinreichende Erfolgsaussicht bietet, das Rehabilitationsziel zu erreichen. Dies ergibt sich aus der Vorschrift des § 8 Abs. 1 SGB IX:

§ 8 I SGB IX | Werden bei einem Rehabilitationsträger Sozialleistungen wegen oder unter Berücksichtigung einer Behinderung oder einer drohenden Behinderung beantragt oder erbracht, prüft dieser unabhängig von der

Entscheidung über diese Leistungen, ob Leistungen zur Teilhabe voraussichtlich erfolgreich sind.

Diese Prüfung ist wegen des Prinzips der Wirtschaftlichkeit von Sozialleistungen geboten, weil keine Leistung bewilligt werden soll, für die nicht eine gute Wahrscheinlichkeit besteht, dass sie zu dem mit ihr angestrebten Ziel führen kann.

Prinzip der Wirtschaftlichkeit

3.4. Durchführung einer Maßnahme zur Rehabilitation

Für die Erfolgs- und Qualitätsabsicherung der Leistungen zur Wiederbefähigung des von Krankheit, Behinderung oder Unfall betroffenen Menschen ist eine *Gesamtplanung* zu erstellen, welche die Vorbereitung, Durchführung und eine ggf. erforderliche Nachbetreuung umfasst. Dies gilt insbesondere, wenn die notwendigen Leistungen von mehreren Leistungsträgern zu erbringen sind. Den Trägern obliegt die Pflicht, in Abstimmung miteinander die Leistungen so zu platzieren, dass ein qualitativ abgesicherter Verlauf des Rehabilitationsprozesses gewährleistet ist. Dies ist der Vorschrift des **§ 10 Abs. 1, S. 1 SGB IX** zu entnehmen:

> Soweit Leistungen verschiedener Leistungsgruppen oder mehrerer Rehabilitationsträger erforderlich sind, ist der nach § 14 leistende Rehabilitationsträger dafür verantwortlich, dass die beteiligten Rehabilitationsträger im Benehmen miteinander und in Abstimmung mit den Leistungsberechtigten die nach dem individuellen Bedarf voraussichtlich erforderlichen Leistungen funktionsbezogen feststellen und schriftlich so zusammenstellen, dass sie nahtlos ineinander greifen.

§ 10 I 1 SGB IX

Hier kommt die lebenspraktische Erkenntnis zum Ausdruck, dass der Erfolg einer Rehabilitationsmaßnahme um so eher gewährleistet ist, je mehr die Leistungen zugunsten des behinderten Menschen effektiv abgestimmt und zügig durchgeführt werden.

Die Leistungen zur beruflichen, gesundheitlichen und sozialen Rehabilitation im Einzelnen werden vertiefend besprochen in den Kapiteln »Behinderung und Arbeitsleben«, »Leistungen zur Gesundheitsversorgung und bei Pflegebedürftigkeit« und »Leistungen zur sozialen Eingliederung für behinderte Menschen«.

4. Erwerbsminderung und Erwerbsunfähigkeit

In den Bestimmungen des § 43 SGB VI sind die **Voraussetzungen** geregelt, unter denen eine versicherte Person einen Antrag auf Bezug von Rentenleistungen stellen kann, wenn sie wegen Krankheit oder Behinderung ganz oder teilweise nicht mehr in der Lage ist, einer regelmäßigen Beschäftigung nachzugehen.

4.1. Gesetzliche Definition

Der Begriff *Erwerbsminderung* (MdE – Minderung der Erwerbsfähigkeit) ist in der Vorschrift des § 43 Abs. 1, S. 2 SGB VI erläutert:

§ 43 I 2 SGB VI

Teilweise erwerbsgemindert sind Versicherte, die wegen Krankheit oder Behinderung auf nicht absehbare Zeit außerstande sind, unter den üblichen Bedingungen des allgemeinen Arbeitsmarktes mindestens sechs Stunden täglich erwerbstätig zu sein. [Hervorhebung vom Verfasser]

In § 43 Abs. 2, S. 2 SGB VI ist der Begriff der *Erwerbsunfähigkeit* (EU) festgeschrieben – es heißt dort:

§ 43 II 2 SGB VI

Voll erwerbsgemindert sind Versicherte, die wegen Krankheit oder Behinderung auf nicht absehbare Zeit außerstande sind, unter den üblichen Bedingungen des allgemeinen Arbeitsmarktes mindestens drei Stunden täglich erwerbstätig zu sein.

Menschen, deren Gesundheitsverfassung keine wenigstens dreistündige Erwerbstätigkeit zulassen, gelten demnach als erwerbsunfähig.

Merke: In diesem Zusammenhang ist darauf hinzuweisen, dass die Bestimmung des **§ 8 SGB II** die Aussagekraft des Begriffs Erwerbsunfähigkeit nach Maßgabe der Bestimmungen des § 43 SGB VI relativiert. In § 8 SGB II ist ausgeführt:

§ 8 I 2 SGB II

Erwerbsfähig ist, wer nicht wegen Krankheit oder Behinderung auf absehbare Zeit außerstande ist, unter den üblichen Bedingungen des allgemeinen Arbeitsmarktes mindestens drei Stunden täglich erwerbstätig zu sein.

Diese Vorschrift bedeutet in praktischer Konsequenz, dass ein behinderter Mensch, der mangels eigenen Einkommens oder Vermögens auf Leistungen der Sozialhilfe angewiesen ist, grundsätzlich als erwerbsfähig gilt und verpflichtet werden kann, eine zeitlich limitierte Tätigkeit im Umfang von jedenfalls drei Stunden täglich anzunehmen, wenn ihm eine solche nachgewiesen wird.

4.2. Erwerbsminderung und Erwerbsunfähigkeit als Behinderung

Die Minderung der Erwerbsfähigkeit ist, wie die Erwerbsunfähigkeit, ein Zustand von Behinderung iSv. § 2 Abs. 1 SGB IX, weil sie eine Beeinträchtigung der Teilhabe am Arbeitsleben, darstellt.

In einem Feststellungsverfahren, das von dem zuständigen Rentenversicherungsträger durchgeführt wird, klärt ein sozialmedizinisches Gutachten die Frage, ob Erwerbsunfähigkeit oder Erwerbsminderung vorliegt. Bereits vorhandene Befundberichte werden im Rahmen der Begutachtung beigezogen, um die verminderte körperliche, geistige und/oder seelische Funktionsfähigkeit – bezogen auf die Anforderungen des allgemeinen Arbeitsmarktes – ermitteln zu können.

4.3. Beispiel

Beispiel: Nach einer Ausbildung zur Toningenieurin und anschließender Berufstätigkeit ist Marta Heilpädagogin geworden und leitet nun für einen kommunalen Träger mehrere Musikgruppen, in denen jugendliche Behinderte in die Regeln elektronischer Musikproduktion eingeführt werden. Eines Tages erleidet sie einen Hörsturz mit der Folge einer starken Schwerhörigkeit. Sie kann nun weder als Heilpädagogin noch als Toningenieurin arbeiten.

Frage 1: Ist Marta erwerbsunfähig oder erwerbsgemindert?

Antwort: Das hängt davon ab, ob sie noch vollen Umfangs eine berufliche Beschäftigung ausüben kann oder nicht. Der für sie zuständige Rentenversicherungsträger wird in Wahrnehmung seiner Aufgabe gem. § 9 SGB VI einen Hilfeplan mit dem Ziel entwickeln, Marta mithilfe einer Umschulung neue berufliche Qualifikationen zu verschaffen, so dass sie wieder eine Arbeit in Vollzeit ausfüllen kann.

Im Laufe ihrer Bemühungen, wieder eine normale Beschäftigung zu finden, weist die Agentur für Arbeit Marta eine Tätigkeit als Vertreterin in der Musikbranche nach. Sie möchte allerdings lieber mit betreuungsbedürftigen Menschen arbeiten.

Frage 2: Könnte sie die nachgewiesene Tätigkeit berechtigt ablehnen?

Antwort: Nach allgemeiner Auffassung in Rechtsprechung und Rechtslehre könnte Marta nur ablehnen, wenn die nachgewiesene Beschäftigung ihre beruflichen Qualifikationen völlig unbeachtet ließe. Die ihr angebotene Arbeit ist hinsichtlich Ausübung und sozialem Status den früheren Tätigkeiten durchaus vergleichbar, so dass Marta keine Gründe anführen kann, um die nachgewiesene Tätigkeit abzulehnen.

4.4. Verhältnis zum Grad der Behinderung

Das Verhältnis der Begriffe *Erwerbsminderung* und *Erwerbsunfähigkeit* zu dem Begriff *Grad der Behinderung* (GdB) soll nun einer näheren Betrachtung zugeführt werden.

Der Grad der Behinderung meint die körperliche und/oder geistige Beeinträchtigung, die ein Mensch wegen Vorliegens einer Störung der körperlichen Funktion, der geistigen Fähigkeit oder der seelischen Gesundheit im allgemeinen Leben, also z.B. in den Bereichen Sport, Reisen, Soziale Aktivitäten, auf Dauer hinzunehmen hat. Der GdB bedeutet nicht zwangsläufig, dass der behinderte Mensch erwerbsgemindert oder erwerbsunfähig ist – sie/er kann durchaus eine vollwertige Arbeitsleistung erbringen. Die Minderung der Erwerbsfähigkeit oder Erwerbsunfähigkeit ist also begriffsinhaltlich getrennt von dem GdB zu betrachten.

Beispiel: Ein Blinder hat einen GdB von 100; die Annahme einer Erwerbsunfähigkeit ist nahe liegend, jedoch nicht zwingend geboten. Wenn der betroffene Blinde auf einem blindengerecht eingerichteten Arbeitsplatz beschäftigt wird, kann er durchaus in die Lage gesetzt sein, seine volle Arbeitskraft zu entfalten und eine 100%-ige Leistung erbringen.

4.5. Rechtsfolge

Aus der Feststellung von Erwerbsunfähigkeit oder Minderung der Erwerbsfähigkeit ergibt sich als Rechtsfolge gem. § 9 SGB VI die Pflicht des zuständigen Rentenversicherungsträgers, Leistungen zur Teilhabe zu veranlassen und möglichst erfolgreich durchzuführen, um die Beeinträchtigung der zugrunde liegenden Erwerbsunfähigkeit oder Minderung der Erwerbsfähigkeit zu überwinden. Hierbei sollen gem. § 10 SGB IX alle Möglichkeiten effektiver Zusammenarbeit mit anderen Rehabilitationsträgern, vor allem der gesetzlichen Krankenversicherung und der Agentur für Arbeit genutzt werden. Wenn die Bemühungen zur beruflichen Rehabilitation ohne Erfolg bleiben, muss die Verrentung veranlasst werden.

Hinweis: Nach dem BVG (Bundesversorgungsgesetz) können Personen, die im *Dienst für die Allgemeinheit* (z.B. Wehr- und Zivildienst, die Tätigkeit beim Bundesgrenzschutz, Mitarbeit beim Technischen Hilfswerk) eine Behinderung erlitten haben, wegen MdE oder EU Entschädigung beanspruchen. Dabei handelt es sich vor allem um die Gewährung von Maßnahmen zur beruflichen Rehabilitation, Leistungen der Behindertenversorgung nach dem BVG oder die Zahlung einer Rente wegen MdE bzw. EU.

5. Der Begriff Arbeitsunfähigkeit

Der Begriff Arbeitsunfähigkeit ist gesetzlich nicht normiert – er sagt Folgendes aus: Wer infolge einer Erkrankung seine Erwerbstätigkeit nicht ohne Gefahr einer gesundheitlichen Zustandsverschlimmerung fortführen kann, ist arbeitsunfähig.

5.1. Arbeitsunfähigkeit und Krankheit

Der Begriff Arbeitsunfähigkeit ist im Zusammenhang zu sehen mit dem Begriff Krankheit iSd. § 44 Abs. 1, Satz 1 SGB V – dort ist ausgeführt:

§ 44 I 1 SGB V

> Versicherte haben Anspruch auf Krankengeld, wenn die Krankheit sie arbeitsunfähig macht oder sie auf Kosten der Krankenkasse stationär in einem Krankenhaus, einer Vorsorge- oder Rehabilitationseinrichtung (§ 23 Abs. 4, §§ 24, 40 Abs. 2 und § 41) behandelt werden.

Arbeitsunfähigkeit meint demnach eine Funktionsstörung der körperlichen, geistigen oder seelischen Kräfte, die einen Behandlungsbedarf hervorruft und den Betroffenen hindert, seine Arbeitsaufgabe zu erfüllen. Die zur Arbeitsunfähigkeit führende Erkrankung muss dem Arbeitgeber gemeldet werden, vgl. § 46, S. 2 SGB V.

5.2. Unterschied zur Erwerbsunfähigkeit

Der Zustand von Arbeitsunfähigkeit ist zu unterscheiden von der Erwerbsunfähigkeit. Letztere bezieht sich auf einen Zustand von nicht absehbarer Dauer und bedeutet das Vorliegen einer Behinderung. Arbeitsunfähigkeit hingegen meint eine gesundheitliche Störung, die füt die Zeit ihrer Dauer das Ausüben der beruflichen Tätigkeit verhindert und sich nur über eine begrenzte Zeitspanne erstreckt.

In sozialrechtlicher Betrachtung ist Arbeitsunfähigkeit gegeben, wenn ein ärztliches Attest des behandelnden Arztes vorgelegt werden kann, das die Erkrankung bescheinigt und zum Nachweis der Arbeitsunfähigkeit dient – vgl. § 46 Abs. 1, Ziff. 2 SGB V.

5.3. Beispiel

Beispiel: Ein Heilpädagoge kann wegen starker Erkältung seine Tätigkeit in der Freizeitbetreuung von behinderten Jugendlichen im kalten und zugigen Moped-Bastelschuppen nicht ohne Gefährdung der eigenen Gesundheit fortführen. Der Arbeitgeber weist ihn an, im beheizten Büro Akten zu sortieren.

Er verweigert sich und geht nach Hause, um die Selbstheilungskräfte seines Körpers zur Entfaltung kommen zu lassen. Er handelt berechtigt, weil sich sein Gesundheitszustand nach allgemeiner Erfahrung voraussichtlich verschlechtern würde, wenn er weiterarbeiten und sich körperlich nicht schonen würde.

5.4. Rechtsfolgen bei Arbeitsunfähigkeit

Bei Vorliegen einer Arbeitsunfähigkeit besteht zunächst ein Anspruch auf Krankenbehandlung und Versorgung mit den erforderlichen Heilmitteln, vgl. § 27 SGB V.

Ferner erfolgt im Krankheitsfall Lohnfortzahlung bis zu sechs Wochen; danach wird von der Krankenkasse Krankengeld geleistet, vgl. § 3 Abs. 2 Entgeltfortzahlungsgesetz (so noch die Rechtslage Anfang 2006; aus sozialpolitischen Gründen steht eine Verkürzung der sechswöchigen Frist zu erwarten.).

Lohnfortzahlung

Das Krankengeld wird der Höhe nach gem. der Vorschrift des § 47 SGB V gezahlt und zwar für längstens 78 Wochen innerhalb von 3 Jahren wegen derselben Erkrankung, s. § 48 Abs. 1 SGB V. Der Versicherte muss mindestens sechs Monate arbeitsfähig gesund bleiben, damit wegen derselben Krankheit eine erneute Krankengeldzahlung erfolgen kann, vgl. § 48 Abs. 2 SGB V.

Krankengeld

Das Krankengeld soll nicht die Funktion einer Rente erfüllen, für deren Leistung der Träger der Rentenversicherung zuständig wäre.

Merke: Auch arbeitslos gemeldete Menschen, also Bezieher von Arbeitslosengeld, Empfänger von Leistungen der Grundsicherung nach SGB II und Personen, die wegen Teilnahme an einer Fördermaßnahme zur beruflichen Weiterbildung nicht in einem Arbeitsverhältnis stehen, sind krankengeldberechtigt, vgl. § 47 b iVm. § 5 Abs. 1, Ziff. 2, 2a, 6, 7 SGB V.

Das Krankengeld ist frei von Abzügen für die Krankenversicherung, vgl. **§ 224 SGB V**. Beiträge für Arbeitslosen-, Renten- und Pflegeversicherung werden während der Krankheit von der Krankenkasse getragen, s. **§§ 347, Ziff. 5 SGB III**.

Wenn sich aus der Erkrankung eine Arbeitsunfähigkeit entwickelt, deren Ende nicht abzusehen ist, oder wenn dieselbe Erkrankung innerhalb von sechs Monaten erneut auftritt und wiederum zu Arbeitsunfähigkeit führt, muss die Situation differenzierter betrachtet werden – in diesem Fall ist der betroffene Mensch von Behinderung bedroht. Der Rehabilitationsträger muss nun prüfen, ob geeignete Leistungen zur gesundheitlichen Rehabilitation der Krankheit in einer Weise entgegenwirken können, dass kein Gesundheitsschaden auf Dauer, also

nicht absehbare Dauer der Arbeitsunfähigkeit

keine Behinderung mit der Folge von Erwerbsunfähigkeit oder Minderung der Erwerbsfähigkeit eintritt. Neben dem Anspruch auf Maßnahmen zur gesundheitlichen Rehabilitation nach § 26 SGB IX iVm. §§ 27 ff. SGB V kann ggf. auch ein Anspruch auf Maßnahmen zur beruflichen Rehabilitation nach §§ 33 Abs. 3 SGB IX iVm. den einschlägigen Anspruchsgrundlagen der §§ 77 ff. und 97 ff. SGB III oder des § 16 SGB VI bestehen – je nachdem, bei welchem Leistungsträger die Zuständigkeit für die Maßnahmen zur beruflichen Rehabilitation liegt.

Mit dem Ziel, eine bereits längere Zeit während Arbeitsunfähigkeit zu beenden, kann dem betroffenen Menschen die stufenweise Wiederaufnahme der Erwerbstätigkeit empfohlen werden, vgl. § 74 SGB V – zum Beispiel könnte jemand zunächst stundenweise beschäftigt werden, dann halbtags erwerbstätig sein und schließlich wieder im Umfang seiner vollen Wochenstundenzahl arbeiten.

Ein behandelnder Arzt kann bei einer solchen Sachlage Art und Umfang der Arbeitsunfähigkeit attestieren und rehabilitationsunterstützende Arbeitszeitvorgaben sowie die zur Wiedereingewöhnung in den Arbeitsprozess förderlichen Tätigkeiten anordnen.

Die **Rechtsfolge** einer stufenweisen Wiederaufnahme der Erwerbstätigkeit ist eine Lohnkürzung entsprechend der geringeren Arbeitszeit. Für den eintretenden Lohnausfall besteht weiterhin Anspruch auf Krankengeld; der Grund hierfür liegt darin, dass für die ausfallende Arbeitszeit die Krankschreibung weiterhin rechtswirksam besteht.

6. Zum Begriff Arbeitslosigkeit

Arbeitslosigkeit im Sinne des SGB III bedeutet: ein beschäftigungsloser Mensch ist arbeitsfähig, arbeitsuchend, hat sich bei der Agentur für Arbeit (AfA) arbeitslos gemeldet, zeigt Bereitschaft zur Verrichtung zumutbarer Tätigkeiten, hat mit der AfA eine Eingliederungsvereinbarung abgeschlossen, entfaltet Eigenbemühungen zur Arbeitssuche, ist für die AfA erreichbar und mit Blick auf deren Vermittlungsbemühungen zur Zusammenarbeit und Mitwirkung bereit.

6.1. Vorschriften zur Arbeitslosigkeit

In der Regelung des § 119 Abs. 1 SGB III ist ausgeführt:

Arbeitslos ist ein Arbeitnehmer, der — § 119 I 1 SGB III

1. nicht in einem Beschäftigungsverhältnis steht (Beschäftigungslosigkeit),
2. sich bemüht, seine Beschäftigungslosigkeit zu beenden (Eigenbemühungen) und
3. den Vermittlungsbemühungen der Agentur für Arbeit zur Verfügung steht (Verfügbarkeit).

Unter dem Begriff Verfügbarkeit iSd. § 119 Abs. 1 Ziff. 3 SGB III ist zu verstehen, dass der arbeitsuchende Mensch für die AfA erreichbar ist – sie/er muss auf eine Benachrichtigung (z.B. Nachweis einer vermittelten Stelle, Vorbereitung auf ein Bewerbungsgespräch) umgehend reagieren können. — Verfügbarkeit

Sonderfälle der Verfügbarkeit sind in § 120 SGB III geregelt. Danach steht der Verfügbarkeit nicht entgegen, wenn eine von dem Arbeitsuchenden ausgeübte (ggf. gelegentliche) Beschäftigung pro Woche 15 Stunden nicht überschreitet.

Merke: Verrichtet ein Mensch, der in keinem festen Anstellungsverhältnis steht, ehrenamtliche Tätigkeiten, schließt dieser Umstand die Arbeitslosigkeit nicht aus, vgl. § 119 Abs. 2 SGB III.

Wird einem arbeitsuchenden Menschen eine Beschäftigung nachgewiesen, die er nicht verrichten möchte, kann sie/er das Arbeitsangebot ablehnen – die Ablehnung wird jedoch nur anerkannt, wenn stichhaltige Gründe dafür vorgebracht werden, dass die nachgewiesene Beschäftigung unzumutbar ist.

In § 121 Abs. 1 SGB III ist bestimmt:

Einem Arbeitslosen sind alle seiner Arbeitsfähigkeit entsprechenden Beschäftigungen zumutbar, soweit allgemeine oder personenbezogene Gründe der Zumutbarkeit einer Beschäftigung nicht entgegenstehen. — § 121 I SGB III

Die Formulierung »alle seiner Arbeitsfähigkeit entsprechenden Beschäftigungen« meint mit Blick auf behinderte Arbeitsuchende, dass die nachgewiesene Tätigkeit unter Berücksichtigung der behinderungsbedingten Beeinträchtigung leistbar sein muss.

Zumutbarkeit

Das Merkmal der Zumutbarkeit einer Beschäftigung wird in den Regelungen des § 121 Abs. 2, 3 und 4 SGB III sehr ins Detail gehend konkretisiert; danach liegt Unzumutbarkeit vor, wenn die nachgewiesene Beschäftigung gegen gesetzliche, tarifvertragliche oder gegen Vorschriften des Arbeitsschutzes verstößt. Ferner liegt Unzumutbarkeit aus personenbezogenen Gründen vor, wenn das mit der nachgewiesenen Beschäftigung erzielbare Entgelt erheblich niedriger ist, als der in der letzten Arbeitsstelle bezogene Verdienst. Ist die Dauer der Wegstrecke zwischen Wohnung und Arbeitsplatz unverhältnismäßig lang im Vergleich mit der reinen Arbeitszeit, kann ebenfalls der Einwand der Unzumutbarkeit erhoben werden.

6.2. Pflichten des Arbeitsuchenden

Dem arbeitslosen Menschen sind durch das Gesetz mehrere Pflichten auferlegt, wenn sie/er Leistungsansprüche wegen Arbeitslosigkeit geltend machen will. Zunächst ist eine persönliche Arbeitslosmeldung vorzunehmen. Insoweit schreibt **§ 122 Abs. 1 SGB III** vor:

§ 122 I SGB III

Der Arbeitslose hat sich persönlich bei der zuständigen Agentur für Arbeit arbeitslos zu melden. Eine Meldung ist auch zulässig, wenn die Arbeitslosigkeit noch nicht eingetreten, der Eintritt der Arbeitslosigkeit aber innerhalb der nächsten drei Monate zu erwarten ist.

Ergänzend wird in **§ 37 b S. 1 SGB III** eine Verpflichtung für den Fall zu erwartender Arbeitslosigkeit festgeschrieben:

§ 37 b 1 SGB III

Personen, deren Arbeits- oder Ausbildungsverhältnis endet, sind verpflichtet, sich spätestens drei Monate vor dessen Beendigung persönlich bei der Agentur für Arbeit arbeitsuchend zu melden.

Die Pflicht zum Abschluss einer Eingliederungsvereinbarung ergibt sich aus **§ 35 Abs. 4 SGB III**:

§ 35 IV SGB III

In einer Eingliederungsvereinbarung, die die Agentur für Arbeit zusammen mit dem Arbeitslosen oder Ausbildungsuchenden trifft, werden für einen zu bestimmenden Zeitraum die Vermittlungsbemühungen der Agentur für Arbeit, die Eigenbemühungen des Arbeitslosen oder Ausbildungsuchenden sowie, soweit die Voraussetzungen vorliegen, künftige Leistungen der aktiven Arbeitsförderung festgelegt. [...]

Schließlich sind von dem arbeitsuchenden Menschen die allgemeinen Mitwirkungspflichten iSd. §§ 60 ff. SGB I zu beachten, denen gemäß er auf Anforderung Unterlagen wie Zeugnisse, Beurteilungen, Leistungsbescheide und Angaben über Veränderungen seiner sozialen und finanziellen Situation zu machen hat.

6.3. Rechtsfolgen

Als Rechtsfolge aus der *Arbeitslosmeldung* bestehen – für behinderte und nichtbehinderte Arbeitsuchende gleichermaßen – nachstehend beschriebene Ansprüche und Pflichten:

a) Anspruch auf Beratung und Vermittlung nach §§ 29 ff. und 35 ff. SGB III. Diese Vorschriften führen aus: — Anspruch auf Beratung und Vermittlung

Die Agentur für Arbeit hat Jugendlichen und Erwachsenen, die am Arbeitsleben teilnehmen oder teilnehmen wollen, Berufsberatung […] anzubieten.	§ 29 I SGB III
Die Agentur für Arbeit hat Ausbildungsuchenden, Arbeitsuchenden und Arbeitgebern Ausbildungsvermittlung und Arbeitsvermittlung (Vermittlung) anzubieten.	§ 35 I 1 SGB III

b) Anspruch auf Eignungsfeststellung gem. § 32 SGB III – dort heißt es:

Die Agentur für Arbeit soll ratsuchende Jugendliche und Erwachsene mit ihrem Einverständnis ärztlich und psychologisch untersuchen und begutachten, soweit dies für die Feststellung der Berufseignung oder Vermittlungsfähigkeit erforderlich ist.	§ 32 SGB III

c) Anspruch auf Förderung und Verbesserung der Aussichten, eine neue Beschäftigung auf dem Arbeitsmarkt zu finden durch Maßnahmen der Aus- bzw. Fortbildung nach §§ 59 ff. und §§ 77 ff. SGB III. — Anspruch auf Weiterbildung

d) bei Vorliegen der Voraussetzungen Anspruch auf die vom Gesetz vorgesehenen *Kompensationsleistungen*

- *Arbeitslosengeld I* nach §§ 117 ff. und 127 ff. SGB III oder auf
- *Leistungen zur Grundsicherung* für Arbeitsuchende (= *Arbeitslosengeld II*) nach §§ 14 ff. und 19 ff. SGB II, wenn ein Anspruch auf Arbeitslosengeld I nicht bzw. wegen Zeitablaufs nicht mehr besteht.

Der Anspruch auf Arbeitslosengeld (Alg I) bzw. der Anspruch auf die Leistungen zur Grundsicherung (Alg II) sollen nachstehend knapp skizziert werden.

6.4. Anspruch auf Arbeitslosengeld (Alg I)

Der Anspruch auf Zahlung von Alg I kann gem. **§ 117 Abs. 1 SGB III** geltend gemacht werden bei Arbeitslosigkeit und bei Teilnahme an einer Maßnahme zur beruflichen Weiterbildung. Voraussetzung für den Anspruch auf Alg I ist gem. **§ 118 Abs. 1 SGB III**, dass ein Arbeitnehmer arbeitslos ist (reale Beschäftigungslosigkeit), sich bei der AfA arbeitslos gemeldet und die Anwartschaftszeit erfüllt hat.

Das Alg I kann nach dem noch geltenden Recht für sechs Monate beansprucht werden, wenn die/der Arbeitnehmer/in in den vergangenen zwei Jahren vor Eintritt und Meldung der Arbeitslosigkeit zumindest 12 Monate in einem Beschäftigungsverhältnis gestanden hat. Dann hat der betreffende Mensch eine *Anwartschaft* (= Berechtigung) auf Zahlung des Alg I erworben. Dies ergibt sich aus den Vorschriften der §§ 123 und 124 SGB III.

In **§ 123 SGB III** heißt es:

§ 123 I 1 SGB III

Die Anwartschaftszeit hat erfüllt, wer in der Rahmenfrist mindestens zwölf Monate in einem Versicherungspflichtverhältnis gestanden hat.

In **§ 124 SGB III** ist festgeschrieben:

§ 124 I SGB III

Die Rahmenfrist beträgt zwei Jahre und beginnt mit dem Tag vor der Erfüllung aller sonstigen Voraussetzungen für den Anspruch auf Arbeitslosengeld.

Demnach erhält also für die Dauer von sechs Monaten das Alg I, wer innerhalb der letzten zwei Jahre – vom Tag der Arbeitslosmeldung gerechnet – 12 Monate sozialversicherungspflichtig gearbeitet hat.

Grundlagen der Berechnung

Die **Berechnung** des Anspruchs auf Arbeitslosengeld erfolgt nach Maßgabe der Vorschrift des § 129 SGB III; das Arbeitslosengeld wird in Prozent berechnet. Es ist zu unterscheiden zwischen

- dem *allgemeine Leistungssatz* in Höhe von 60 % für alleinstehende Arbeitslose, s. § 129, Ziff. 2 SGB III

und

- dem *erhöhten Leistungssatz* in Höhe von 67 % für Arbeitslose, die mit der/dem Ehepartner/in und mindestens einem Kind leben, s. § 129, Ziff. 1 SGB III.

Hier erhebt sich die Frage, welcher Betrag bei der Berechnung dieser 60 % bzw. 67 % zu Grunde zu legen ist. Mit anderen Worten: von welchem Geldbetrag ist bei der Ermittlung des Alg I zur Höhe im Einzelfall auszugehen?

Nachfolgend erläuterte **Begriffe** und Vorschriften sind im Kontext von Bedeutung:

- der *Bemessungszeitraum* iSv. § 130 SGB III »umfasst die beim Ausscheiden des Arbeitslosen aus dem jeweiligen Beschäftigungsverhältnis abgerechneten Entgeltabrechnungszeiträume ... im Bemessungsrahmen.« Der *Bemessungsrahmen* umfasst ein Jahr;
- das *Bemessungsentgelt* iSv. § 131 SGB III »ist das durchschnittlich auf den Tag entfallende beitragspflichtige Arbeitsentgelt, das der jetzt Arbeitslose im Bemessungszeitraum erzielt hat.« Gemeint ist hier das beitragspflichtige Bruttogehalt iSv. § 14 SGB IV;
- das *Leistungsentgelt* iSv. § 133 SGB III »ist das um pauschalierte Abzüge verminderte Bemessungsentgelt. Abzüge sind eine Sozialversicherungspauschale [...], die Lohnsteuer [...], der Solidaritätszuschlag.« Das Leistungsentgelt ist demnach das Nettogehalt.

Die Berechnung des Alg I ist in der Vorschrift des § 134 SGB III nur knapp angedeutet. Das *Berechnungsprinzip* gestaltet sich konkret wie folgt:

_{Berechnungsprinzip}

a) Das Entgelt iSv. § 131 SGB III, erzielt im Bemessungszeitraum, geteilt durch die Anzahl der Tage des Zeitraums, in dem während des vergangenen Jahres gearbeitet worden ist, ergibt das durchschnittliche, auf den Tag entfallende Bemessungsentgelt – dieses ist dann eine Grundlage für die Ermittlung des im Einzelfall zu zahlenden Alg I.

b) Ein weiterer Aspekt für die Ermittlung des Alg I zur Höhe im Einzelfall ist die *Steuerklasse*, also die Zugehörigkeit zu einer der Steuerklassen I/IV, II, III, V, VI – in der Terminologie der AfA »Leistungsgruppe« genannt.

c) Die *Berechnungsformel* für das wöchentliche Alg I lautet entsprechend:

Bemessungsentgelt x Tage des laufenden Monats : 7

Ein einfaches **Berechnungsbeispiel** soll das Prinzip verdeutlichen:

Ein verheirateter Arbeitnehmer lebt zusammen mit seiner Frau und zwei Kindern; er wird arbeitslos. In den vergangenen zwei Jahren hat er bei insgesamt drei Arbeitgebern einen durchschnittlichen Monatslohn in Höhe von brutto 1.505,- € verdient. Er ist eingruppiert in Steuerklasse III.

Bruttogehalt	Bemessungsentgelt	Leistungsentgelt
1.505 € im Monat	49,48 € pro Tag	26,19 € pro Tag

Im Falle von Arbeitslosigkeit erhält er also ein wöchentliches Arbeitslosengeld von 183,33 € pro Woche (erhöhter Leistungssatz = 67 %).

Schließlich soll die Frage der **Anspruchsdauer** skizziert werden – wie lange wird das Arbeitslosengeld gezahlt?

Die Dauer des Bezuges von Alg I richtet sich nach **§ 127 SGB III**. Die Vorschrift sei auszugsweise mit ihrem Abs. 1, S. 1 wiedergegeben:

§ 127 I 1 SGB III

Die Dauer des Anspruchs auf Arbeitslosengeld richtet sich
1. nach der Dauer der Versicherungspflichtverhältnisse innerhalb der um ein Jahr erweiterten Rahmenfrist und
2. dem Lebensalter, das der Arbeitslose bei der Entstehung des Anspruchs vollendet hat.

Hier sind für die Ermittlung des Leistungszeitraums (also der Dauer des Zeitraums einer Zahlung von Alg I) das Lebensalter des arbeitslosen Menschen und die Zeitspanne, während der sie/er bis zum Beginn der Arbeitslosigkeit erwerbstätig war, von Bedeutung.

Hinweis: Es erscheint derzeit nicht angezeigt, weitere Angaben zum Thema von Dauer und Höhe des Alg I zu machen, weil die Rechtslage sich im Umbruch befindet und heute (im August des Jahres 2006) verschiedene Übergangsregelungen (insbesondere für Arbeitnehmer über 57 Jahre) Gültigkeit haben.

Sofern die Berechtigung zum Bezug von Alg I nicht oder nicht mehr besteht, kann die/der Arbeitsuchende einen Anspruch auf Leistungen zur Grundsicherung nach dem SGB II (Alg II) geltend machen.

6.5. Alg II und Behinderung

Die soziale Situation der behinderten Menschen, die Leistungen zur Grundsicherung nach den Bestimmungen des **SGB II** geltend machen, ist ebenfalls durch **Arbeitslosigkeit** gekennzeichnet.

Die Leistungen zur Grundsicherung setzen sich gem. § 4 SGB II zusammen aus den Leistungen zur Eingliederung in das Arbeitsleben (vgl. § 16 Abs. 2 SGB II iVm. § 3 Abs. 1, Ziff. 1–7 SGB III) und den Leistungen zur Sicherung des Lebensunterhalts gem. §§ 19 ff. SGB II. Es handelt sich also bei den Regelungen des SGB II um einen gesetzgeberischen »Mix« aus Sozialhilfe- und Arbeitsförderungsrecht.

Die Vorschrift des **§ 4 Abs. 1 SGB II** lautet:

§ 4 I SGB II

Die Leistungen der Grundsicherung für Arbeitsuchende werden in Form von
1. Dienstleistungen, insbesondere durch Information, Beratung und umfassende Unterstützung durch einen persönlichen Ansprechpart-

ner mit dem Ziel der Eingliederung in Arbeit,
2. Geldleistungen, insbesondere zur Eingliederung der erwerbsfähigen Hilfebedürftigen in Arbeit und zur Sicherung des Lebensunterhalts der erwerbsfähigen Hilfebedürftigen und der mit ihnen in einer Bedarfsgemeinschaft lebenden Personen, und
3. Sachleistungen

erbracht.

Zum Kreis der Leistungsberechtigten zählen gem. **§ 8 SGB II** u.a. auch Menschen, die trotz einer Behinderung mindestens drei Stunden täglich erwerbsfähig sein können. Die Vorschrift erklärt:

Erwerbsfähig ist, wer nicht wegen Krankheit oder Behinderung auf absehbare Zeit außerstande ist, unter den üblichen Bedingungen des allgemeinen Arbeitsmarktes mindestens drei Stunden täglich erwerbstätig zu sein.

§ 8 I SGB II

Vgl. »Zentrale Begriffe des Behindertenrechts«, 4. Hier besteht ein gesetzlicher Bezug zu den Begriffen Erwerbsminderung und Erwerbsunfähigkeit nach § 43 SGB VI.

Soziale Einschränkungen wie

- Alter,
- Kindererziehung,
- Angehörigenpflege,
- Schreib- und Sprachdefizite,
- Wohnungs- bzw. Obdachlosigkeit

reichen nicht, um die Erwerbsfähigkeit iSv. § 8 SGB II auszuschließen.

Die **Rechtsfolge** ist, dass auch diese Personen grundsätzlich verpflichtet sind, Vermittlungsbemühungen bzw. Arbeitsangeboten der AfA zur Verfügung zu stehen. Dabei spielt es keine Rolle, ob die betreffende Person in der Vergangenheit bereits einmal eine Tätigkeit ausgeübt hat, die der nunmehr von der AfA nachgewiesenen vergleichbar oder ähnlich ist. Prinzipiell muss eine nachgewiesene Beschäftigung aufgenommen werden.

Nach **§ 10 Abs. 1 SGB II** besteht für Menschen mit Behinderungen die Möglichkeit, eine nachgewiesene Tätigkeit zurückzuweisen, wenn sie zu der Arbeit »körperlich, geistig oder seelisch nicht in der Lage« sind, vgl. Abs. 1, Ziff. 1 der Vorschrift.

Wenn ein behinderter Mensch mit dem Hinweis auf das Vorliegen einer Behinderung die nachgewiesene Arbeit ablehnt, dann lässt die AfA in einem Feststellungsverfahren, in dem eine medizinische Begutachtung vorgenommen wird, klären, ob der betroffene Mensch tatsächlich behinderungsbedingt die nachgewiesene Tätigkeit nicht ausüben kann – vgl. § 44 a SGB II. Kommt das Gutachten zu dem Ergebnis, dass der behinderte Mensch in der Lage ist, die ihm angebotene Beschäftigung zu verrichten, so muss sie/er die Arbeit aufnehmen. Im

Weigerungsfall kann die AfA die Zahlung von Alg II aussetzen oder den Betrag kürzen – so ist es durch die Vorschrift des § 31 SGB II geregelt.

Darüber hinaus sind die Möglichkeiten, eine nachgewiesene Beschäftigung wegen Unzumutbarkeit zurückzuweisen, recht begrenzt. Gem. § 10 Abs. 2 SGB II ist auch für einen behinderten Menschen eine Arbeit nicht allein deshalb unzumutbar, weil sie nicht seiner Ausbildung oder früher ausgeübten Tätigkeiten entspricht oder weil der Beschäftigungsort vom Wohnort weiter entfernt ist als ein früherer Arbeitsplatz.

7. Zum Begriff Pflegebedürftigkeit

Der Begriff umschreibt die Situation eines Menschen, der einen Bedarf an Unterstützung bei der Verrichtung der täglichen Körperpflege, bei der Durchführung der Ernährung und bei den allgemeinen Versorgungsangelegenheiten des Haushalts hat, weil er diese nicht mehr in ausreichender Weise alleine bewerkstelligen kann. Die körperliche, seelische oder geistige Verfassung manifestiert sich als *Dauerzustand* (= nicht nur vorübergehend = mindestens sechs Monate) und macht für den pflegebedürftigen Menschen **fremde Hilfe** in erheblichem Umfang erforderlich.

7.1. Gesetzliche Definition

Die gesetzliche Definition des Begriffs findet sich in **§ 14 SGB XI**, dessen **Abs. 1** hier auszugsweise im Wortlaut wiedergegeben wird:

> Pflegebedürftig [...] sind Personen, die wegen einer körperlichen, geistigen oder seelischen Krankheit oder Behinderung für die gewöhnlichen und regelmäßig wiederkehrenden Verrichtungen im Ablauf des täglichen Lebens auf Dauer, voraussichtlich für mindestens sechs Monate, in erheblichem oder höherem Maße (§ 15) der Hilfe bedürfen.

§ 14 I SGB XI

7.2. Krankheit und Behinderung

Die Begriffe Krankheit und Behinderung werden in § 14 Abs. 2 SGB XI sehr detailliert gezeichnet. Es wird hier unterschieden zwischen

- körperlichen Beeinträchtigungen – Verlust von Gliedmaßen, Lähmungen oder anderen Funktionsstörungen am Stütz- und Bewegungsapparat,
- Funktionsstörungen der inneren Organe oder Sinnesorgane und
- Störungen des Zentralnervensystems wie Antriebs-, Gedächtnis- oder Orientierungsstörungen sowie endogene Psychosen, Neurosen oder geistige Behinderungen.

7.3. Feststellungsverfahren

Wenn Leistungen zur Bewältigung der Beeinträchtigung (Leistungen zur Pflege) erforderlich sind, muss ein Verfahren zur Feststellung der Pflegebedürftigkeit angestrengt werden. Dieses Verfahren erfolgt gem. **§ 18 SGB XI**. Durch den Medizinischen Dienst der Krankenkassen (vgl. § 275 SGB V) wird eine ärztliche Untersuchung durchgeführt. Auf der Grundlage des sich aus der Untersuchung ergebenden ärztlichen Befundes werden Art und Umfang der Behinderung und die erforderlichen Pflegeleistungen ermittelt. Gem. **§ 15 SGB XI** wird in **drei Pflegestufen** differenziert:

Erhebliche Pflegebedürftigkeit (Pflegestufe 1) liegt vor, wenn die Hilfe mindestens einmal täglich bei mindestens 2 Verrichtungen aus den Bereichen Körperpflege, Ernährung und Mobilität erforderlich ist und darüber hinaus mehrfach in der Woche Hilfe bei der hauswirtschaftlichen Versorgung benötigt wird, vgl. § 15 Abs. 1, Ziff. 1 SGB XI. Führt eine nicht als Pflegekraft ausgebildete Person (Familienangehörige oder Nachbarn) die Pflege durch, muss der Zeitaufwand pro Wochentag durchschnittlich 90 Minuten betragen, wovon mehr als 45 Minuten auf die Hilfe bei der hauswirtschaftlichen Versorgung entfallen sollen, vgl. § 15 Abs. 3, Ziff. 1 SGB XI;

Schwerpflegebedürftigkeit (Pflegestufe 2) liegt vor, wenn die Hilfe dreimal täglich zu verschiedenen Zeiten benötigt wird und die Pflegeleistung von einer ausgebildeten Pflegekraft durchgeführt werden muss, vgl. § 15 Abs. 1, Ziff. 2 SGB XI; zusätzlich ist mehrere Male pro Woche eine Haushaltsversorgung notwendig. Wird die Pflege selbst organisiert und von nicht als Pflegekraft ausgebildeten Angehörigen oder Nachbarn durchgeführt, muss der Zeitaufwand täglich mindestens drei Stunden betragen; zwei Stunden müssen auf die Grundpflege entfallen (§ 15 Abs. 3, Ziff. 2 SGB XI);

Schwerstpflegebedürftigkeit (Pflegestufe 3) ist gegeben, wenn Hilfe in Form einer »Rund-um-die-Uhr-Betreuung« (auch nachts) erforderlich ist, um Körperpflege und Ernährung zu gewährleisten und die Mobilität des betroffenen Menschen soweit als irgend möglich aufrechtzuerhalten; diese Art der Pflege ist geboten bei sehr hohem Hilfebedarf, der praktisch jederzeit besteht. Der reale Zeitaufwand im Falle selbstorganisierter Pflege bzw. einer Pflege durch Verwandte, Freunde oder Nachbarn beläuft sich auf mindestens fünf Stunden täglich; der pflegerische Aufwand muss größer sein als der für Verrichtungen im Haushalt; auf die Grundpflege müssen mindestens vier Stunden pro Tag entfallen, vgl. § 15 Abs. 3, Ziff. 3 SGB XI.

7.4. Leistungen

Leistungen der Pflegeversicherung werden gewährt, wenn ein entsprechender **Antrag** auf Leistungsgewährung wegen Pflegebedürftigkeit das Feststellungsverfahren (ärztliche Untersuchung, Einstufung der Pflegebedürftigkeit, Beurteilung des erforderlichen pflegerischen Aufwands) durchlaufen hat und positiv beschieden worden ist.

Die Vorschrift des **§ 28 SGB XI** weist die zur Verfügung stehenden Leistungen aus, die nach dem festgestellten Bedarf im Einzelfall dem betroffenen Menschen zu gewähren sind. Es handelt sich dabei um die

Pflegesachleistung, das Pflegegeld für selbst beschaffte Pflegehilfen, die Kurzzeitpflege sowie die teil- und vollstationäre Pflege (Einzelheiten im Kapitel »Leistungen zur Gesundheitsversorgung und bei Pflegebedürftigkeit«, Abschn. 6.7.).

8. Wiederholungsfragen und -aufgaben

1. Geben sie eine Definition des Begriffs Behinderung im Sinne des SGB IX! Lösung S. 31 ff.
2. Worin liegt aus sozialrechtlicher Sicht der Unterschied zwischen Krankheit und Behinderung? Lösung S. 31
3. Welche Aussage trifft der Begriff Grad der Behinderung? Lösung S. 34 f.
4. Zwischen welchen Arten von Maßnahmen zur Rehabilitation ist grundsätzlich zu unterscheiden? Lösung S. 39 ff.
5. Skizzieren Sie den Unterschied zwischen Arbeits- und Erwerbsunfähigkeit! Lösung S. 46
6. Wann liegt der Zustand von Pflegebedürftigkeit vor? Lösung S. 57 f.
7. Benennen Sie die Pflichten eines arbeitsuchenden behinderten Menschen, der die Vermittlungsleistungen der Agentur für Arbeit in Anspruch nehmen will! Lösung S. 50 f.

Behinderung und Arbeitsleben

1. Zweck und Ziel der Leistungen 62
2. Leistungsbezug für Menschen mit Behinderungen 68
3. Die besonderen Förderformen des SGB IX 72
4. Werkstatt für Behinderte (WfB) 84
5. Einrichtungen und Dienste zur Durchführung der besonderen Aufgaben für behinderte Menschen 90
6. Behinderung und Grundsicherung für Arbeitssuchende 95
7. Wiederholungsfragen und -aufgaben 100

In diesem Kapitel sollen die Leistungen und Unterstützungsformen für behinderte Menschen zur Teilhabe am Arbeitsleben dargestellt und im Sinne des gesetzlichen Zwecks nach den Vorschriften des SGB IX und des SGB III erörtert werden.

1. Zweck und Ziel der Leistungen

Der in der Vorschrift des § 1 SGB IX zum Ausdruck kommende Zweck des Gesetzes – »Selbstbestimmung und Teilhabe am Leben in der Gesellschaft« – findet, was die *Teilhabe am Arbeitsleben* von Menschen mit Behinderung betrifft, eine deutliche Konkretisierung in § 33 SGB IX:

§ 33 I SGB IX

Zur Teilhabe am Arbeitsleben werden die erforderlichen Leistungen erbracht, um die Erwerbsfähigkeit behinderter oder von Behinderung bedrohter Menschen entsprechend ihrer Leistungsfähigkeit zu erhalten, zu verbessern, herzustellen oder wiederherzustellen und ihre Teilhabe am Arbeitsleben möglichst auf Dauer zu sichern.

Die Leistungen zur Teilhabe am Arbeitsleben finden ihre Zweckbestimmung ganz allgemein zum Ausdruck gebracht in § 1 SGB III – es heißt dort in den Satz 1 und Satz 2:

§ 1 I SGB III

Die Leistungen der Arbeitsförderung sollen dazu beitragen, dass ein hoher Beschäftigungsstand erreicht und die Beschäftigungsstruktur ständig verbessert wird. Sie sind insbesondere darauf auszurichten, das Entstehen von Arbeitslosigkeit zu vermeiden oder die Dauer der Arbeitslosigkeit zu verkürzen. [...]

Das SGB IX benennt in mehreren Vorschriften eine ganze Reihe von Leistungen, die gem. § 4 Abs. 1, Ziff. 3 SGB IX das Ziel haben, die Teilhabe am Arbeitsleben entsprechend den Neigungen und Fähigkeiten der behinderten Menschen dauerhaft zu sichern bzw. ihnen die Teilhabe am Arbeitsleben zu erleichtern oder zu ermöglichen. Insbesondere der noch näher zu besprechende Leistungskatalog des § 33 SGB IX macht deutlich, dass die unterschiedlichen Leistungstypen den behinderten Menschen darin unterstützen sollen, dauerhaft seinen Platz in der Welt der Arbeit zu finden und zu sichern.

Nach einer Klärung der Begriffe Arbeit und Arbeitsförderung im Sinne des SGB sollen die Rechtsgrundlagen der Leistungen zur Teilhabe am Arbeitsleben einem Verständnis zugeführt werden, das die Zweckbestimmung des SGB III sowie des SGB IX gleichermaßen umfasst.

1.1. Zum Begriff Arbeit im Verständnis des Sozialrechts

Die gesetzlichen Vorschriften des SGB III zur Arbeitsförderung legen dem Begriff Arbeit das Verständnis von Arbeit iSd. **Art. 12 GG** zugrunde. Dort heißt es:

> Alle Deutschen haben das Recht, Beruf, Arbeitsplatz und Ausbildungsstätte frei zu wählen.

Art. 12 I 1 GG

Nach dem Verständnis des Grundgesetzes ist Arbeit im Leben der Einzelpersönlichkeit das Mittel zur materiellen Existenzsicherung und ein bedeutsamer Faktor der Sinngebung.

Im Sozialrecht des SGB werden Arbeit und Beruf als eine auf Dauer angelegte, die Arbeitskraft und -zeit überwiegend in Anspruch nehmende Beschäftigung gegen Entgelt auf einem Arbeitsplatz aufgefasst. So heißt es in der Regelung des **§ 7 Abs. 1 SGB IV**:

> Beschäftigung ist die nichtselbständige Arbeit, insbesondere in einem Arbeitsverhältnis. Anhaltspunkte für eine Beschäftigung sind eine Tätigkeit nach Weisungen und eine Eingliederung in die Arbeitsorganisation des Weisungsgebers.

§ 7 I SGB IV

Das Verständnis von Arbeit im SGB entspricht damit dem Begriff von Arbeit als bezahlter Dienstleistung auf der Grundlage eines arbeitsvertraglichen Verhältnisses iSv. **§ 611 BGB**. Dort ist in Abs. 1 bestimmt:

> Durch den Dienstvertrag wird derjenige, welcher Dienste zusagt, zur Leistung der versprochenen Dienste, der andere Teil zur Gewährung der vereinbarten Vergütung verpflichtet.

§ 611 I BGB

Im **SGB IX** ist »die Arbeit« jedoch in einem erweiterten Sinn zu verstehen, weil hier der Begriff auch die Tätigkeiten im Arbeitsbereich einer Werkstatt für behinderte Menschen umfasst, die nicht auf der Grundlage eines Arbeitsvertrags, sondern in einem »arbeitnehmerähnlichen Verhältnis« (vgl. § 138 Abs. 1 SGB) erbracht werden.

Menschen mit Behinderungen gehen behinderungsbedingt nicht selten einer zeitlich limitierten Beschäftigung iSv. **§ 8 SGB IV** nach; bei dieser handelt es sich um die sog. *geringfügige Beschäftigung* (die Tätigkeit umfasst weniger als 15 Stunden in der Woche, das Entgelt für die geleistete Arbeit liegt nicht über 400,- € monatlich).

Die Vorschrift des **§ 14 Abs. 1, S. 1 SGB IV** stellt klar, was Lohn bzw. Entgelt bedeutet:

> Arbeitsentgelt sind alle laufenden oder einmaligen Einnahmen aus einer Beschäftigung […]

§ 14 I 1 SGB IV

1.2. Zum Begriff Arbeitsförderung

Die Teilhabe am Arbeitsleben soll für Menschen mit Behinderungen im Sinne der Zielsetzungen des SGB IX durch die Mittel der Arbeitsförderung nach den Vorschriften des SGB III erreicht werden.

Der Begriff Arbeitsförderung meint ganz allgemein die sozialpolitischen Bemühungen, einen möglichst hohen Beschäftigungsstand erwerbsfähiger Menschen zu erreichen und zu halten; die Ausbildungs- und Beschäftigungsstruktur in Deutschland soll den Wandlungen in der Arbeitswelt durch Bildungs- und andere Maßnahmen angepasst werden.

Mit Blick auf das Ziel der *allgemeinen Arbeitsförderung* ist im Kontext auch die Regelung des § 1 Abs. 2, Ziff. 3 SGB III hervorzuheben – sie bringt zum Ausdruck, dass die individuelle Beschäftigungsfähigkeit des einzelnen Arbeits- oder Ausbildungsuchenden »durch Erhalt und Ausbau von Kenntnissen, Fertigkeiten sowie Fähigkeiten« gefördert werden soll.

Das Ziel der *Arbeitsförderung für behinderte Menschen* im Besonderen ist darin zu sehen, unterstützende Leistungen mit integrativer Wirkung zu erbringen, um die Teilhabe am Arbeitsleben zu ermöglichen und ihnen den Arbeitsplatz dauerhaft zu sichern – vgl. **§ 4 Abs. 1, Ziff. 3, 4 SGB IX**.

1.3. Arbeitsförderungsrecht

Das *allgemeine Recht* der Arbeitsförderung ist mit den für Arbeitnehmer, Auszubildende und Arbeitsuchende zur Verfügung gestellten Leistungen im 3. Band des Sozialgesetzbuches, dort in den Vorschriften der §§ 45 ff. SGB III, festgeschrieben. Von dem *besonderen Recht* der Arbeitsförderung ist zu sprechen mit Blick auf die besonderen Leistungen zur Teilhabe am Arbeitsleben für Menschen mit Behinderungen, vgl. §§ 98 ff. SGB III iVm. § 33 SGB IX.

Das **SGB III** regelt die Voraussetzungen für den Bezug von Leistungen und Fördermaßnahmen für behinderte und nicht behinderte Ausbildungs- und Arbeitsuchende – es bietet die **Anspruchsgrundlagen** für alle Leistungen der Arbeitsförderung und formuliert die Voraussetzungen für den Bezug dieser Leistungen. Die Vorschriften des **SGB IX** zur Teilhabe am Arbeitsleben listen sehr detailliert beschriebene, spezifische – also einem behinderungsbedingten **Sonderbedarf** entsprechende – Leistungen auf, die Menschen mit Behinderungen zur Verfügung gestellt werden können, wenn behinderungsbedingt ein spezifischer Bedarf besteht.

Merke: Im Recht der Arbeitsförderung wird grundsätzlich kein Unterschied gemacht zwischen Leistungsberechtigten, die mit einer Behinderung iSv. § 2 SGB IX ihr Arbeitsleben zu meistern haben und Menschen, die ohne Beeinträchtigung ihre beruflichen Möglichkeiten wahrnehmen können – allen Leistungsberechtigten stehen gleichermaßen die allgemeinen Leistungsarten zur Verfügung. Menschen mit Behinderungen können darüber hinaus allerdings noch auf die besonderen Leistungen gem. §§ 98 ff. SGB III iVm. §§ 33 ff. SGB IX Zugriff nehmen, soweit sie in ihrer Person die dort genannten Voraussetzungen für einen Leistungsbezug erfüllen.

Träger aller Leistungsarten, die das SGB III zur Verfügung stellt, ist die AfA, wie sich aus der Vorschrift des § 19 Abs. 2 SGB I ergibt.

1.4. Leistungsberechtigung

Adressaten der von der Agentur für Arbeit (AfA) zur Verfügung gestellten Leistungen sind die in §§ 13–20 SGB III genannten Personengruppen. Diese Menschen sind berechtigt, die Leistungen der AfA zu beanspruchen und bei Vorliegen der für den jeweiligen Leistungsfall bestimmten Voraussetzungen zu erhalten.

Vgl. Kapitel »Behindertenrecht und Sozialrecht« zum Begriff Anspruchsgrundlage.

Dieser Zielgruppe gehören gem. § 19 SGB III auch **Menschen mit Behinderungen** an. Grundsätzlich leistungsberechtigt sind demnach behinderte

a) **Auszubildende** gem. § 14 SGB III – also alle zur Berufsausbildung Beschäftigten und Teilnehmer an berufsvorbereitenden Bildungsmaßnahmen;

b) **Ausbildungs- und Arbeitsuchende** gem. § 15 SGB III – also alle Menschen, die einen Platz zur Berufsausbildung suchen (insbes. junge Menschen nach Schulabschluss) sowie Menschen, die eine Beschäftigung als Arbeitnehmer suchen;

c) **Arbeitslose** gem. § 16 SGB III – also alle Arbeitslosen iSv. §§ 117 ff. SGB III (Menschen, die sich arbeitslos gemeldet haben und den Vermittlungsbemühungen der AfA zur Verfügung stehen), von Arbeitslosigkeit Bedrohte gem. § 17 SGB III und alle Langzeitarbeitslosen gem. § 18 SGB III.

Die Bestimmung des **§ 19 SGB III** gibt eine Definition des behinderten Menschen, welche konkret auf den Umfang der Befähigung zur Teilhabe am Arbeitsleben abstellt:

Behindert im Sinne dieses Buches sind Menschen, deren Aussichten, am Arbeitsleben teilzuhaben oder weiter teilzuhaben, wegen Art oder Schwere ihrer Behinderung im Sinne von § 2 Abs. 1 des Neunten Buches nicht nur vorübergehend wesentlich gemindert sind und die des-

§ 19 I SGB III

halb Hilfen zur Teilhabe am Arbeitsleben benötigen, einschließlich lernbehinderter Menschen.

1.5. Leistungsspektrum und Zuständigkeit

Allen Personen, die zu dem Kreis der Leistungsberechtigten gehören, steht grundsätzlich der gesamte Leistungskatalog der AfA zur Verfügung. Die Leistungen der Arbeitsförderung sind in nachstehend genannte Kategorien zu unterteilen:

- **Beratungs- und Vermittlungsleistungen**, siehe §§ 29 ff. SGB III,
- **Leistungen zur Aus- und Weiterbildung**, siehe §§ 59 ff. und 77 ff. SGB III,
- **besondere Leistungen** für behinderte Menschen zur Teilhabe am Arbeitsleben gem. §§ 98 ff. SGB III,
- **Kompensationsleistungen**, insbesondere das Arbeitslosengeld nach §§ 117 ff. SGB III,
- **arbeitsmarktpolitische Maßnahmen**, insbes. Maßnahmen zur Schaffung und Erhaltung von Arbeitsplätzen zu denen auch besondere Fördermöglichkeiten zur Ausbildung junger behinderter Menschen zählen – siehe z.B. § 421 m SGB III.

Die Bundesagentur für Arbeit hat mit Blick auf den Adressatenkreis der leistungsberechtigten behinderten Menschen gem. **§ 104 Abs. 1 SGB IX** dafür zu sorgen, dass diesen das gesamte Leistungsangebot zur Verfügung gestellt wird. Der Wortlaut der Vorschrift sei auszugsweise wiedergegeben:

§ 104 SGB IX

Die Bundesagentur für Arbeit hat folgende Aufgaben:

1. die Berufsberatung, Ausbildungsvermittlung und Arbeitsvermittlung schwerbehinderter Menschen einschließlich der Vermittlung von in Werkstätten für behinderte Menschen Beschäftigten auf den allgemeinen Arbeitsmarkt,

2. die Beratung der Arbeitgeber bei der Besetzung von Ausbildungs- und Arbeitsplätzen mit schwerbehinderten Menschen,

3. die Förderung der Teilhabe schwerbehinderter Menschen am Arbeitsleben auf dem allgemeinen Arbeitsmarkt, insbesondere von schwerbehinderten Menschen,

- a) die wegen Art oder Schwere ihrer Behinderung oder sonstiger Umstände im Arbeitsleben besonders betroffen sind (§ 72 Abs. 1),
- b) die langzeitarbeitslos im Sinne des § 18 des Dritten Buches sind,
- c) die im Anschluss an eine Beschäftigung in einer anerkannten Werkstatt für behinderte Menschen oder einem Integrationsprojekt eingestellt werden,

d) die als Teilzeitbeschäftigte eingestellt werden oder
e) die zur Aus- oder Weiterbildung eingestellt werden,
[...]

Die Zuständigkeit der AfA für die Bereitstellung und Durchführung von Maßnahmen der Arbeitsförderung ergibt sich aus § 19 SGB I iVm. § 2 Abs. 1, Ziff. 1 SGB III.

2. Leistungsbezug für Menschen mit Behinderungen

Im Folgenden sollen die besonderen Leistungsarten *zur Teilhabe am Arbeitsleben* für Menschen mit Behinderungen sowie die Voraussetzungen für den Bezug dieser Leistungen einer Betrachtung unterzogen werden.

Die Vorschrift des **§ 33 SGB IX** listet diese Leistungen auf – sie sind inhaltlich grundsätzlich mit den im SGB III geregelten Leistungen identisch. Im Unterschied jedoch zu den Leistungen nach dem SGB III füllen die Bestimmungen des § 33 SGB IX sehr detailliert *das behindertenspezifische Leistungsspektrum* aus und erfassen damit die sehr verschiedenartigen Problemlagen Behinderter im Arbeitsleben, in denen behindertenspezifischer Unterstützungsbedarf besteht.

Der Leistungskatalog des § 33 SGB IX macht deutlich, dass es sich bei dem Begriff »Leistungen zur Teilhabe am Arbeitsleben« um einen weitgespannten Oberbegriff für die sehr diversen Leistungsformen handelt, mithilfe derer behinderten Menschen der Zugang zur Welt der Arbeit erschlossen werden bzw. ihnen dort Unterstützung und Förderung gegeben werden soll.

2.1. Anspruchsgrundlagen und Leistungsbeschreibung

Im SGB III finden sich die Anspruchsgrundlagen für alle Leistungen, die Menschen mit Behinderungen zur Verfügung stehen, um ihnen eine aktive Teilhabe am Arbeitsleben zu ermöglichen – im SGB IX hingegen wird eine *funktionsbezogene Beschreibung* der speziell behinderten Menschen zur Verfügung stehenden Fördermöglichkeiten gezeichnet.

Vgl. die Erläuterung zum Begriff Anspruchsgrundlage im Kapitel »Behindertenrecht und Sozialrecht«, 2.3.

Will ein behinderter Mensch eine Leistung der Arbeitsförderung erhalten, muss sie/er sich auf eine Anspruchsgrundlage nach dem SGB III stützen. Für behinderte Menschen stehen alle *allgemeinen Leistungen* nach den Anspruchsgrundlagen des SGB III zur Verfügung; darüber hinaus können von behinderten Menschen jedoch noch weitere, *den Besonderheiten von Behinderungen Rechnung tragende Leistungen* beansprucht werden, um ihnen den Einstieg in das Arbeitsleben zu erleichtern bzw. sie bei der Bewältigung ihres Arbeitsalltags zu unterstützen.

2.2. Besondere Leistungen

Die besonderen Leistungen zur Teilhabe behinderter Menschen am Arbeitsleben sind in den **§§ 97–111 SGB III** im Einzelnen beschrieben. Die Anspruchsgrundlage für diese besonderen Leistungen findet sich in der Vorschrift des **§ 102 Abs. 1 SGB III** – dort führt das Gesetz aus wie folgt:

> Die besonderen Leistungen sind anstelle der allgemeinen Leistungen insbesondere zur Förderung der beruflichen Aus- und Weiterbildung einschließlich Berufsvorbereitung sowie blindentechnischer und vergleichbarer spezieller Grundausbildungen zu erbringen, wenn
>
> 1 Art oder Schwere der Behinderung oder die Sicherung der Teilhabe am Arbeitsleben die Teilnahme an
>
> a) einer Maßnahme in einer besonderen Einrichtung für behinderte Menschen oder
>
> b) einer sonstigen auf die besonderen Bedürfnisse behinderter Menschen ausgerichteten Maßnahme
>
> unerlässlich machen oder
>
> 2. die allgemeinen Leistungen die wegen Art oder Schwere der Behinderung erforderlichen Leistungen nicht oder nicht im erforderlichen Umfang vorsehen.

§ 102 I 1 SGB III

Merke: Die Vorschrift des **§ 102 Abs. 1 SGB III** erwähnt zwar den Begriff »Anspruch« nicht ausdrücklich; doch heißt es »*die Leistungen sind zu erbringen, wenn [...]*«; und diese Formulierung hat in rechtlicher Wertung dasselbe Gewicht wie die Formulierung »*Anspruch haben auf [...], unter der Voraussetzung, dass [...]*«.

2.3. Ziel und Zweck der besonderen Leistungen

Das **Ziel** der behindertenspezifischen Leistungen wird aus dem Wortlaut der Vorschrift des **§ 97 Abs. 1 SGB III** deutlich:

> Behinderten Menschen können Leistungen zur Förderung der Teilhabe am Arbeitsleben erbracht werden, die wegen Art oder Schwere der Behinderung erforderlich sind, um ihre Erwerbstätigkeit zu erhalten, zu bessern, herzustellen oder wiederherzustellen und ihre Teilhabe am Arbeitsleben zu sichern.

§ 97 I SGB III

Mit den besonderen Leistungen wird also die *berufliche Rehabilitation* angestrebt – **Zweck** der Leistungen ist demnach die Integration behinderter Menschen in die Welt der Arbeit.

Die Vorschrift des **§ 33 Abs. 1 SGB IX** bringt dies in direkter Anlehnung an die Vorschrift des § 97 Abs. 1 SGB III mit folgendem Wortlaut zum Ausdruck:

§ 33 I SGB IX

> Zur Teilhabe am Arbeitsleben werden die erforderlichen Leistungen erbracht, um die Erwerbsfähigkeit behinderter oder von Behinderung bedrohter Menschen entsprechend ihrer Leistungsfähigkeit zu erhalten, zu verbessern, herzustellen oder wiederherzustellen und ihre Teilhabe am Arbeitsleben möglichst auf Dauer zu sichern.

2.4. Arten der Förderung

Es soll nun nachstehend eine Übersicht zu den für behinderte Menschen im **SGB III** bereitgestellten Leistungen gegeben werden.

In **§ 100 Ziff. 1–6 SGB III** sind *die allgemeinen Leistungen* aufgelistet; näher besprochen werden sollen im Kontext

- die Beratung und Vermittlung,
- die Verbesserung der Aussichten auf Teilhabe am Arbeitsleben,
- die Förderung der Berufsausbildung und Weiterbildung.

In **§§ 102, 103 SGB III** sind *die besonderen Leistungen* benannt; diese sollen vertiefend behandelt werden unter dem Aspekt von *Hilfe* und *Unterstützung*

- in besonderen Einrichtungen für Behinderte, § 102 Abs. 2,
- durch Zahlung eines Übergangsgeldes, § 103 S. 1 SGB III,
- durch Zahlung des Ausbildungsgeldes iSv. § 104 SGB III,
- durch finanzielle Unterstützung iSv. §§ 105 ff. SGB III bei einem Sonderbedarf in der beruflichen Ausbildung

Die im Folgenden besprochene Fallgeschichte soll aufzeigen, welche tatsächlichen Gegebenheiten die besonderen Leistungen der Arbeitsförderung für Behinderte rechtfertigen können.

Fall: *Grete ist ohne Fremdverschulden beim Schulturnen vom Reck gestürzt; sie ist seither aufgrund einer durch den Sturz verursachten Querschnittslähmung sowie wegen Sprech- und Gehörproblemen, die als Folgeschäden aufgetreten sind, erheblich beeinträchtigt; intellektuell ist sie gut entwickelt. Im 17. Lebensjahr schließt sie die mittlere Reife ab und will Kauffrau werden, um später für eine Spezialfirma tätig zu sein, die Hilfsgeräte für Behinderte herstellt. Es gibt eine Schule, welche die gewünschte Ausbildung anbietet, jedoch weit entfernt von Gretes Heimatort. Grete weiß aber nicht, wie die Kosten für die auswärtige Unterkunft und den entstehenden Mehrbedarf für den Lebensunterhalt bezahlt werden sollen.*

Frage: Kann Grete von der AfA besondere Leistungen beanspruchen?

Antwort: Grete kann begründet einen Anspruch auf Zahlung von Ausbildungsgeld nach § 104 Abs. 1, Ziff. 1 SGB III erheben; ferner kann sie gem. § 105 Abs. 2 SGB III finanzielle Unterstützung beanspruchen, wenn sie wegen der Ausbildung eine auswärtige Unterbringung benötigt.

Merke: Die Leistungen der Agentur für Arbeit unterliegen dem Antragserfordernis; der Antrag ist zu stellen, bevor die Fördermaßnahme beginnt, vgl. § 324 SGB III. Grete müsste also zunächst den Antrag auf Zahlung des Mehrbedarfs stellen, der ihr wegen der auswärtigen Unterbringung am Ort der Ausbildungsstätte entsteht.

»Hallo?! Kann mir jemand sagen, wo hier der Kongress für Chancengleichheit ist?«

FÖRDERUNG DER CHANCENGLEICHHEIT

3. Die besonderen Förderformen des SGB IX

In der Folge soll ein Überblick auf die wesentlichen Förderformen des im SGB IX ausgewiesenen besonderen Leistungsspektrums für behinderte Menschen zur Teilhabe am Arbeitsleben gegeben werden. Zentrale Bedeutung hat hier die Vorschrift des **§ 33 SGB IX**. Ferner wird dargelegt, auf welche spezifisch einer Behinderung Rechnung tragenden Leistungen ein Anspruch erhoben werden kann. Es wird hierbei der Kontext zu den Anspruchsgrundlagen im SGB III hergestellt.

Leitlinie

Die Regelungen des § 33 SGB IX stellen eine Art Leitlinie für die betroffenen Behinderten, für die Mitarbeiter der Agentur für Arbeit und anderer Leistungsträger dar. Der Nutzen dieser Regelungen ist vor allem darin zu sehen, dass sie die Vielfältigkeit der behindertenspezifischen Leistungen sehr ins Einzelne gehend deutlich machen. Darüber hinaus aber dienen sie auch der konkreten Zielfestschreibung für eine

Hilfeplanung

Hilfeplanung vor Durchführung von Maßnahmen der beruflichen Rehabilitation, was deren Auswahl und Ausgestaltung im Einzelfall betrifft.

Beispielhaft sollen einige Leistungsformen aus dem Gesamtkatalog der Vorschrift auszugsweise im Wortlaut wiedergegeben werden, um die Breite und Differenziertheit des Leistungsspektrums zu veranschaulichen.

In **§ 33 Abs. 3 SGB IX** ist ausgeführt:

§ 33 III SGB IX

(3) Die Leistungen umfassen insbesondere
1. Hilfen zur Erhaltung oder Erlangung eines Arbeitsplatzes einschließlich Leistungen zur Beratung und Vermittlung, Trainingsmaßnahmen und Mobilitätshilfen,
2. Berufsvorbereitung einschließlich einer wegen der Behinderung erforderlichen Grundausbildung,
3. berufliche Anpassung und Weiterbildung, auch soweit die Leistungen einen zur Teilnahme erforderlichen schulischen Abschluss einschließen,
4. berufliche Ausbildung, auch soweit die Leistungen in einem zeitlich nicht überwiegenden Abschnitt schulisch durchgeführt werden,
5. Überbrückungsgeld [...],
6. sonstige Hilfen zur Förderung der Teilhabe am Arbeitsleben, um behinderten Menschen eine angemessene und geeignete Beschäftigung oder eine selbständige Tätigkeit zu ermöglichen und zu erhalten.

Diese behindertenspezifischen Leistungen werden nur gewährt, wenn sie erforderlich sind und hinreichende Aussicht auf Erfolg bieten – wenn sie also im Einzelfall geeignet sind, zumindest eine Besserung der Eingliederungsaussichten in das Erwerbsleben herbeizuführen.

Erforderlichkeit

In **§ 33 Abs. 6 SGB IX** sind Leistungen aufgeführt, die dem Erhalt der Erwerbsfähigkeit behinderter Arbeitnehmer nutzen sollen. Ferner geht es um Maßnahmen, die der Erhaltung eines Arbeitsplatzes, der wegen behinderungsbedingter Beeinträchtigung gefährdet ist, bezwecken sollen. Im Wortlaut der Vorschrift ist ausgeführt:

Die Leistungen umfassen auch medizinische, psychologische und pädagogische Hilfen, soweit diese Leistungen im Einzelfall erforderlich sind, um die in Absatz 1 genannten Ziele zu erreichen oder zu sichern und Krankheitsfolgen zu vermeiden, zu überwinden, zu mindern oder ihre Verschlimmerung zu verhüten, insbesondere

§ 33 VI SGB IX

1. Hilfen zur Unterstützung bei der Krankheits- und Behinderungsverarbeitung,
2. Aktivierung von Selbsthilfepotentialen,
3. mit Zustimmung der Leistungsberechtigten Information und Beratung von Partnern und Angehörigen sowie von Vorgesetzten und Kollegen,
4. Vermittlung von Kontakten zu örtlichen Selbsthilfe- und Beratungsmöglichkeiten,
5. Hilfen zur seelischen Stabilisierung und zur Förderung der sozialen Kompetenz, unter anderem durch Training sozialer und kommunikativer Fähigkeiten und im Umgang mit Krisensituationen,
6. Training lebenspraktischer Fähigkeiten,
7. Anleitung und Motivation zur Inanspruchnahme von Leistungen zur Teilhabe am Arbeitsleben,
8. Beteiligung von Integrationsfachdiensten im Rahmen ihrer Aufgabenstellung (§ 110).

Bei einer Hilfeplanung ist in erster Linie abzustellen auf die Art und das Qualifikationsniveau der von dem behinderten Menschen in den letzten Jahren ausgeübten beruflichen Betätigung, weil der Erhalt und die Weiterentwicklung des bei ihm vorhandenen Potentials nach der Zielstellung des SGB IX Vorrang besitzt. Demnach sollen die Bemühungen AfA bei der Vermittlung in eine neue Beschäftigung darauf ausgerichtet sein, eine der früheren Beschäftigung möglichst artgleiche Erwerbstätigkeit zu finden.

3.1. Trainingsmaßnahmen

In der Vorschrift des **§ 33 Abs. 3, Ziff. 1 SGB IX** sind die Leistungen benannt, die der Erlangung und der Erhaltung von Arbeit dienlich sein sollen. Mithilfe von Beratungs- und Vermittlungsleistungen sowie geeigneten Trainingsmaßnahmen soll der Zugang in die Welt der Arbeit bzw. der Verbleib in einer beruflichen Tätigkeit erleichtert werden.

Diese Regelung findet Entsprechung in § 48 SGB III, der die Verbesserung der Eingliederungsaussichten von Arbeitsuchenden durch Eignungstests und Trainingsmaßnahmen, die der Aufnahme einer Erwerbstätigkeit förderlich sein sollen, zum Regelungsinhalt hat.

Nach dem Verständnis der Bundesanstalt für Arbeit beinhalten Trainingsmaßnahmen u.a.: Bewerbungstraining, Stellenakquisitionstechniken, Vorbereitung auf die Teilnahme an Assessment-Centern, Unterstützung der eigeninitiativen Stellensuche, Nutzung des Internets für Stellensuche, Hilfe zur Selbsteinschätzung, Motivationsförderung, Vermittlung sozialer Kompetenz und von Lern- und Arbeitstechniken, Vermittlung allgemeinbildender und berufsspezifischer Kenntnisse, berufspraktische oder betriebliche Erprobung, Prüfung von Arbeitsbereitschaft und Arbeitsfähigkeit.

3.2. Neigung und Eignung

§ 33 Abs. 4 SGB IX macht deutlich, dass bei der Beratung und Arbeitsvermittlung bzw. der Suche nach einer wegen der Behinderung erforderlichen Grundausbildung die persönliche Eignung, die Vorstellungen des beeinträchtigten Menschen über sein zukünftiges Erwerbsleben sowie seine bisherige Tätigkeit angemessen berücksichtigt werden müssen.

Hier sind die korrespondierenden Vorschriften im SGB III beizuziehen, weil sie die Anspruchsgrundlagen für die bezüglichen Fördermaßnahmen zugunsten behinderter Menschen bilden:

- nach §§ 45, 46 SGB III können Kosten für die Erstellung von Bewerbungsunterlagen und für Fahrten zum Vorstellungsgespräch erstattet werden;
- nach § 48 SGB III kann die/der behinderte Arbeits- oder Ausbildungsuchende verlangen, durch Teilnahme an einem Eignungstest oder einer Trainingsmaßnahme seine Befähigung für eine berufliche Tätigkeit oder seine Geeignetheit für den gehegten Berufswunsch feststellen zu lassen; soweit die AfA es für erforderlich hält, kann sie eine Eignungsfeststellung durch eine ärztliche oder psychologische Untersuchung veranlassen – hierzu muss der ar-

beits- oder ausbildungsuchende Mensch allerdings sein Einverständnis erteilen;
- nach § 50 Ziff. 2 SGB III können neben den Kosten für die Eingliederungsmaßnahme auch die Fahrkosten zur Maßnahmestätte und zurück von der AfA gezahlt werden.

Merke: Der Neigung des behinderten Menschen kommt wegen der durch **Art. 12 GG** geschützten Freiheit bei der Berufswahl eine besondere Bedeutung zu. Wenn der behinderte Mensch aufgrund seiner Beeinträchtigung nur eine ganz bestimmte Arbeit oder Ausbildung aufnehmen kann, dann hat die AfA diesen Wunsch besonders zu beachten und seine Umsetzung vorrangig zu fördern. Der geäußerte Berufswunsch kann nur dann als »unrealistisch« zurückgewiesen werden, wenn erkennbar ist, dass die von dem behinderten Menschen geäußerten Vorstellungen zu der gewünschten Beschäftigung mit Blick auf die Situation am Arbeitsmarkt nicht umzusetzen sind.

3.3. Eingliederungsvereinbarung

Will der behinderte Menschen die Vermittlungsbemühungen der AfA in Anspruch nehmen, dann entsteht für ihn die Pflicht, mit der AfA eine Eingliederungsvereinbarung zu treffen, vgl. **§ 35 Abs. 4 SGB III**. Inhalt dieser Vereinbarung sind:

a) die Eigenbemühungen des arbeitsuchenden behinderten Menschen,

b) die Vermittlungsbemühungen der Agentur für Arbeit,

c) die in Betracht kommenden Leistungen der Arbeitsförderung (z.B. Schulungs- und Trainingsmaßnahmen oder Maßnahmen der Aus- und Weiterbildung).

Merke: Vermittlungstätigkeiten können auch von einer *Personal-Service-Agentur* wahrgenommen werden, deren Aufgabe in § 37 c SGB III näher beschrieben ist. In Abs. 1 der Bestimmung ist ausgeführt:

> Die Agentur für Arbeit kann erlaubt tätige Verleiher mit der Einrichtung und dem Betrieb von Personal- Service-Agenturen beauftragen. Aufgabe [...] ist insbesondere, eine Arbeitnehmerüberlassung zur Vermittlung von Arbeitslosen in Arbeit durchzuführen sowie ihre Beschäftigten in verleihfreien Zeiten bei der beruflichen Eingliederung zu unterstützen und weiterzubilden.

§ 37c I SGB III

Die Mitwirkungspflichten des ausbildungs- oder arbeitsuchenden Menschen bei der Vermittlung werden in der Vorschrift des **§ 38 SGB III** bezeichnet. Danach sind benötigte Auskünfte (z.B. Gutachten, Leistungsbescheid) zu geben sowie die für eine Vermittlung erforderlichen Unterlagen (Zeugnisse aus den bisherigen Arbeitsverhältnissen, Bescheinigung über eine Qualifizierungsmaßnahme, Zertifikat über erworbene Sprachkenntnisse u.a.m.) zur Verfügung zu stellen (vgl. §§ 60 ff. SGB I, die für den ganzen Regelungsbereich des SGB gelten).

3.4. Bildungsmaßnahmen

Die Vorschriften des **§ 33 Abs. 3, Ziff. 3** und **Ziff. 4 SGB IX** benennen die Leistungstypen, die iSd. § 4 Abs. 1, Ziff. 3 SGB IX das Ziel der Sicherung der Teilhabe am Arbeitsleben entsprechend den Fähigkeiten und Neigungen des von Behinderung betroffenen Menschen besonders zu fördern geeignet sind. Es handelt sich insoweit um die Maßnahmen

- zur Aus- und Weiterbildung,
- zur beruflichen Anpassung und
- zum Erreichen eines Schulabschlusses.

Diese sollen in Grundzügen vorgestellt und in Kontext zu den bezüglichen Anspruchsgrundlagen im SGB III gesetzt werden.

Die Maßnahmen der Aus- und Weiterbildung können nach Maßgabe der Vorschriften der §§ 59 ff. SGB III (Förderung der Berufsausbildung) und der §§ 77 ff. SGB III (Förderung der beruflichen Weiterbildung) beansprucht werden. Wer eine Förderung dieser Art erhalten will, muss in seiner Person die in diesen Regelungen genannten Voraussetzungen für den Bezug der »Leistung Bildungsmaßnahme« erfüllen.

3.5. Förderung der Berufsausbildung

Gemäß **§ 59 SGB III** erhält ein behinderter Mensch *Berufsausbildungsbeihilfe* für die Dauer einer beruflichen Ausbildung, wenn die in der Regelung benannten sachlichen und persönlichen Voraussetzungen vorliegen; gemäß den gesetzlichen Anforderungen muss der behinderte Mensch

a) zum förderungsfähigen Personenkreis nach § 63 SGB III gehören,

b) die sonstigen persönlichen Voraussetzungen iSv. § 64 SGB III erfüllen (der Auszubildende kann ausbildungsbedingt nicht im Haushalt wohnen),

c) die Erwartung begründen, dass die gewählte Bildungsmaßnahme von ihm auch erfolgreich abgeschlossen wird,

d) keine anderweitige Möglichkeit besitzen, den Bedarf für den Lebensunterhalt, die Fahrkosten, die sonstigen mit der Ausbildung zusammenhängenden Aufwendungen und die Lehrgangskosten zu bestreiten.

Gefördert werden gewerbliche, jedoch keine schulischen Ausbildungen. Eine Definition der förderungsfähigen Ausbildungsgänge ist mit der Vorschrift des **§ 60 SGB III** vorgegeben. Es muss sich um eine staatlich anerkannte Ausbildung handeln.

Merke: Die zu d) genannte Voraussetzung besagt, dass eine Förderung nach § 59 SGB III nicht möglich ist, wenn die gem. § 1626 BGB sorgeberechtigten und damit unterhaltsverpflichteten Eltern (bzw. unterhaltsverpflichtete Dritte) in der Lage sind, die Kosten der Ausbildung zu bezahlen. Zur Unterhaltspflicht der Eltern dem eigenen Kind gegenüber gehört grundsätzlich auch die Zahlung der Kosten für eine Ausbildung.

Neben den in § 60 SGB III genannten Ausbildungen werden von der AfA auch *berufsvorbereitende Maßnahmen* gefördert. Mit dem *2. Gesetz für moderne Dienstleistungen am Arbeitsmarkt* (2003 in Kraft getreten) ist gesetzlich festgelegt worden, dass eine eigenständige *Berufsausbildungsvorbereitung* ebenfalls zu den Maßnahmen iSv. § 60 SGB III gehört und damit förderungsfähig ist.

Die AfA fördert eine Reihe von Maßnahmen, die von Bildungsträgern speziell für die Gruppe lernbehinderter junger Menschen entwickelt und durchgeführt werden. Die Maßnahmen sollen verhindern, dass diese junge Menschen schon frühzeitig wegen mangelnder Ausbildung auf das soziale Abstellgleis geraten. Zu dieser Personengruppe sind auch ausbildungsuchende junge Menschen mit Behinderungen zu zählen.

lernbeeinträchtigte junge Menschen

So werden gem. **§ 241 Abs. 3a SGB III** niedrigschwellige Ausbildungsangebote, die im Vorfeld einer beruflichen Ausbildung platziert sind, als berufsvorbereitende Maßnahmen gefördert. Adressaten im Sinne der Vorschrift sind *förderungsbedürftige Auszubildende* iSd. **§ 242 SGB III**; zu diesem Personenkreis rechnen auch junge Menschen mit Behinderungen, wenn sie behinderungsbedingt eine Berufsausbildung nicht beginnen können oder nach dem Abbruch einer Ausbildung behinderungsbedingt den Start in eine neue Ausbildung nicht mehr schaffen.

Die in **§§ 246a - d SGB III** skizzierten *Beschäftigung begleitenden Eingliederungshilfen* sind ebenfalls förderungsfähige Maßnahmen, die dem Abbau von Sprachdefiziten und Bildungslücken dienen sollen; für betroffene behinderte Menschen kann eine sozial- bzw. heilpädagogische Begleitung gestellt werden, mithilfe derer die Teilnahme an der Maßnahme gestützt und erleichtert werden soll.

Hervorzuheben als *besondere Leistung* ist in diesem Zusammenhang eine *sozial- bzw. heilpädagogische Begleitung* für behinderte Ausbildungsuchende während einer Maßnahme der Berufsausbildungsvorbereitung nach dem BBiG gemäß **§ 421 m SGB III**. Die Kosten einer solchen Begleitmaßnahme werden von der Agentur für Arbeit an den Ausbildungsbetrieb gezahlt, wenn dieser eine Fachkraft beschäftigt, welche die Befähigung hat, *schwierige junge Menschen* anzulernen (die Regelung gilt nur befristet bis Ende 2007). Diese behinderungsspezifische Leistung findet ihre Rechtsgrundlage in § 33 Abs. 3, Ziff. 6 SGB IX bzw. § 33 Abs. 6, Ziff. 5 SGB IX (»sonstige Hilfen«). Danach sind als Leistungen zur Teilhabe am Arbeitsleben auch pädagogische Hilfen möglich. Eine solche begleitende Hilfe wird grundsätzlich integrierende Wirkung für den behinderten jungen Menschen entfalten, wenn sie professionell durchgeführt wird.

Interessant ist im Kontext ein Hinweis auf **§ 13 SGB VIII** – *Jugendsozialarbeit*. Dort ist eine Leistung der Jugendhilfe ausgewiesen, die auch auf *junge Menschen mit Behinderungen* zugeschnitten ist, wenn sie wegen individueller Beeinträchtigungen in ihrer Persönlichkeitsentwicklung gefördert werden müssen, um eine Ausbildung erfolgreich absolvieren zu können. Die Vorschrift des § 13 SGB VIII lautet:

§ 13 I SGB VIII

> Jungen Menschen, die zum Ausgleich sozialer Benachteiligungen oder zur Überwindung individueller Beeinträchtigungen in erhöhtem Maße auf Unterstützung angewiesen sind, sollen im Rahmen der Jugendhilfe sozialpädagogische Hilfen angeboten werden, die ihre schulische und berufliche Ausbildung, Eingliederung in die Arbeitswelt und ihre soziale Integration fördern.

Eine solche Ausbildungsmaßnahme wird in der Regel in Kooperation vom Jugendamt als Träger der Jugendhilfeleistung und der Agentur für Arbeit als Träger der beruflichen Ausbildungsmaßnahme geplant und durchgeführt. Die Agentur für Arbeit entwickelt fortlaufend neue Programme zur Förderung der Ausbildung junger Menschen, von denen auch junge behinderte Ausbildungsuchende profitieren können. Beispielhaft soll hier Erwähnung finden das Sonderprogramm Einstiegsqualifizierung Jugendlicher (EQJ) aus dem Jahr 2004, das allerdings bis zum Ende des Jahres 2007 befristet ist. Nach diesem Programm werden gefördert Ausbildungsuchende, die aus individuellen Gründen sehr eingeschränkte Vermittlungsperspektiven besitzen.

3.6. Förderung der beruflichen Weiterbildung

Die Förderung der beruflichen Weiterbildung ist in den Vorschriften des **§ 77 SGB III** geregelt.

> Arbeitnehmer können bei beruflicher Weiterbildung durch Übernahme der Weiterbildungskosten gefördert werden, wenn
> 1. die Weiterbildung notwendig [...] ist,
> 2. vor Beginn der Teilnahme eine Beratung durch die Agentur für Arbeit erfolgt ist und
> 3. die Maßnahme und der Träger der Maßnahme für die Förderung zugelassen sind.

§ 77 I 1 SGB III

Liegen diese Voraussetzungen in der Person des antragstellenden Menschen vor, so wird ihm gem. § 77 Abs. 3 SGB III von der AfA ein Bildungsgutschein ausgehändigt. Mit diesem Gutschein kann sie/er sich einen Bildungsträger nach eigener Wahl suchen, von dem sie/er begründet erwarten kann, dass dort eine effektive und ihren/seinen Vorstellungen entsprechende Ausbildung durchgeführt wird.

Bildungsgutschein

Von Bedeutung für Menschen mit Behinderungen ist die in § 77 Abs. 2, Ziff. 2 SGB III enthaltene Regelung. Dort ist klargestellt, dass auch Arbeitnehmer, die über keinen Berufsabschluss verfügen und zudem noch nicht drei Jahre berufstätig gewesen sind, durch die Förderung der Teilnahme an einer Bildungsmaßnahme unterstützt werden können, wenn eine Ausbildungsmaßnahme »aus in der Person des Arbeitnehmers liegenden Gründen nicht möglich oder nicht zumutbar ist.« Zu den angesprochenen persönlichen Gründen sind behinderungsbedingte Beeinträchtigungen zu rechnen. Demnach kann ein behinderter Mensch eine Förderung seiner beruflichen Bildung erhalten, wenn sie/er behinderungsbedingt bisher noch keinen Berufsabschluss absolvieren konnte.

Beispiel: Ein Kurs in Gebärdensprache oder zum Erlernen der Blindenschrift kann ebenso als erforderliche Grundausbildung in Betracht kommen wie eine Maßnahme zum Erwerb des Hauptschulabschlusses, den der behinderte Mensch wegen mangelnder Fertigkeiten beim Lesen und Schreiben aufgrund von Legasthenie oder Lernschwäche bisher nicht erreicht hat.

Merke: Förderleistungen für eine *Berufsvorbereitung* und auch die Unterstützung im Rahmen einer wegen Vorliegens einer Behinderung erforderlichen *Grundausbildung* sind den Maßnahmen der beruflichen Weiterbildung gleichgestellt.

3.7. Unterstützung während einer Maßnahme der Aus- oder Weiterbildung

Für den Zeitraum der Teilnahme an einer Bildungsmaßnahme kann der behinderte Mensch materielle Unterstützung im Umfang der erforderlichen Absicherung des Lebensunterhalts beantragen und erhalten – Grundlage hierfür sind die *Ergänzungsleistungen zur beruflichen Rehabilitation* gem. **§ 44 SGB IX**.

Übergangsgeld

Die in der Praxis *wichtigste Ergänzungsleistung* ist das Übergangsgeld, das gem. § 44 Abs. 1, Ziff. 1 SGB IX iVm. § 103 S. 1, Ziff. 1 SGB III bezogen werden kann. Diese Unterstützungsform soll dem behinderten Menschen während einer beruflichen Bildungsmaßnahme den Lebensunterhalt sichern und wird in Höhe des Arbeitslosengeldes gezahlt. Die **Anspruchsgrundlage** für den Bezug von Übergangsgeld findet sich in **§ 160, S. 2 SGB III**.

Nach dieser Vorschrift müssen mehrere Voraussetzungen in der Person des antragstellenden behinderten Menschen vorliegen, damit sie/er das Übergangsgeld erhalten kann:

- die Vorbeschäftigungszeit iSv. § 161 SGB III muss erfüllt sein,
- die Teilnahme an der Maßnahme muss trotz der Behinderung gewährleistet sein,
- es muss sich um eine von der AfA anerkannte Maßnahme der Berufsausbildung, der Weiterbildung oder um eine wegen der Behinderung erforderliche Grundausbildung handeln.

Vorbeschäftigungszeit

Die Vorbeschäftigungszeit ist in **§ 161 SGB III** definiert – sie stellt eine sozialversicherungsrechtliche Bedingung mit folgender Aussage dar: nur der behinderte Mensch, der in den letzten 3 Jahren vor Teilnahmebeginn mindestens 1 Jahr in einem versicherungspflichtigen Beschäftigungsverhältnis gestanden hat, erfüllt die Vorbeschäftigungszeit und kann damit das Übergangsgeld gem. § 160 S. 2 SGB III beziehen.

Von dieser Regel, die den Zugang zur finanziellen Absicherung des Lebensunterhalts während einer Aus- oder Weiterbildung gerade für Menschen mit Behinderungen wegen der schwierigen Situation am Arbeitsmarkt erschwert, gibt es allerdings Ausnahmen; diese sind im Einzelnen in **§ 162 SGB III** festgeschrieben – danach gilt es als ausreichend, wenn der bildungsuchende Behinderte

- entweder ein nach dem Bundesbildungsgesetz (BBiG) oder der Handwerksordnung (HWO) anerkannten Berufsbildungsabschluss nachweisen kann oder

- ein Prüfungszeugnis in einem nach dem BBiG oder der HWO anerkannten und damit gleichgestellten Ausbildungsberuf erworben hat und vorlegen kann.

Die *Berechnungsweise* für das Übergangsgeld der Höhe nach ergibt sich aus § 46 SGB IX. Von einer Darstellung im Einzelnen wird in diesem Buch abgesehen; die Berechnung ist aufwendig und kompliziert. Wenn diese Leistung in Anspruch genommen wird, dann sollte die/der zuständige Sachbearbeiter/in bei der AfA um detaillierte Auskunft gebeten werden – sie/er ist gem. § 15 Abs. 2 SGB I verpflichtet, auf Verlangen den berechneten Betrag nachvollziehbar zu erklären.

Im Interesse von Menschen mit Behinderungen steht mit dem Ausbildungsgeld eine weitere Regelung für den Fall zur Verfügung, dass die eben besprochene Vorbeschäftigungszeit nicht erfüllt ist. In **§ 104 Abs. 1 SGB III** heißt es:

Ausbildungsgeld

> Behinderte Menschen haben Anspruch auf Ausbildungsgeld während
> 1. einer beruflichen Ausbildung oder berufsvorbereitenden Bildungsmaßnahme einschließlich einer Grundausbildung und
> 2. einer Maßnahme im Eingangsverfahren oder Berufsbildungsbereich einer Werkstatt für behinderte Menschen,
>
> wenn ein Übergangsgeld nicht erbracht werden kann.

§ 104 I SGB III

Das Ausbildungsgeld entspricht im Wesentlichen der Förderung durch die Ausbildungsbeihilfe nach §§ 59 ff. SGB III, siehe **§ 104 Abs. 2 SGB IX**:

> Für das Ausbildungsgeld gelten die Vorschriften über die Berufsausbildungsbeihilfe entsprechend, [...]

§ 104 II SGB III

Das Ausbildungsgeld richtet sich zur Höhe nach der Hauptleistung, also der Art der Maßnahme; ferner nach dem Alter, dem Familienstand und der Art der Unterbringung während der Dauer der Ausbildung (bei den Eltern wohnen, im Wohnheim oder in einer eigenen Wohnung am Ausbildungsort).

Der **Zweck** dieser Bestimmung ist darin zu sehen, dass der behinderte Mensch während der Dauer einer Ausbildung materiell so gestellt sein soll wie ein Mensch ohne Behinderung – die behinderungsbedingten Mehraufwendungen sollen mit dem Ausbildungsgeld in Form eines pauschalierten Geldbetrages kompensiert werden.

Die **§§ 105, 106 SGB III** konkretisieren den Begriff *Bedarf während der Dauer der beruflichen Ausbildung*. Der Gesetzestext des § 105 SGB III soll hier der besseren Anschauung halber auszugsweise wiedergegeben werden:

§ 105 SGB III

(1) Als Bedarf werden bei beruflicher Ausbildung zugrunde gelegt

1. bei Unterbringung im Haushalt der Eltern [...] 282 Euro monatlich, wenn der behinderte Mensch unverheiratet ist oder keine Lebenspartnerschaft führt und das 21. Lebensjahr noch nicht vollendet hat, im übrigen 353 Euro monatlich,

2. bei Unterbringung in einem Wohnheim, Internat, beim Ausbildenden oder in einer besonderen Einrichtung für behinderte Menschen 93 Euro monatlich, wenn die Kosten für Unterbringung und Verpflegung von der Agentur für Arbeit oder einem anderen Leistungsträger übernommen werden,

3. bei anderweitiger Unterbringung und Kostenerstattung für Unterbringung und Verpflegung 205 Euro monatlich, wenn der behinderte Mensch unverheiratet ist oder keine Lebenspartnerschaft führt und das 21. Lebensjahr noch nicht vollendet hat, im übrigen 236 Euro monatlich [...]

(2) Für einen behinderten Menschen, der das 18. Lebensjahr noch nicht vollendet hat, wird anstelle des Bedarfs nach Absatz 1 Nr. 4 ein Bedarf in Höhe von 282 Euro monatlich zugrunde gelegt, wenn

1. er die Ausbildungsstätte von der Wohnung der Eltern [...] aus in angemessener Zeit erreichen könnte oder

2. Leistungen der Jugendhilfe nach dem Achten Buch gewährt werden, die mit einer anderweitigen Unterbringung verbunden sind.

Diese Vorschriften sind im Kontext mit der Bestimmung des **§ 33 Abs. 7, Ziff. 1 SGB IX** zu sehen, die sinngemäß in allgemeiner Ausdrucksweise die genannten Leistungen beschreibt. **Sonderfälle** der Unterbringung und Verpflegung im Falle anderweitiger Unterbringung außerhalb des Elternhauses regelt die Vorschrift des **§ 111 SGB III**.

Zu den *Ergänzungsleistungen* iSv. **§ 44 SGB IX** gehören auch

- die Zahlung der Beiträge zur Sozialversicherung (Kranken-, Pflege-, Renten-, Unfallversicherung) und die Beiträge für die Bundesagentur für Arbeit),

Einzelheiten zum Krankengeld im Kapitel »Zentrale Begriffe des Behindertenrechts«, 1.6.

- das Krankengeld iSv. §§ 44 bis 48 SGB V,
- der ärztlich verordnete Rehabilitationssport einschließlich Übungen, die der Stärkung des Selbstbewusstseins dienen,
- die Haushaltshilfe und die Kosten einer notwendigen Kinderbetreuung durch Dritte.

Merke: Die Bildungsmaßnahmen werden von gewerkschaftlichen, kirchlichen oder anderen freien Bildungsträgern durchgeführt; diese müssen gesetzlich festgeschriebenen Anforderungen genügen, deren Einzelheiten in den §§ 84, 85 SGB III geregelt sind. In vielen Fällen sind die Bildungsmaßnahmen für den behinderten Menschen mit einer anderweitigen Unterbringung verbunden, sofern dies im Einzelfall wegen der Art der Behinderung und dem Ausmaß der Beeinträchtigung geboten ist. Häufig werden die Maßnahmen der beruflichen Rehabilitation durchgeführt von

a) *Berufsbildungswerken*, soweit es sich um junge behinderte Menschen handelt und

b) *Berufsförderungswerken*, wenn erwachsene Behinderte der Unterstützung und Förderung zur Teilhabe am Arbeitsleben bedürfen.

4. Werkstatt für Behinderte (WfB)

Die Förderform der WfB ist gem. **§ 102 Abs. 2 SGB III** dem Katalog der besonderen Leistungen zur Teilhabe am Arbeitsleben zugeordnet. Die WfB soll iSd. **§ 4 Abs. 1, Ziff. 3 SGB IX** als *besondere Förderform* behinderten Menschen die notwendigen Sozialleistungen zur Verfügung stellen, um die Teilhabe am Arbeitsleben entsprechend ihren Neigungen und Fähigkeiten dauerhaft zu sichern. Die WfB soll in der Folge einer näheren Betrachtung unter leistungsrechtlichen Aspekten zugeführt werden.

Die *Anspruchsgrundlage* für Leistungen im Bereich der WfB bildet die Vorschrift des § 102 Abs. 1, Ziff. 1a SGB III. Auch wenn hier die gängige Formulierung einer Anspruchsgrundlage »Anspruch haben auf« nicht verwendet ist, so ergibt der Gesetzestext in § 102 Abs. 1 und Abs. 2 SGB III eindeutig, dass es sich um die Anspruchsgrundlage für die Förderleistungen der WfB handelt.

In der genannten Vorschrift ist ausgeführt: »Die besonderen Leistungen sind […] zu erbringen, wenn […]« – und diese Formulierung hat dieselbe Bedeutung wie die (übliche) Ausdrucksweise: jemand »hat Anspruch auf …, wenn …«.

4.1. Begriff und Aufgaben

In der Vorschrift des **§ 136 SGB IX** sind die Definition der WfB und die von ihr zu erfüllenden Aufgaben festgeschrieben.

In **Abs. 1** ist ausgeführt:

§ 136 SGB IX

Die Werkstatt für behinderte Menschen ist eine Einrichtung zur Teilhabe behinderter Menschen am Arbeitsleben […] und zur Eingliederung in das Arbeitsleben. Sie hat denjenigen behinderten Menschen, die wegen Art oder Schwere der Behinderung nicht, noch nicht oder noch nicht wieder auf dem allgemeinen Arbeitsmarkt beschäftigt werden können,

1. eine angemessene berufliche Bildung und eine Beschäftigung zu einem ihrer Leistung angemessenen Arbeitsentgelt aus dem Arbeitsergebnis anzubieten und
2. zu ermöglichen, ihre Leistungs- oder Erwerbsfähigkeit zu erhalten, zu entwickeln, zu erhöhen oder wiederzugewinnen und dabei ihre Persönlichkeit weiterzuentwickeln.

Siehe Kapitel »Behinderung und Arbeitsleben«, Abschnitt 4.3.

Sie fördert den Übergang geeigneter Personen auf den allgemeinen Arbeitsmarkt durch geeignete Maßnahmen. Sie verfügt über ein möglichst breites Angebot an Berufsbildungs- und Arbeitsplätzen sowie über qualifiziertes Personal und einen begleitenden Dienst.

Mit dieser Regelung wird die Rehabilitationsaufgabe der WfB deutlich herausgestellt. Sie steht grundsätzlich allen behinderten Menschen als eine Unterstützungsleistung zur Verfügung, mit deren besonderen Hilfen die berufliche Rehabilitation erleichtert werden soll.

Der Unterschied zu den Zielen der allgemeinen Arbeitsförderung ist deutlich erkennbar – dort geht es gem. § 1 Abs. 2, Ziff. 3 SGB III maßgeblich darum, »die individuelle Beschäftigungsfähigkeit durch Erhalt und Ausbau von Kenntnissen, Fertigkeiten sowie Fähigkeiten zu fördern.« In der WfB hingegen soll die Beschäftigungsfähigkeit hergestellt bzw. wiederhergestellt werden.

Die Durchführung der Aufgaben in der WfB ist in der Werkstättenverordnung (WVO) geregelt. Diese Verordnung bestimmt, dass die WfB als Wirtschaftsbetrieb am allgemeinen Marktgeschehen teilnimmt, dass auch nichtbehinderte Produktionshelfer beschäftigt werden können und ferner auch Arbeitsplätze außerhalb der WfB eingerichtet werden können.

4.2. Leistungszweck

Zum Zweck der Leistungen in der WfB besagt die Vorschrift des **§ 39 SGB IX**, dass die Leistungs- oder Erwerbsfähigkeit der behinderten Menschen erhalten, entwickelt, verbessert oder wiederhergestellt und die Persönlichkeitsentwicklung gefördert werden soll, um ihre Beschäftigung zu ermöglichen oder zu sichern – die Leistungen dienen also der beruflichen Rehabilitation.

Die Leistungen in der WfB sollen allen behinderten Menschen unabhängig von Art oder Schwere der Behinderung zur Verfügung stehen. Eine Bedingung ist aber als Voraussetzung für die Teilhabe an den Leistungen in der WfB aufgestellt: es muss erwartet werden können, dass spätestens nach der Teilnahme an den Maßnahmen im Berufsbildungsbereich jedenfalls ein Mindestmaß an wirtschaftlich verwertbarer Arbeitsleistung erbracht wird, vgl. § 136 Abs. 2, S. 1 SGB IX. Für Behinderte, die dieses Ziel nicht erreichen können, sollen Einrichtungen oder Gruppen, die der Werkstatt angegliedert sind, begründet werden, in denen sie betreut und beschäftigungsmäßig gefördert werden können, siehe § 136 Abs. 3 SGB IX.

Merke: Da die WfB eine Leistung zur Teilhabe am Arbeitsleben ist, stehen denjenigen behinderten Menschen, die in einer WfB die berufliche Rehabilitation anstreben, alle Förderleistungen nach den Vorschriften des SGB III und des SGB IX zur Verfügung. Auch die in einer WfB beschäftigten behinderten Menschen können demnach prinzipiell einen Anspruch auf Beratung und Vermittlung oder auf berufliche

Weiterbildung durch die Agentur für Arbeit geltend machen, wenn der Übergang von der WfB in den allgemeinen Arbeitsmarkt geplant wird.

4.3. Leistungen zur Rehabilitation

Das mit der WfB zur Verfügung gestellt Leistungsangebot dient nachstehend skizzierten Zwecken:

a) Mit den Leistungen im *Eingangsverfahren* gem. § 40 Abs. 1, Ziff. 1 SGB IX soll die Geeignetheit der Einrichtung im konkreten Einzelfall festgestellt werden. Es ist ein *Eingliederungsplan* ist zu erstellen, mithilfe dessen ermittelt werden soll, welche Form der Teilhabe und welche Leistungen für den betreffenden behinderten Menschen in Betracht kommen. Die Leistungen werden für einen Zeitraum von vier Wochen bis zu drei Monaten erbracht.

Für die Ausgestaltung der Leistungen im Eingangsverfahren ist seit 2002 ein *Rahmenprogramm* verbindlich, das von der AfA gemeinsam mit der Bundesarbeitsgemeinschaft der Werkstätten für Behinderte erarbeitet worden ist. Danach wird zu Beginn des Aufenthalts der Eingliederungsplan entwickelt, der die Lern- und Qualifizierungsziele für den Einzelfall festlegt; darüber hinaus dient der Eingliederungsplan auch als Grundlage für ggf. erforderliche arbeitsbegleitende Maßnahmen, mit denen die Weiterentwicklung der Persönlichkeit und eine Verbesserung der Leistungsfähigkeit bezweckt werden. Zu den arbeitsbegleitenden Maßnahmen zählen auch die Vermittlung lebenspraktischer Fähigkeiten (z.B. Haushaltsführung, Gesundheitspflege), kreatives Gestalten, Sport und Krankengymnastik.

b) Mit den Leistungen im *Berufsbildungsbereich* werden gem. § 40 Abs. 1, Ziff. 2 SGB IX Hilfen zur Verfügung gestellt, um die Leistungs- oder Erwerbsfähigkeit des behinderten Menschen so weit wie möglich zu entwickeln, zu verbessern oder wiederherzustellen – *Voraussetzung* hierbei ist, dass die Erwartung besteht, der behinderte Mensch werde nach der Teilnahme an der Maßnahme wenigstens ein Mindestmaß an wirtschaftlich verwertbarer Arbeitsleistung erbringen (vgl. § 136 Abs.2).

Erforderlichkeit

Die Hilfen müssen zur Erreichung des Rehabilitationszwecks erforderlich sein. Es muss daher positiv festgestellt werden, dass die/der betroffene Behinderte durch die Förderung ihre/seine Leistungsfähigkeit soweit verbessern kann, dass eine Erwerbstätigkeit im normalen Arbeitsleben konkret möglich erscheint. Das ist z.B. nicht der Fall, wenn jemand trotz angemessener Betreuung aufgrund einer psychischen Erkrankung eine erhebliche Selbst- oder

Fremdgefährdung zeigt. Auch Behinderte, bei denen das Ausmaß der in ihrem Fall erforderlichen Betreuung und Pflege die Teilnahme an Maßnahmen im Berufsbildungsbereich ausschließen oder Behinderte, bei denen sonstige Umstände eine wirtschaftlich verwertbarer Arbeitsleistung im Arbeitsbereich dauerhaft nicht erwarten lassen, können nicht in einer WfB gefördert werden, wie der Vorschrift des § 136 Abs. 2, S. 2 SGB III zu entnehmen ist.

Die Leistungen im Berufsbildungsbereich können bis zu zwei Jahren erbracht werden.

c) Die Leistungen im *Arbeitsbereich* werden gem. **§ 41 Abs. 1 SGB IX** gewährt für behinderte Menschen, für die wegen Art und Schwere der Behinderung eine Beschäftigung auf dem allgemeinen Arbeitsmarkt oder eine Ausbildung ohne unterstützende Hilfe nicht, noch nicht oder noch nicht wieder in Betracht kommt.

In diesen Fällen soll mit den Maßnahmen im Arbeitsbereich erreicht werden, dass

- eine der Eignung und Neigung des behinderten Menschen entsprechende Beschäftigung gefunden, begonnen und gesichert wird, vgl. § 41 Abs. 2, Ziff. 1 SGB IX,
- eine Teilnahme an arbeitsbegleitenden Maßnahmen zur Erhaltung und Verbesserung der im Berufsbildungsbereich erworbenen Leistungsfähigkeit und zur Weiterentwicklung der Persönlichkeit erfolgen kann, vgl. § 41 Abs. 2, Ziff. 2 SGB IX,
- der Übergang behinderter Menschen auf den allgemeinen Arbeitsmarkt durch geeignete Maßnahmen gefördert wird, vgl. § 41 Abs. 2, Ziff. 3 SGB IX. Als geeignet sind hier Förderformen anzusehen, die zu einer Qualifizierung führen, für die auf dem allgemeinen Arbeitsmarkt auch eine Nachfrage besteht.

4.4. Leistungsansprüche in der WfB

Die zur Verfügung stehenden Leistungen für behinderte Menschen während des Aufenthalts in der WfB ergeben sich aus der jeweils im Einzelfall festgestellten Bedarfslage. Grundsätzlich besteht **Anspruch** auf

- *alle* psychologischen *und* pädagogischen Leistungen gem. §§ 33 ff. SGB IX und alle medizinischen und Leistungen nach der Pflegeversicherung, wenn die Voraussetzungen für einen Anspruch auf diese Leistungen vorliegen (Einzelheiten zu den Voraussetzungen von Leistungen der Pflegeversicherung im Kapitel »Leis-

tungen zur Gesundheitsversorgung und bei Pflegebedürftigkeit«, 6.4.);
- *Ausbildungsgeld* im Falle einer während des Aufenthaltes in der Werkstatt durchgeführten Ausbildungsmaßnahme; insoweit bestimmt § 104 Abs. 1, Ziff. 1 SGB III:

> **§ 104 I 1 SGB III**
>
> Behinderte Menschen haben Anspruch auf Ausbildungsgeld während
> 1. einer beruflichen Ausbildung oder berufsvorbereitenden Bildungsmaßnahme einschließlich einer Grundausbildung [...]

- *Arbeitsentgelt* gem. § 138 Abs. 2 SGB IX als Entlohnung des behinderten Menschen für seine Arbeitsleistung im Arbeitsbereich, das sich aus einem Grundbetrag und einem leistungsangemessenen Steigerungsbetrag zusammensetzt. Letzterer bemisst sich nach der individuellen Arbeitsleistung des behinderten Menschen, insbesondere unter Berücksichtigung von Arbeitsmenge und Arbeitsgüte;
- *Arbeitsförderungsgeld* gem. § 43 SGB IX, das von dem zuständigen Rehabilitationsträger für den im Arbeitsbereich beschäftigten behinderten Menschen geleistet wird.

Zu den Grundsätzen der Hilfe zum Lebensunterhalt als Sozialleistung nach § 19 SGB XII iVm. § 27 SGB XII finden sich Ausführungen in Kap. »Leistungen zur sozialen Eingliederung für behinderte Menschen«, 4.1.

Zudem besteht grundsätzlich Anspruch auf den *notwendigen Lebensunterhalt* gem. § 35 SGB XII – die WfB ist eine Einrichtung im Sinne des Sozialhilferechts. Der Bezug von Sozialhilfe nach §§ 17 und 19 SGB XII iVm. § 27 SGB XII ist also auch während des Aufenthaltes in einer WfB möglich.

4.5. Zuständigkeit

Die Zuständigkeit für die Erbringung der Leistungen zur beruflichen Förderung in einer WfB liegt gem. § 42 SGB IX grundsätzlich bei der Agentur für Arbeit – sie ist insoweit Kostenträger.

Doch auch andere Träger von Rehabilitationsmaßnahmen (wie z.B. die gesetzliche Unfall- oder die Rentenversicherung) sehen Leistungen zur beruflichen Eingliederung in einer WfB vor und können hinsichtlich der Kosten zuständig für die angesprochenen Leistungen sein.

Die Zuständigkeit ist abhängig von der Art des Versicherungsfalles – sie richtet sich nach der der Behinderung zugrundliegenden Ursache. Liegt die Ursache der Behinderung und damit auch der Notwendigkeit, den betroffenen Menschen in einer Werkstatt für Behinderte auf die Rückkehr in das allgemeine Arbeitsleben vorzubereiten, z.B. in einem Unfall iSv. §§ 7 ff. SGB VII, dann ist die Kostentragungspflicht des Trägers der im konkreten Fall zuständigen Unfallversicherung begründet (vgl. § 22 SGB I, §§ 2, 35, 218 SGB VII iVm. § 42 Abs. 1, Ziff. 2 SGB IX). Soll durch die Tätigkeit in der WfB eine Erwerbsunfähigkeit beseitigt oder gemindert werden, dann ist die Zuständigkeit des Trägers der Rentenversicherung gegeben. Wird die Maßnahme in der WfB im Rahmen einer Hilfe zur sozialen Eingliederung nach §§ 54 Abs. 1 SGB XII gewährt, dann ist Kostenträger das Sozialamt.

5. Einrichtungen und Dienste zur Durchführung der besonderen Aufgaben für behinderte Menschen

Die Bundesagentur für Arbeit ist nach dem Gesetz in der Pflicht, dafür Sorge zu tragen, dass Menschen mit Behinderungen grundsätzlich auf alle Leistungen zur beruflichen Rehabilitation Zugriff nehmen können. Deshalb sind im Zuständigkeitsbereich der AfA nachstehend genannte Institutionen eingerichtet worden:

a) das **Integrationsamt**, s. §§ 102 ff. SGB IX;

b) der **Integrationsfachdienst**, s. §§ 109 ff. SGB IX,

c) die **Integrationsprojekte**, s. §§ 132 ff. SGB IX.

Diese sollen nun kurz mit Blick auf ihre gesetzlich bestimmten Aufgaben vorgestellt werden.

5.1. Integrationsamt

Das Integrationsamt ist eine Einrichtung zur Absicherung der Teilhabe schwerbehinderter Menschen am Arbeitsleben. Adressaten der Vorschrift sind Schwerbehinderte und zudem alle Personen sowie Organisationen, die Einfluss auf die dauerhafte Eingliederung in das Arbeitsleben haben, also auch der Verband der Arbeitgeber.

Das Integrationsamt soll zur Wahrnehmung seiner Aufgaben mit der AfA zusammenarbeiten; in **§ 101 Abs. 1 SGB IX** ist ausgeführt:

§ 101 I SGB IX

> Soweit die besonderen Regelungen zur Teilhabe schwerbehinderter Menschen am Arbeitsleben nicht durch freie Entschließung der Arbeitgeber erfüllt werden, werden sie
> 1. in den Ländern von dem Amt für die Sicherung der Integration schwerbehinderter Menschen im Arbeitsleben (Integrationsamt) und
> 2. von der Bundesagentur für Arbeit
>
> in enger Zusammenarbeit durchgeführt.

Hieraus wird deutlich, dass die Zusammenarbeit mit der AfA dem Zweck dient, die Umsetzung der Rechte schwerbehinderter Menschen zur Teilhabe am Arbeitsleben zu fördern.

Merke: Das Integrationsamt ist unter organisationsrechtlichen Aspekten keine Einrichtung der AfA, sondern besitzt einen selbständigen Status. Wegen der Pflicht zur Zusammenarbeit mit der AfA ist das Integrationsamt in der Praxis jedoch Teil dieser Behörde; es hat seinen

Platz auch im Regelfall unter dem Dach der AfA. Wenn Bedarf an Leistungen des Integrationsamtes besteht, ist Kontakt mit der AfA aufzunehmen.

Die weiteren Aufgaben des Integrationsamtes sind gem. § 102 SGB IX

1. die Erhebung und Verwendung der Ausgleichsabgabe, Ziff. 1,
2. der Kündigungsschutz, Ziff. 2,
3. die begleitende Hilfe im Arbeitsleben, Ziff. 3,
4. die zeitweilige Entziehung der besonderen Hilfen für schwerbehinderte Menschen, Ziff. 4.

Zum Kündigungsschutz werden in diesem Buch keine Erläuterungen gegeben, da es sich um eine arbeitsrechtliche Thematik handelt (mehr im Band Teschke-Bährle: Arbeitsrecht - schnell erfasst).

Im Kontext dieses Buches sind die *begleitenden Hilfen im Arbeitsleben* von Bedeutung – sie zielen ab auf

- die Vermeidung von Beschäftigung »unter Niveau«,
- die Beibehaltung der Position am Arbeitsplatz,
- die psychologische Unterstützung und Betreuung,
- die Beteiligung Freier Träger in der Behindertenhilfe,
- die Beschaffung einer behindertengerechten Wohnung und weitere Unterstützungen, die in § 102 Abs. 3, Ziff. 1 SGB IX genannt sind.

Eine besonders wichtige Form der begleitenden Hilfe ist die psychosoziale Betreuung am Arbeitsplatz (s. § 33 Abs. 6, Ziff. 5 SGB IX), die vor allem der Unterstützung psychisch kranker Behinderter dient und vom psychosozialen Dienst der im Einzelfall örtlich zuständigen Kommune oder einer entsprechenden eigenen Einrichtung der AfA durchgeführt wird.

Der in **§ 101 Abs. 1 SGB IX** kommende *Appell an die Arbeitgeber* zur Beschäftigung schwerbehinderter Menschen findet materielle Anreize im Gesetz: die Arbeitgeber können Unterstützungsleistungen erhalten, wenn sie Ausbildungs- und Arbeitsplätze für Menschen mit Behinderungen einrichten. Einige Leistungen sollen beispielhaft genannt sein:

- der Zuschuss zur Ausbildungsvergütung schwerbehinderter Menschen gem. § 235 a Abs. 1 und 2 SGB III,
- der Eingliederungszuschuss bei der Übernahme eines schwerbehinderten Menschen in ein ordentliches Arbeitsverhältnis durch den Ausbildungs- oder einen anderen Betrieb, vgl. §§ 217 ff. SGB III,
- der Zuschuss bei der behindertengerechten Ausgestaltung von Ausbildungs- oder Arbeitsplätzen gem. § 237 SGB III.

5.2. Integrationsfachdienst

In der Vorschrift des **§ 110 SGB IX** sind die Aufgaben des Integrationsfachdienstes (IFD) detailliert aufgelistet.

Die **Adressaten** dieses arbeits- und berufsbegleitenden Fachdienstes sind vor allem ältere und langzeitarbeitslose Menschen; ferner auch nicht oder nur unzureichend qualifizierte oder besonders beeinträchtigte schwerbehinderte Menschen. Diese haben einen besonderen Unterstützungsbedarf an begleitender Betreuung bei der beruflichen Eingliederung.

Die **Aufgaben** des IFD haben gem. § 110 Abs. 1 SGB IX ihren Schwerpunkt darin, behinderten Menschen, die in der Teilhabe am Arbeitsleben beeinträchtigt sind, Unterstützung bei der Bewältigung von Problemen der Arbeitssuche oder auch am Arbeitsplatz zu geben (vgl. § 33 SGB IX).

Vom IFD sollen gem. **§ 110 Abs. 2 SGB IX** insbesondere

- Fähigkeiten von Schwerbehinderten bewertet und eingeschätzt werden (Erstellung eines Leistungs- und Interessenprofils),
- Unterstützungsleistungen der Agentur für Arbeit bei der Beratung und Berufsorientierung junger Behinderter gegeben werden,
- Betroffene auf den vorgesehenen Arbeitsplatz vorbereitet werden,
- Krisenintervention und psychosoziale Betreuung bei Bedarf geleistet werden,
- lernbehinderte, insbesondere seelisch behinderte Jugendliche in der betrieblichen Ausbildung begleitet werden, z.B. beim Übergang von der Sonderschule ins Arbeitsleben,
- Vorbereitungsmaßnahmen für behinderte Menschen zur Einübung auf einen vorgesehenen Arbeitsplatz geleistet werden, z.B. in Form einer beratenden Begleitung im beruflichen Praktikum,
- Vermittlungsgespräche zwischen dem Betrieb und dem Beschäftigten im Streitfall geführt werden,
- Unterstützung und Beratung bei Fragen, die im Zusammenhang mit Leistungen der Agentur für Arbeit stehen, in Form nachvollziehbarer Erklärungen gegeben werden.

Der Fachdienst soll ferner behinderten Menschen mit seelischen Erkrankungen zur Verfügung stehen, wenn diese am Arbeitsplatz in eine Problemlage geraten, weil

- aufgrund von Leistungsschwankungen die Bewältigung der Arbeitsaufgabe problematisch ist oder nicht geleistet wird,
- Kommunikationsprobleme mit den anderen Beschäftigten im Betrieb auftreten und
- weil eine Kündigung angedroht oder bereits erfolgt ist.

Der Fachdienst soll sich bei Kollegen/innen und der Betriebsleitung um Verständnis für die besondere, behinderungsbedingte Situation und die mit ihr im Zusammenhang stehenden persönlichen Probleme des behinderten Menschen bemühen.

Je nach Größe der zuständigen AfA wird ein Fachdienst unterhalten für die Vermittlung von schwerbehinderten Arbeitsuchenden und ein Fachdienst für die Betreuung schwerbehinderter Arbeitnehmer in den Betrieben. Die Mitarbeiter des IFD stehen in einer Rechtsbeziehung zu den schwerbehinderten Menschen, für die der IFD tätig wird. Aus dieser Beziehung bestehen für sie deshalb besondere, zivilrechtlich begründete Sorgfaltspflichten hinsichtlich der Beratung und Betreuung der behinderten Menschen.

Der IFD wird bei der Durchführung der gesetzlich festgeschriebenen Aufgaben im Auftrag der Bundesagentur für Arbeit tätig; er wird von einem freien Träger geführt. Die Betreuungs- und Vermittlungsarbeit des IFD wird von der AfA vergütet.

5.3. Integrationsprojekt

Im Folgenden sollen Zweck und Aufgaben des Integrationsprojekts (IP) iSv. § 132 SGB IX vertiefend dargestellt werden, weil diese Einrichtung sehr konstruktive Möglichkeiten in der beruflichen Rehabilitation behinderter Menschen bietet.

Das Integrationsprojekt ist eine organisatorisch selbständige Wirtschaftseinheit (quasi ein Unternehmen aus dem Dienstleistungssektor), deren Träger gem. § 72 SGB IX öffentliche und private Arbeitgeber sein können. Die betroffenen Behinderten können auch selbst ein IP begründen und die Aufgaben durchführen.

Die **Aufgabe** besteht in der Vermittlung und/oder Beschäftigung Schwerbehinderter auf dem allgemeinen Arbeitsmarkt. Die Vorbereitung für die Eingliederung in das normale Erwerbsleben findet statt in einer Werkstatt für Behinderte. Nach dem Verlassen des Arbeitsbereichs wird eine arbeitsbegleitende Betreuung eingerichtet, von der geprüft wird, ob und ggf. wann eine Maßnahme der Aus- oder Fortbildung für den behinderten Menschen realistisch, also mit Aussicht auf einen erfolgreichen Abschluss absolviert werden kann.

Die **Zielgruppe** schwerbehinderter Menschen ist in der Vorschrift des § 132 Abs. 2 SGB IX näher präzisiert:

Schwerbehinderte Menschen nach Absatz 1 sind insbesondere § 132 II SGB IX
1. schwerbehinderte Menschen mit geistiger oder seelischer Behinderung oder mit einer schweren Körper-, Sinnes- oder Mehrfachbehinderung, die sich im Arbeitsleben besonders nachteilig auswirkt und allein oder zusammen mit weiteren vermittlungshemmenden

> Umständen die Teilhabe am allgemeinen Arbeitsmarkt außerhalb
> eines Integrationsprojekts erschwert oder verhindert, [...]

Dazu zählen auch schwerbehinderte Menschen, die nach einer Vorbereitung in einer Werkstatt für Behinderte oder einer psychiatrischen Einrichtung auf den Übergang in das normale Erwerbsleben vorbereitet werden sollen und solche, die nach einer schulischen Ausbildung nur dann Chancen haben, auf dem allgemeinen Arbeitsmarkt eine Beschäftigung zu finden, wenn sie zuvor in einem Integrationsprojekt an einer berufsvorbereitenden Bildungsmaßnahme teilnehmen und dort beschäftigt und weiterqualifiziert werden. Grundsätzlich sollen Integrationsprojekte den schwerbehinderten Menschen in eine sozialversicherungspflichtige Arbeit führen, für die eine ortsübliche Entlohnung gezahlt wird.

Die *finanzielle Förderung* der Integrationsprojekte erfolgt durch die Agentur für Arbeit. Gem. § 134 SGB IX können Integrationsprojekte aus den Mitteln der Ausgleichsabgabe gefördert werden, wenn die Mittel für den Auf- und Ausbau, die betriebliche Modernisierung oder für eine betriebswirtschaftliche Beratung benötigt werden.

Wenn bei der Durchführung dieser Aufgaben ein besonderer Aufwand z.B. durch intensive arbeitsbegleitende Unterstützung, entsteht, der die Wettbewerbsfähigkeit des Unternehmens einschränkt, dann kann auch dafür ein finanzieller Ausgleich gezahlt werden.

Zudem stellt das Integrationsamt einem Integrationsunternehmen bei Bedarf Finanzmittel für eine qualifizierte betriebswirtschaftliche Beratung bereit.

5.4. Arbeitsassistenz

Zu dem Leistungstypus *begleitende Hilfen zur beruflichen Rehabilitation* behinderter Menschen gehört auch die Arbeitsassistenz, die ihre Regelung in **§ 102 Abs. 4 SGB IX** findet. Eine Arbeitsassistenz ist dann erforderlich, wenn der behinderte Arbeitnehmer auf sich allein gestellt die Arbeitsaufgabe nicht bewältigen könnte. Zweck dieser Unterstützungsleistung ist, der/dem behinderten Arbeitnehmer/-in die Teilhabe am Arbeitsleben dadurch zu erleichtern, dass sie/er eine Begleitung am Arbeitsplatz gestellt bekommt. Diese Begleitung durch Arbeitsassistenz hat insbesondere die Aufgabe, den behinderten Menschen in die Durchführung der Tätigkeit einzuüben.

Der Arbeitgeber, der diese Form der begleitenden Hilfe für einen schwerbehinderten Menschen in seinem Betrieb zur Verfügung stellt, hat gegen die AfA Anspruch auf Übernahme der Kosten für diese Integrationshilfe, vgl. § 33 Abs. 2, Ziff. 3 SGB IX.

6. Behinderung und Grundsicherung für Arbeitsuchende

Die Vorschriften des **SGB II** (in Kraft seit dem 1.1.2005) stellen ein Leistungsgesetz dar, das die sog. »Grundsicherung für Arbeitsuchende« bezweckt. Die Lesart dieses Gesetzes erscheint zunächst verwirrend, weil das SGB II Regelungselemente des SGB III und des SGB XII miteinander vermischt.

Der **Zweck** der Vorschriften dieses Gesetzes ist darin zu sehen, erwerbsfähige und arbeitsuchende Hilfebedürftige zu dem Zweck zu fördern und zu unterstützen, dass sie ihren Lebensunterhalt soweit als möglich aus eigenen Kräften durch eine Erwerbstätigkeit bestreiten können.

Entsprechend heißt es in **§ 1 Abs. 1, S. 2 SGB II**:

> Die Grundsicherung [... S. 2 ...] soll erwerbsfähige Hilfebedürftige bei der Aufnahme oder Beibehaltung einer Erwerbstätigkeit unterstützen und den Lebensunterhalt sichern, soweit sie ihn nicht auf andere Weise bestreiten können. [...]

§ 1 I SGB II

Merke: Die Verknüpfung von Leistungen der Arbeitsförderung mit Leistungen der Sozialhilfe geht deutlich erkennbar aus dem Wortlaut hervor. Das im Sozialhilferecht vorherrschende Prinzip des Nachrangs von Unterstützungsleistungen (vgl. § 19 SGB XII) ist ebenfalls klar herausgestellt. Bedürftige Personen sollen in die Lage versetzt werden, sich den eigenen Lebensunterhalt möglichst durch eigene Erwerbstätigkeit und unabhängig von den Leistungen der Sozialhilfe zu beschaffen.

Vgl. Kapitel »Leistungen zur sozialen Eingliederung für behinderte Menschen«, 3.1.

6.1. Behinderte Menschen als Adressaten

Auch Menschen mit Behinderungen sind Adressaten des SGB II, sofern sie arbeitsuchend sind, aber wegen Arbeitslosigkeit oder nur noch eingeschränkt vorhandener Erwerbsfähigkeit nicht mehr ausreichend für den eigenen Lebensunterhalt sorgen können.

Nach **§ 8 Abs. 1 SGB II** sind alle Personen, die gesundheitlich in der Lage sind, zumindest 3 Stunden täglich auf dem allgemeinen Arbeitsmarkt einer Arbeit gegen Bezahlung nachgehen zu können, als erwerbsfähig anzusehen. Ein Mensch, der trotz behinderungsbedingter Beeinträchtigung eine Arbeitsleistung von jedenfalls diesem zeitlichen Umfang zu erbringen vermag, ist demnach grundsätzlich verpflichtet, eine Arbeit in dem ihm zumutbaren Umfang anzunehmen und auszuüben.

6.2. Aufgabe der Grundsicherung und Ziele der Leistungen

Mit Blick auf behinderte Menschen wird die Aufgabe der Leistungen in der Vorschrift des **§ 1, Abs. 1, S. 4, Ziff. 5 SGB II** zum Ausdruck gebracht:

§ 1 I SGB II

... Die Leistungen der Grundsicherung sind insbesondere darauf auszurichten, dass [...]
5. behindertenspezifische Nachteile überwunden werden.

Das *Ziel* der Leistungen zur Grundsicherung nach dem SGB II ist die Beendigung oder Verringerung der Hilfebedürftigkeit durch Eingliederung in das Arbeitsleben, vgl. **§ 2 Abs. 1 SGB II**:

§ 2 I SGB II

Erwerbsfähige Hilfebedürftige und die mit ihnen in einer Bedarfsgemeinschaft lebenden Personen müssen alle Möglichkeiten zur Beendigung oder Verringerung ihrer Hilfebedürftigkeit ausschöpfen. Der erwerbsfähige Hilfebedürftige muss aktiv an allen Maßnahmen zu seiner Eingliederung in Arbeit mitwirken, insbesondere eine Eingliederungsvereinbarung abschließen. Wenn eine Erwerbstätigkeit auf dem allgemeinen Arbeitsmarkt in absehbarer Zeit nicht möglich ist, hat der erwerbsfähige Hilfebedürftige eine ihm angebotene zumutbare Arbeitsgelegenheit zu übernehmen.

6.3. Leistungsarten

Zu den vom Gesetz als Handlungsinstrumentarium zur Verfügung gestellten Leistungsarten macht die Vorschrift des **§ 4 SGB II** folgende Angaben:

§ 4 I SGB II

Die Leistungen der Grundsicherung für Arbeitsuchende werden in Form von
1. Dienstleistungen, insbesondere durch Information, Beratung und umfassende Unterstützung durch einen persönlichen Ansprechpartner mit dem Ziel der Eingliederung in Arbeit,
2. Geldleistungen, insbesondere zur Eingliederung der erwerbsfähigen Hilfebedürftigen in Arbeit und zur Sicherung des Lebensunterhalts der erwerbsfähigen Hilfebedürftigen und der mit ihnen in einer Bedarfsgemeinschaft lebenden Personen, und
3. Sachleistungen

erbracht.

Grundsicherung und Eingliederung in Arbeit

Die Leistungen zur Grundsicherung nach dem SGB II bestehen zum einen aus den Leistungen zur Eingliederung in Arbeit, siehe **§ 16 SGB II**. Diese Vorschrift verweist auf die allgemeinen und die besonderen

Leistungen zur Förderung der Teilhabe behinderter Menschen, also auf die Beratungs-, Vermittlungs- sowie die Aus- und Fortbildungsleistungen gem. §§ 97 ff. SGB III.

Zum anderen stellen sich die Leistungen gem. **§§ 19 ff. SGB II** als Leistungen zur Sicherung des Lebensunterhalts dar. Diese werden einschließlich der angemessenen Kosten für Unterkunft und Heizung gezahlt; zudem wird gem. § 24 SGB II noch ein monatlichen Zuschlag innerhalb von zwei Jahren nach dem Ende des Bezugs von Arbeitslosengeld gewährt.

Die Leistungen zur Sicherung des Lebensunterhalts nach dem SGB II sind gemäß ihrer Rechtsnatur also Leistungen der *Sozialhilfe* nach den Vorschriften des SGB XII. Das ergibt ganz deutlich die Regelung des **§ 19 Satz 2 SGB II**:

Das zu berücksichtigende Einkommen und Vermögen mindert die Geldleistungen der Agentur für Arbeit; soweit Einkommen und Vermögen darüber hinaus zu berücksichtigen ist, mindert es die Geldleistungen der kommunalen Träger.

Die Nähe zu den Leistungen der Sozialhilfe nach dem SGB XII kommt ebenfalls zum Ausdruck in der Vorschrift des **§ 3, Abs. 3 SGB II**:

Leistungen zur Sicherung des Lebensunterhalts dürfen nur erbracht werden, soweit die Hilfebedürftigkeit nicht anderweitig beseitigt werden kann.

Hier wird der sozialhilferechtliche Grundsatz des Nachrangs von Leistungen deutlich. Arbeitslosengeld II wird also nur gezahlt, soweit kein Anspruch auf Geldleistungen gegen andere besteht, wie es z.B. der Fall ist bei Ansprüchen auf Unterhalt oder eine Rente wegen Minderung der Erwerbsfähigkeit.

Zuständig für die Leistungen zur Grundsicherung sind die AfA und die örtlichen Träger der Sozialhilfe – das ergibt sich aus der Vorschrift des **§ 6 Abs. 1 SGB II**, die wie folgt bestimmt:

Träger der Leistungen nach diesem Buch sind:

1. die Bundesagentur für Arbeit (Bundesagentur), soweit Nummer 2 nichts Anderes bestimmt,
2. die kreisfreien Städte und Kreise für die Leistungen nach § 16 Abs. 2 Satz 2 Nr. 1 bis 4, § 22 und § 23 Abs. 3 [...] (kommunale Träger).

Margin notes:
- Grundsicherung und Sozialhilfe
- § 19 S. 2 SGB II
- § 3 III SGB II
- Die Leistungen der Sozialhilfe sind besprochen in Kapitel »Leistungen zur sozialen Eingliederung für behinderte Menschen«, 3.
- Zuständigkeit
- § 6 I 1 SGB II

6.4. Voraussetzungen für den Bezug von Leistungen

Die Voraussetzungen für den Bezug von Leistungen zur Grundsicherung sind in **§ 7 SGB II** im Einzelnen geregelt.

Nach Abs. 1 der Vorschrift muss die betreffende Person erwerbsfähig, hilfebedürftig und nicht mehr schulpflichtig sein.

Bedarfsgemeinschaft

Eine abgeleitete Berechtigung zum Bezug der Leistungen haben gemäß § 7 Abs. 2 SGB II diejenigen, die mit dem bezugsberechtigten Antragsteller in einer Bedarfsgemeinschaft leben; dabei handelt es sich im Regelfall um den Ehepartner bzw. den Menschen, mit dem der bezugsberechtigte Antragsteller einen gemeinsamen Haushalt führt.

In § 7 Abs. 3 SGB II sind die in Betracht kommenden Personen konkret genannt – es handelt sich in der Regel um eine Familie und dazugehörige Verwandte, die in einem Haushalt leben und gemeinsam wirtschaften.

In **§ 8 Abs. 1 SGB II** ist der Begriff Erwerbsfähigkeit definiert – danach ist erwerbsfähig,

§ 8 I SGB II

> [...] wer nicht wegen Krankheit oder Behinderung auf absehbare Zeit außerstande ist, unter den üblichen Bedingungen des allgemeinen Arbeitsmarktes mindestens drei Stunden täglich erwerbstätig zu sein.

In **§ 9 SGB II** ist bestimmt, dass hilfebedürftig ist,

§ 9 I SGB II

> [...] wer seinen Lebensunterhalt, seine Eingliederung in Arbeit und den Lebensunterhalt der mit ihm in einer Bedarfsgemeinschaft lebenden Personen nicht oder nicht ausreichend aus eigenen Kräften und Mitteln, vor allem nicht
> 1. durch Aufnahme einer zumutbaren Arbeit,
> 2. aus dem zu berücksichtigenden Einkommen oder Vermögen
>
> sichern kann und die erforderliche Hilfe nicht von anderen, insbesondere von Angehörigen oder von Trägern anderer Sozialleistungen erhält.

eingeschränkte Erwerbsfähigkeit

Wie andere Menschen ohne Beschäftigung müssen sich auch Menschen, die behinderungsbedingt nur eingeschränkt erwerbsfähig iSv. **§ 8 Abs. 1 SGB II** sind, arbeitslos melden, den Vermittlungsbemühungen der Agentur für Arbeit zur Verfügung stehen und eine Eingliederungsvereinbarung mit der Agentur für Arbeit schließen, wenn sie die Leistungen der Arbeitsförderung in Anspruch nehmen wollen – vgl. § 15 SGB II iVm. § 35 Abs. 4 SGB III und §§ 118, 119 SGB III.

Die Eingliederungsvereinbarung verpflichtet den arbeitsuchenden behinderten Menschen, konkrete Eigenbemühungen zu unternehmen, um eine Beschäftigung zu finden. Kommt jemand dieser Mitwirkungspflicht nicht nach, können gem. § 31 SGB II Sanktionen verhängt werden (Absenkung oder Wegfall des Arbeitslosengeldes II; vgl. dazu auch §§ 60 ff. SGB I).

Merke: Soziale Einschränkungen wie die in § 16 Abs. 2 SGB II genannten, also Kindererziehung, Angehörigenpflege, Schreib- und Sprachdefizite, Wohnungs- bzw. Obdachlosigkeit und selbst eine Behinderung, reichen nicht, um die Erwerbsfähigkeit iSv. § 8 SGB II auszuschließen. Vielmehr soll sich die AfA in diesen Problemlagen bemühen, dem betroffenen Menschen eine Erwerbstätigkeit zu vermitteln.

Wird von einem Menschen mit Behinderung die Befähigung selbst zu eingeschränkter Erwerbstätigkeit bestritten, muss das Gutachten eines sachverständigen Arztes eingeholt werden. Davon sieht die zuständige Agentur für Arbeit nur ab, wenn von dem betreffenden Menschen aussagekräftige Gutachten und Diagnosen, die neueren Datums sind, vorgelegt werden können.

Die **Rechtsfolge** aus § 8 SGB II ist, dass auch körperlich, geistig oder seelisch behinderte Menschen mit eingeschränkter Erwerbsfähigkeit grundsätzlich verpflichtet sind, den Vermittlungsbemühungen der AfA zur Verfügung zu stehen und grundsätzlich auch auf deren Arbeitsangebote einzugehen, d.h. grundsätzlich müssen sie eine nachgewiesene Beschäftigung annehmen.

Angesichts der schlechten Vermittlungsmöglichkeiten auf dem Arbeitsmarkt stellt sich die Frage, ob der behinderte Hilfebedürftige jedes Arbeitsangebot der AfA annehmen muss. Hier ist der Begriff zumutbare Arbeit iSv. **§ 10 SGB II** näher zu erörtern; im Einzelfall wird von der AfA geprüft, ob eine geltend gemachte Unzumutbarkeit rechtlich anzuerkennen ist oder nicht.

zumutbare Arbeit

Merke: Durch die Rechtsprechung ist als *sonstiger wichtiger Grund*, der eine Arbeitsaufnahme *unzumutbar* machen kann, die Teilnahme an einer qualifizierten Schul- oder Berufsausbildung anerkannt. Das ist einleuchtend, denn mit einem Ausbildungsabschluss erhöhen sich die Vermittlungschancen auf dem allgemeinen Arbeitsmarkt.

7. Wiederholungsfragen und -aufgaben

1. Welchem Zweck dienen die Leistungen der Arbeitsförderung? Beziehen sie sich bei der Antwort auf das Gesetz. Lösung S. 62
2. Welche Förderformen sind für Menschen mit Behinderungen als besondere Leistungen der Teilhabe am Arbeitsleben bereitgestellt? Lösung S. 68 ff.
3. Welche Vorschrift stellt die Anspruchgrundlage der besonderen Leistungen zur Teilhabe am Arbeitsleben für behinderte Menschen dar? Lösung S. 69
4. Welche Voraussetzungen müssen gegeben sein, damit die Berufsausbildung eines behinderten Menschen gefördert werden kann? Lösung S. 76 f.
5. Beschreiben sie unter Bezugnahme auf das Gesetz die Zwecke von Übergangs- und Ausbildungsgeld! Lösung S. 80 ff.
6. Benennen sie Aufgaben und Zweck der WfB unter Bezug auf die einschlägigen Vorschriften im SGB IX! Lösung S. 84 ff.
7. Welche Leistungsansprüche können während des Aufenthalts in einer WfB geltend gemacht werden? Lösung S. 87 ff.
8. Benennen Sie die Voraussetzungen für den Bezug von Leistungen zur Grundsicherung für einen behinderten Menschen! Lösung S. 98 ff.

Leistungen zur Gesundheitsversorgung und bei Pflegebedürftigkeit

1. Leistungen zur Gesundheitsversorgung und Krankenbehandlung   102
2. Anspruchsgrundlage   104
3. Leistungsspektrum   107
4. Das sozialrechtliche Leistungsverhältnis bei Krankenbehandlung   111
5. Leistungen zur Früherkennung und Frühförderung   113
6. Die Leistungen der Pflegeversicherung nach SGB XI   116
7. Sozialrechtliches Leistungsverhältnis   128
8. Wiederholungsfragen und -aufgaben   130

Dieses Kapitel schildert zunächst die Leistungen zur Gesundheitsversorgung und der medizinischen Rehabilitation – anschließend werden die Leistungen für pflegebedürftige Menschen nach den Grundsätzen und Vorschriften der gesetzlichen Pflegeversicherung besprochen.

1. Leistungen zur Gesundheitsversorgung und Krankenbehandlung

Die Leistungen zur medizinischen Rehabilitation behinderter Menschen sind in den **§§ 26–31 SGB IX** sehr detailliert bezeichnet. Diese Vorschriften regeln den Umfang der von den zuständigen Trägern im Bedarfsfall zu erbringenden Leistungen zur gesundheitlichen Wiederherstellung und Wiederbefähigung.

Die Zuständigkeit für die Erbringung dieser Leistungen ergibt sich aus § 21 Abs. 2 SGB I – danach sind die Orts-, Betriebs- und die weiteren in der Vorschrift genannten Kranken- und Ersatzkassen für die Leistungen der Gesundheitsversorgung und Krankenbehandlung zuständig.

Die Regelungen im SGB IX nehmen konkret Bezug auf die Leistungen, die im Regelungsbereich der gesetzlichen Krankenversicherung durch die Vorschriften der **§§ 27 ff. SGB V** für den Fall eines Bedarfs an medizinischer Behandlung und Versorgung zur Verfügung gestellt sind; sie konkretisieren den behinderungsspezifischen Behandlungs- und Versorgungsbedarf.

1.1. Zielstellungen des SGB V

Die Zielstellungen der gesetzlichen Krankenversicherung nach dem SGB V lassen sich schlagwortartig benennen wie folgt:

- Erhaltung, Besserung, Wiederherstellung von Gesundheit – vgl. § 1, S. 1 SGB V,
- Vermeidung von Behinderung – vgl. § 11 Abs. 1, Ziff. 2 SGB V,
- Beachtung der Belange behinderter und chronisch kranker Menschen – vgl. § 2 a SGB V,
- Beachtung des Gebots der Wirtschaftlichkeit (d.h.: Vorrang kostengünstiger Leistungen, wenn diese zum gleichen Erfolg wie kostenintensivere Maßnahmen führen) – vgl. § 2 Abs. 4 und § 12 SGB V,
- Einhaltung eines dem Stand der medizinischen Erkenntnis entsprechenden Qualitätsniveaus der Leistungen – vgl. § 2 Abs. 1, S. 3 SGB V,

- ausreichende medizinische Versorgung unter Beachtung eines zeitgemäßen Standards der Leistungen im Einzelnen – vgl. § 72 SGB V.

1.2. Zielstellungen im SGB IX

Diese Zielstellungen gelten gleichermaßen für die im SGB IX genannten, speziell auf die Bedürfnisse behinderter Menschen ausgerichteten Leistungen. Eine Konkretisierung der Ziele kommt in der Vorschrift des **§ 26 Abs. 1 SGB IX** zum Ausdruck:

Zur medizinischen Rehabilitation behinderter und von Behinderung bedrohter Menschen werden die erforderlichen Leistungen erbracht, um 1. Behinderungen einschließlich chronischer Krankheiten abzuwenden, zu beseitigen, zu mindern, auszugleichen, eine Verschlimmerung zu verhüten oder 2. Einschränkungen der Erwerbsfähigkeit und Pflegebedürftigkeit zu vermeiden, zu überwinden, zu mindern, eine Verschlimmerung zu verhüten sowie den vorzeitigen Bezug von laufenden Sozialleistungen zu vermeiden oder laufende Sozialleistungen zu mindern.	§ 26 I SGB IX

2. Anspruchsgrundlage

Die Anspruchsgrundlage für alle Arten von **Leistungen zur Krankenbehandlung** bildet die Vorschrift des **§ 27 SGB V**:

§ 27 I SGB V

Versicherte haben Anspruch auf Krankenbehandlung, wenn sie notwendig ist, um eine Krankheit zu erkennen, zu heilen, ihre Verschlimmerung zu verhüten oder Krankheitsbeschwerden zu lindern. Die Krankenbehandlung umfaßt

1. Ärztliche Behandlung einschließlich Psychotherapie als ärztliche und psychotherapeutische Behandlung,
2. zahnärztliche Behandlung,
2a. Versorgung mit Zahnersatz einschließlich Zahnkronen und Suprakonstruktionen,
3. Versorgung mit Arznei-, Verband-, Heil- und Hilfsmitteln,
4. häusliche Krankenpflege und Haushaltshilfe,
5. Krankenhausbehandlung,
6. Leistungen zur medizinischen Rehabilitation und ergänzende Leistungen. [...]

Die Anspruchsgrundlage für Leistungen zur **medizinischen Rehabilitation**, die auf eine Vermeidung von Behinderung und ihrer Folgen abzielen, formuliert **§ 11 Abs. 2 SGB V**:

§ 11 II SGB V

Versicherte haben auch Anspruch auf Leistungen zur medizinischen Rehabilitation sowie auf unterhaltssichernde und andere ergänzende Leistungen, die notwendig sind, um eine Behinderung oder Pflegebedürftigkeit abzuwenden, zu beseitigen, zu mindern, auszugleichen, ihre Verschlimmerung zu verhüten oder ihre Folgen zu mildern. [...]

2.1. Anspruchsberechtigung

Das Recht, einen Anspruch auf Leistungen der gesetzlichen Krankenversicherung zu stellen, haben alle Menschen, die **Mitgliedschaft** bei einem der in § 21 Abs. 2 SGB I genannten Leistungsträger besitzen. Nachstehend sind einige Personengruppen beispielhaft genannt:

Gem. **§ 5 Abs. 1, Ziff. 1 SGB V** sind alle Menschen, die in einem Ausbildungs- oder Beschäftigungsverhältnis stehen, in der gesetzlichen Krankenversicherung pflichtversichert. Nach Ziff. 2 und 2 a dieser Vorschrift gilt das auch für alle Personen, die beschäftigungslos sind und sich arbeitslos gemeldet haben.

Ferner sind gem. **§ 5 Abs. 1, Ziff. 7 SGB V** Menschen mit Behinderungen, die in einer WfB tätig sind, pflichtversichert. Dasselbe gilt nach **§ 5 Abs. 1, Ziff. 8 SGB V** für behinderte Menschen, die in Anstalten, Heimen oder gleichartigen Einrichtungen in gewisser Regelmäßigkeit eine Leistung erbringen, die ein Fünftel der Leistung eines voll erwerbsfähigen Beschäftigten entspricht.

Nach **§ 10 Abs. 2 SGB V** besteht die Mitgliedschaft auch für Familienmitglieder des Versicherten. Danach sind Kinder der versicherten Person gegen das Risiko Krankheit mitversichert. Das gilt solange, wie sie noch minderjährig sind und solange sie sich in einer Ausbildung befinden.

Nach **§ 10 Abs. 2, Ziff. 4 SGB V** ist ein Mensch mit behinderungsbedingter Beeinträchtigung auch über die Volljährigkeitsgrenze hinaus familienversichert, wenn sie/er aufgrund ihrer/seiner behinderungsbedingten Gesundheitsverfassung sich nicht allein unterhalten kann und die Behinderung bereits vorgelegen hat, als sie/er noch nicht volljährig war.

2.2. Antrag

Wie für den Bezug anderer Sozialleistungen auch, besteht für die Leistungen zur Gesundheitsversorgung das Antragserfordernis, d.h.: es muss ein Antrag gestellt werden, wenn jemand eine medizinische Leistung erhalten möchte – s. § 16 SGB I.

Rechtlich betrachtet wird bei einem Arztbesuch der Antrag in der Weise gestellt, dass die/der Patient/in die Krankenversichertenkarte vorlegt. Wird die Karte nicht eingereicht, so ist die/der behandelnde Ärztin/Arzt berechtigt, dem Patienten die Behandlungskosten mittels einer Privatrechnung für den Fall abzuverlangen, dass die Karte trotz wiederholter Mahnung nicht vorgelegt wird.

2.3. Zugelassene Leistungen und Behandlungsbedarf

Die Leistungen zur Gesundheitsversorgung und Krankenbehandlung müssen versicherungsrechtlich geregelt sein. Es muss sich um zugelassene, also von der Krankenkasse anerkannte Leistungen handeln, damit sie kostenfrei bzw. zu den von der Kasse festgesetzten Gebühren beansprucht werden können. Das heißt: die im Einzelfall zuständige Krankenkasse trägt nur die Kosten der Leistungen, die im Gesetz benannt und aufgrund ärztlicher Verschreibung oder Anordnung bezogen werden, abzüglich des vom Leistungsempfänger zu tragenden Selbstkostenanteils.

Voraussetzung für Leistungen zur Behandlung von Krankheit ist das Bestehen einer **Bedarfssituation**. Das bedeutet: Der Zustand des

Vgl. Kapitel »Behindertenrecht und Sozialrecht«, Pkt. 3.1.

Krankseins macht eine ärztliche Intervention (Behandlung) und ggf. die Verschreibung weiterer Behandlungsmaßnahmen erforderlich.

Beispiel: *Alf stürzt beim Schlittschuhlaufen und fällt auf den Hinterkopf; bald stellen sich schlimme Kopfschmerzen ein. Der Arzt diagnostiziert eine Gehirnerschütterung und verordnet Bettruhe. Hier besteht ein Behandlungsbedarf, weil die Erstellung einer Diagnose und zustandsverbessernde Anweisungen des Arztes, also eine ärztliche Behandlung, erforderlich sind.*

3. Leistungsspektrum

Im SGB IX wird – wie im SGB V – bei den Leistungen zur Gesundheitsversorgung grundsätzlich unterschieden zwischen

a) **Leistungen** zur **Prävention**, siehe § 26 Abs. 2 SGB IX iVm. § 11 Abs.1 SGB V und §§ 20–26 SGB V,

b) **Untersuchungen** zur **Früherkennung** von Krankheiten gem. §§ 25, 26 SGB V,

c) **Leistungen** zur **Krankenbehandlung** (ambulant und stationär), siehe § 26 Abs. 2 iVm. § 27 SGB IX und §§ 27–52 SGB V,

d) **Maßnahmen** zur **Rehabilitation**, § 26 Abs. 2 SGB IX iVm. § 27 Abs. 1, Ziff. 6 SGB V und §§ 40 ff. SGB V iVm. § 27 SGB IX,

e) **Arznei-, Verbands-, Heil-** und **Hilfsmittel**, §§ 31, 32 und 33 SGB V. In § 34 SGB V sind die »ausgeschlossenen Arznei-, Heil- und Hilfsmittel« bezeichnet, die nicht von der Krankasse getragen werden, z.B. Mund- und Rachentherapeutika (ausgenommen bei Pilzinfektionen), Arzneimittel zur Anwendung bei Erkältungskrankheiten, Schnupfenmittel, hustenlösende Mittel usw.

In den Vorschriften des **§ 26 Abs. 2 und Abs. 3 SGB IX** werden auf den spezifischen Bedarf behinderter Menschen zugeschnittene Leistungsformen detailliert aufgelistet wie z.B.

- Psychotherapie als ärztliche und psychotherapeutische Behandlung,
- Belastungserprobung und Arbeitstherapie,
- Medizinische, psychologische und pädagogische Hilfen,
- Hilfen bei Krankheits- und Behinderungsverarbeitung,
- Hilfen zur seelischen Stabilisierung und zur Förderung der sozialen Kompetenz und Training lebenspraktischer Fähigkeiten,
- Training lebenspraktischer Fähigkeiten.

3.1. Prävention

Der Begriff der Prävention ist im Gesetz nicht konkret definiert. Unter Prävention sind Maßnahmen zu verstehen, die unerwünschten Gesundheitszuständen vorbeugen sollen. In **§ 11 Abs. 1 Ziff. 2 SGB V** ist entsprechend von der *Verhütung* und *Früherkennung* von Krankheiten die Rede.

Die Bedeutung präventiver Maßnahmen der Gesundheitsversorgung zur Vermeidung des Eintritts von Behinderung findet Ausdruck in **§ 3 SGB IX**:

§ 3 SGB IX — Die Rehabilitationsträger wirken darauf hin, dass der Eintritt einer Behinderung einschließlich einer chronischen Krankheit vermieden wird.

Begrifflich wird unterschieden zwischen

- *Primärprävention* – sie richtet sich an den gesunden Menschen und meint Maßnahmen zu seiner Gesundheitserhaltung (insbes. Vorsorge- und Kontrolluntersuchungen),
- *Sekundärprävention* – bereits vorhandene Erkrankungen sollen frühzeitig, möglichst noch im vorklinischen Stadium, therapiert werden,
- *Tertiärprävention* – sie soll Folgeschäden einer bereits vorhandenen Krankheit verhüten, also deren Verschlimmerung oder Rückfälle und den Eintritt von Behinderung vermeiden.

Eine Reihe medizinischer Präventionsmaßnahmen stellt die Krankenversicherung kostenfrei zur Verfügung. Weitere Präventionsmaßnahmen sind sog. *Muss-Leistungen* – wenn ein Arzt ihre Notwendigkeit attestiert, ist die gesetzliche Krankenversicherung verpflichtet, die Kosten zu tragen.

Wegen der Bedeutung präventiver Maßnahmen in der Gesundheitsversorgung soll der *Begriff Prävention* mit Beispielen aus dem Gesetz betreffend Leistungen mit präventiver Intention inhaltlich näher umrissen werden:

- die Vorschrift des **§ 20 SGB V** benennt in ihrem Abs. 1, S. 2 die medizinischen Leistungen zur Primärprävention, die zur Verfügung gestellt sind, um den allgemeinen Gesundheitszustand zu verbessern und einen Beitrag zur Verminderung sozial bedingter Ungleichheit von Gesundheitschancen zu erbringen;
- der Zweck der medizinischen Vorsorgeleistungen iSv. **§ 23 Abs. 1, S. 1 SGB V** liegt darin, eine Schwächung der Gesundheit zu beseitigen wie es auch bei den Vorsorgekuren gem. **§ 24 SGB V** der Fall ist;
- in **§ 25 SGB V** sind die Gesundheitsuntersuchungen zur Früherkennung bezeichnet. Sie bestehen aus Vorsorgeuntersuchungen, deren versicherungsrechtliche Voraussetzungen für den Leistungsbezug in dieser Vorschrift im Einzelnen genannt werden. Beispielsweise haben Versicherte mit einem Lebensalter ab 50 Jahren aufwärts jedes zweite Jahr Anspruch auf eine Untersuchung zur Früherkennung von Herz-Kreislauf- und Nieren- sowie Zuckererkrankungen. Zu weiteren Einzelheiten ist die Vorschrift im Wortlaut zu lesen;
- in **§ 26 SGB V** ist für Kinder bis einschließlich des 6. Lebensjahres ein Anspruch auf Untersuchung zur Früherkennung von

Krankheiten, die ihre geistige und körperliche Entwicklung gefährden können, vorgesehen.

3.2. Arten der Krankenbehandlung

Die Arten der Krankenbehandlung sind in den Vorschriften der §§ 27–34 sowie §§ 37–40 SGB V geregelt.

Grundsätzlich ist zu unterscheiden zwischen einer medizinischen Intervention zur Krankenbehandlung und Maßnahmen der medizinischen Rehabilitation. Die erstgenannte wird geleistet in Fällen akuten Behandlungsbedarfs; Maßnahmen der gesundheitlichen Rehabilitation hingegen erfolgen zum Zweck der Besserung einer Gesundheitsstörung, deren Auswirkungen über das Ende der akuten Erkrankung hinausgehen und mit der Rehabilitationsbehandlung beseitigt werden sollen.

In **§ 27 Abs. 1 SGB V** sind die einzelnen Behandlungsmaßnahmen dargelegt. Der Leistungskatalog umfasst die ärztliche Behandlung, Psychotherapie, die Versorgung mit Verband-, Heil- und Hilfsmitteln, die Krankenhausbehandlung und auch die Leistungen zur medizinischen Rehabilitation.

Besonders hervorgehoben ist in § 27 Abs. 1, S. 3 SGB V, dass bei der *Behandlung psychisch Kranker* den besonderen Bedürfnissen dieser Behinderten, die mit einer Beeinträchtigung ihrer seelischen Gesundheit leben müssen, Rechnung zu tragen ist.

Die medizinische Intervention ist als ärztliche Behandlung in **§ 28 Abs. 1 SGB V** zum Ausdruck gebracht:

Die ärztliche Behandlung umfaßt die Tätigkeit des Arztes, die zur Verhütung, Früherkennung und Behandlung von Krankheiten nach den Regeln der ärztlichen Kunst ausreichend und zweckmäßig ist. Zur ärztlichen Behandlung gehört auch die Hilfeleistung anderer Personen, die von dem Arzt angeordnet und von ihm zu verantworten ist.	**§ 28 I SGB V**

Hinsichtlich der Leistungen zur medizinischen Rehabilitation ist in **§ 40 SGB V** ausgeführt:

Maßnahmen zur gesundheitlichen Rehabilitation

Reicht bei Versicherten eine ambulante Krankenbehandlung nicht aus, um die in § 11 Abs. 2 beschriebenen Ziele zu erreichen, kann die Krankenkasse aus medizinischen Gründen erforderliche ambulante Rehabilitationsleistungen in Rehabilitationseinrichtungen, für die ein Versorgungsvertrag nach § 111 besteht, oder, soweit dies für eine bedarfsgerechte, leistungsfähige und wirtschaftliche Versorgung der Versicherten mit medizinischen Leistungen ambulanter Rehabilitation erforderlich ist, in wohnortnahen Einrichtungen erbringen.	**§ 40 I SGB V**

Antragsverfahren

Eine Rehabilitationsmaßnahme ist als Leistung zur Krankenbehandlung antragsbedürftig. Die Zuständigkeitsklärung und die Fristen im Antragsverfahren ergeben sich aus **§ 14 SGB IX**. Die Vorschrift führt in Abs. 1 aus:

§ 14 I SGB IX

> Werden Leistungen zur Teilhabe beantragt, stellt der Rehabilitationsträger innerhalb von zwei Wochen nach Eingang des Antrages bei ihm fest, ob er nach dem für ihn geltenden Leistungsgesetz für die Leistung zuständig ist; [...] Stellt er bei der Prüfung fest, dass er für die Leistung nicht zuständig ist, leitet er den Antrag unverzüglich dem nach seiner Auffassung zuständigen Rehabilitationsträger zu. [...]

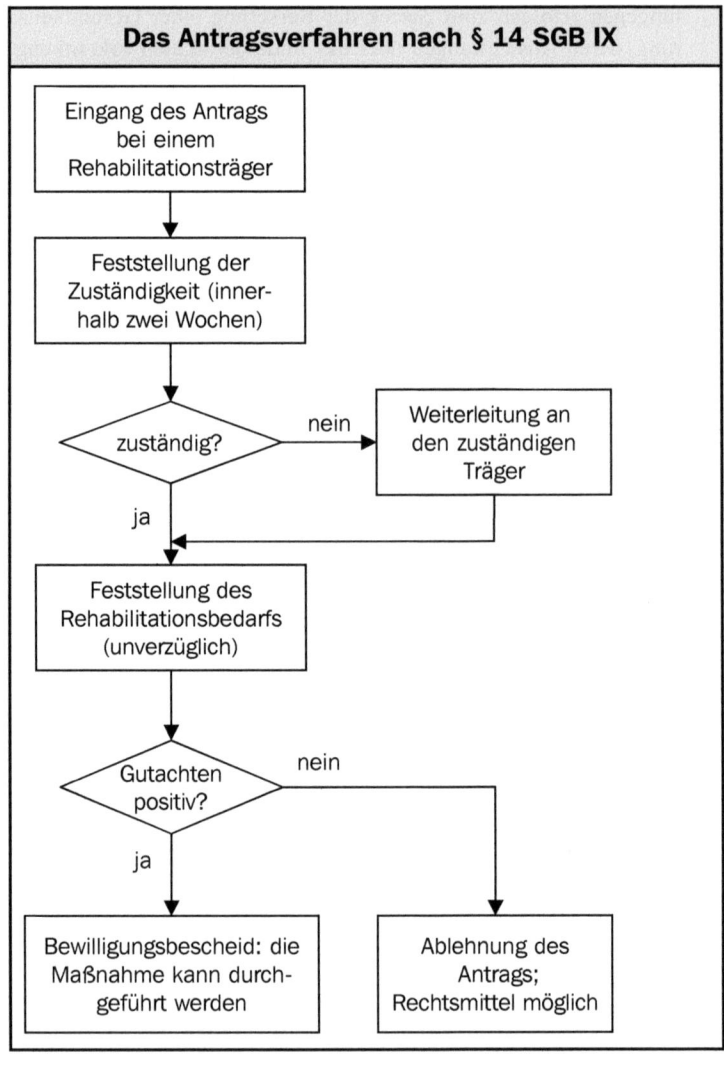

4. Das sozialrechtliche Leistungsverhältnis bei Krankenbehandlung

Die Leistungen zur Gesundheitsversorgung werden ambulant oder stationär erbracht. Zwischen den Beteiligten erwachsen Rechtsbeziehungen, die von gegenseitigen Rechten und Pflichten gekennzeichnet sind. Diese sollen in der Folge kurz dargestellt werden.

4.1. Beteiligte

Die Beteiligten im Leistungsfall Krankenbehandlung sind

a) das behandlungsbedürftige Versicherungsmitglied,

b) das behandelnde ärztliche und sonstige medizinische Personal,

c) die zuständige Krankenversicherung.

Die Rechtsbeziehungen zwischen den Beteiligten bei der Krankenbehandlung stellen das *sozialrechtliche Leistungsverhältnis* dar, das sich im Behandlungsverhältnis realisiert.

4.2. Rechtsbeziehungen im Behandlungsverhältnis

Im **ambulanten** Behandlungsverhältnis sind die Beteiligten

a) die leistungsverpflichtete Krankenkasse – sie hat dafür Sorge zu tragen, dass die erforderlichen Leistungen bereitstehen;

b) der/die leistungsberechtigte Patient/in – er/sie ist verpflichtet, alle gesundheitserhaltenden und -verbessernden Anordnungen von ärztlicher Seite zu befolgen;

c) der/die behandelnde Arzt/Ärztin und das medizinische Personal – diese sind verpflichtet, die Behandlung unter Beachtung aller professionellen Sorgfalt vorzunehmen.

Im **stationären** Behandlungsverhältnis sind die Beteiligten

a) die leistungsverpflichtete Krankenkasse – sie hat dafür zu sorgen, dass medizinische Behandlung und pflegerische Betreuung im Sinne zeitgemäßer Standards gewährleistet sind – die Krankenkasse ist gem. § 135 a SGB V zur Sicherung und Weiterentwicklung der Qualität der Leistungen verpflichtet,

b) der leistungsberechtigte Patient,

c) das medizinische Personal der Krankenhauseinrichtung, in der die Behandlung durchgeführt wird (Ärzte, therapeutisches Personal),

d) das betreuende Personal (Schwestern, Pfleger).

Die Beteiligten stehen zueinander in rechtlichen Beziehungen, die durch gegenseitige Rechte und Pflichten gekennzeichnet sind. Ärzte und Therapeuten müssen die Regeln professioneller Berufsausübung beachten – die Ärzte sind darüber hinaus dem »Eid des Hippokrates« (Handeln nach bestem Wissen und Gewissen im Dienst des Wohls der Patienten) verpflichtet. Das Pflege- und Versorgungspersonal muss den besonderen Sorgfaltspflichten im Umgang mit dem kranken Menschen nachkommen. Der behandlungsbedürftige Mensch seinerseits ist zur Mitwirkung bei der Vornahme von Behandlungsmaßnahmen verpflichtet.

5. Leistungen zur Früherkennung und Frühförderung

Von ganz erheblicher Bedeutung für Kinder, die mit einer Behinderung geboren wurden oder von Behinderung bedroht sind und auch für die heilpädagogische Arbeit mit diesen jungen Menschen ist die Vorschrift des **§ 30 SGB IX** – Regelungszweck ist hier die Früherkennung und Frühförderung von Behinderungen bei Kindern. In Abs. 1 der Vorschrift ist ausgeführt:

> Die medizinischen Leistungen zur Früherkennung und Frühförderung behinderter und von Behinderung bedrohter Kinder nach § 26 Abs. 2 Nr. 2 umfassen auch
> 1. die medizinischen Leistungen der mit dieser Zielsetzung fachübergreifend arbeitenden Dienste und Einrichtungen,
> 2. nichtärztliche sozialpädiatrische, psychologische, heilpädagogische, psychosoziale Leistungen und die Beratung der Erziehungsberechtigten, auch in fachübergreifend arbeitenden Diensten und Einrichtungen, wenn sie unter ärztlicher Verantwortung erbracht werden und erforderlich sind, um eine drohende oder bereits eingetretene Behinderung zum frühestmöglichen Zeitpunkt zu erkennen und einen individuellen Behandlungsplan aufzustellen.
>
> Leistungen nach Satz 1 werden als Komplexleistung in Verbindung mit heilpädagogischen Leistungen (§ 56 [SGB IX]) erbracht.

§ 30 I SGB IX

Merke: Unter *heilpädagogischen Leistungen* sind hier zu verstehen spezifische, auf die Unterrichtung und Betreuung behinderter Kinder und Jugendlicher ausgerichtete Erziehungsmethoden; unter *ärztlicher Verantwortung* ist sinngemäß das zu verstehen, was in § 15 Abs. 1, S. 2 SGB V festgeschrieben ist – dort heißt es: »Sind Hilfeleistungen anderer Personen erforderlich, dürfen sie nur erbracht werden, wenn sie vom Arzt angeordnet und von ihm verantwortet werden.«

5.1. Anspruchsgrundlage

Die Vorschrift des **§ 43 a SGB V** weist aus, dass bei Vorliegen der Voraussetzungen auf die in § 30 SGB IX benannten Leistungen ein **Anspruch** besteht. Das Gesetz bestimmt wie folgt:

> Versicherte Kinder haben Anspruch auf nichtärztliche sozialpädiatrische Leistungen, insbesondere auf psychologische, heilpädagogische und psychosoziale Leistungen, wenn sie unter ärztlicher Verantwortung erbracht werden und erforderlich sind, um eine Krankheit zum

§ 43a SGB V

frühestmöglichen Zeitpunkt zu erkennen und einen Behandlungsplan aufzustellen; § 30 des Neunten Buches bleibt unberührt.

Demnach hat der behandelnde Arzt eine Erforderlichkeitsprüfung mit Blick auf die von ihm für notwendig gehaltenen Maßnahmen dieser Leistungsgruppe vorzunehmen bzw. zu veranlassen, wenn die in § 43a SGB V aufgelisteten Leistungen einem Kind zugutekommen sollen.

5.2. Leistungsbeschreibung

In der Regelung des § 30 Abs. 2 SGB IX sind die Leistungen zur Früherkennung und Frühförderung behinderter und von Behinderung bedrohter Kinder näher spezifiziert. Die Vorschrift nimmt inhaltlich Bezug auf das Leistungsspektrum des § 43 a SGB V und führt zu den Leistungen der Früherkennung und Frühförderung aus wie folgt:

§ 30 II SGB IX

Leistungen zur Früherkennung und Frühförderung behinderter und von Behinderung bedrohter Kinder umfassen des Weiteren nichtärztliche therapeutische, psychologische, heilpädagogische, sonderpädagogische, psychosoziale Leistungen und die Beratung der Erziehungsberechtigten durch interdisziplinäre Frühförderstellen, wenn sie erforderlich sind, um eine drohende oder bereits eingetretene Behinderung zum frühestmöglichen Zeitpunkt zu erkennen oder die Behinderung durch gezielte Förder- und Behandlungsmaßnahmen auszugleichen oder zu mildern.

Die Leistungen zur sozialen Teilhabe sind dargestellt in Kapitel »Leistungen zur sozialen Eingliederung für behinderte Menschen«, 5.

Merke: Wenn diese Leistungen geplant und umgesetzt werden sollen, sind immer auch die Möglichkeiten von Leistungen zur sozialen Teilhabe in der Gesellschaft anzudenken. In Betracht kommen dabei vor allem Integrationsmaßnahmen für behinderte Kinder. Insbesondere ist anzustreben die Aufnahme der behinderten oder von Behinderung bedrohten Kinder in allgemein zugängliche Gruppenaktivitäten, wie sie z.B. von freien Trägern der Behindertenhilfe oder der Kirche und auch von Sportvereinen angeboten werden. Zu prüfen ist dann, ob für das betroffene Kind die Möglichkeit zum Musizieren, Werken und Basteln, zur sportlichen Betätigung oder zur Teilnahme an Gruppenaktivitäten in Vereinen organisiert werden kann.

5.3. Beratung der Sorgeberechtigten

Ferner sind die sorgeverpflichteten Eltern seitens der mit dem Problem befassten Heilpädagogen/innen oder durch eine Servicestelle auf die Möglichkeit der Beratung durch einen fachlich qualifizierten Arzt hinzuweisen.

Diese Beratungsleistung ist in den Regelungen der §§ 60, 61 SGB IX vorgesehen. Nach § 1626 BGB zählt zur Wahrnehmung der elterlichen Sorgeaufgabe auch, alles zu unternehmen, was einer Behinderung ihres Kindes entgegenwirkt und die Folgen einer Behinderung vermindern kann. Die Eltern eines von Behinderung bedrohten oder behinderten Kindes sind demnach verpflichtet, sich in besonderer Weise um die körperliche, geistige und seelische Gesundheit ihres Kindes zu kümmern.

Vgl. dazu die Ausführungen in Kap. »Behinderung und Erziehungsaufgabe«, 1.

Das Gesetz schreibt in § 60 SGB IX vor:

> Eltern, Vormünder, Pfleger und Betreuer, die bei ihrer Personensorge anvertrauten Menschen Behinderungen (§ 2 Abs. 1) wahrnehmen oder [...] hierauf hingewiesen werden, sollen im Rahmen ihres Erziehungs- oder Betreuungsauftrags die behinderten Menschen einer gemeinsamen Servicestelle oder einer sonstigen Beratungsstelle für Rehabilitation oder einem Arzt zur Beratung über die geeigneten Leistungen zur Teilhabe vorstellen.

§ 60 SGB IX

Die Regelung des § 61 Abs. 2 SGB IX formuliert zudem eine Pflicht für Hebammen, Entbindungspfleger, Sozialarbeiter und Jugendleiter, die Eltern eines behinderten oder von Behinderung bedrohten Kindes auf die ärztliche Beratung nach § 61 Abs. 1 SGB IX hinzuweisen, wenn gesundheitliche Auffälligkeiten bemerkt werden, die eine Behinderung sein könnten.

Die Beratung ist bereits erforderlich, wenn nach fachlichen Gesichtspunkten eine Behinderung droht; durch Beratung soll die Zustimmung der Sorgeberechtigen erreicht werden zu Maßnahmen, welche die Behinderung durch gezielte Förder- und Behandlungsmaßnahmen ausgleichen oder mildern können.

5.4. Selbsthilfegruppen

Die Bedeutung der Arbeit von Selbsthilfegruppen und -organisationen bzw. -kontaktstellen wird durch § 29 SGB IX hervorgehoben – die genannten Personengruppen setzen sich für Prävention, Rehabilitation, Früherkennung und Behandlung von Behinderungen ein. Diese Gruppen sollen nach einheitlichen Grundsätzen von den Rehabilitationsträgern gefördert werden.

Wird eine Förderung angestrebt, empfiehlt sich, wegen der Einzelheiten mit dem Rehabilitationsträger (das ist idR die gesetzliche Krankenversicherung) zu verhandeln. Auf Seiten der Krankenkassen besteht grundsätzlich die Bereitschaft, Selbsthilfegruppen zu fördern, weil sie in vielen Fällen kostensenkend wirken. Das eigene »Selbsthilfe-Projekt« sollte im persönlichen Kontakt konzeptionell vorgestellt und die Absicherung der Durchführung und Qualität dargelegt werden.

Merke: Wer hier bei Begründung und in der praktischen Arbeit einer Selbsthilfegruppe, die sich im Behindertenbereich betätigt, aktiv werden will, muss einen *Antrag auf Förderung* bei der gesetzlichen Krankenkasse oder einer Institution der Behindertenhilfe (z.B. bei den vor Ort bestehenden Rehabilitationsdiensten iSv. § 19 SGB IX oder einer Servicestelle iSv. § 22 SGB IX) stellen.

5.5. Kosten

Die Kostentragungspflicht für Frühfördermaßnahmen iSv. § 30 SGB IX liegt bei dem im Einzelfall zuständigen Krankenversicherungsträger, soweit es sich um den medizinischen Bestandteil der Leistung zur Frühförderung iSv. § 43 a SGB V handelt.

Frühförderung als heilpädagogische Leistung

Hinsichtlich der anfallenden Kosten für Maßnahmen der Frühförderung schreibt **§ 30 Abs. 3 SGB IX** für die Rehabilitationsträger die Verpflichtung fest, Vereinbarungen bzw. gemeinsame Empfehlungen zu entwickeln. Hier soll folgender Grundsatz gelten: Je nach dem, welcher Träger welche Leistungen in welchem Umfang erbringt, sollen die Kosten geteilt werden.

Die Kostenzuständigkeit ist in Fällen, in denen im Anschluss an die ärztliche Behandlung eine heilpädagogische Leistung als Teil einer erforderlichen Förderung und Unterstützung der sozialen Kompetenz und Integrationsfähigkeit durchgeführt wird, in der Praxis häufig noch schwierig. Um die Kostenfrage zu klären, müssen die einzelnen Bestandteile der Leistung sauber voneinander getrennt betrachtet werden.

Die Frühförderleistung zur Unterstützung sozialer Kompetenz und Integrationsfähigkeit ist nach hier vertretener Ansicht als Leistung der Eingliederungshilfe gem. § 55 Abs. 2, Ziff. 7 SGB IX iVm. § 53 Abs. 3, S. 2 SGB XII anzusehen. Die Vorschrift des § 55 Abs. 2, Ziff. 7 SGB IX benennt die »Hilfen zur Teilhabe am gemeinschaftlichen und kulturellen Leben«; die Regelung des § 53 Abs. 3, S. 2 SGB XII spricht davon, »den behinderten Menschen die Teilnahme am Leben in der Gemeinschaft zu ermöglichen oder zu erleichtern.« Zu diesem Zweck sollen »behinderte Personen iSv. § 2 Abs. 1, S. 1 des Neunten Buches« Leistungen der Eingliederungshilfe erhalten.

Danach ergibt sich, dass das Sozialamt als Träger der Leistungen zur Förderung der sozialen Kompetenz und Unterstützung bei der sozialen Integration die Kosten für die erforderlichen heilpädagogischen Bemühungen zu tragen hat.

6. Die Leistungen der Pflegeversicherung nach SGB XI

Menschen, die behindert und pflegebedürftig iSv. § 14 SGB XI sind, bedürfen je nach Problemlage im Einzelfall einer Reihe spezifischer Leistungen, deren Voraussetzungen und Inhalte im Einzelnen durch das SGB XI geregelt sind. Diese sollen in der Folge dargestellt und erörtert werden.

Vgl. zum Begriff Pflegebedürftigkeit Kap. »Zentrale Begriffe des Behindertenrechts«, Abschn. 7.

6.1. Pflegeleistungen und Rehabilitation

Die Leistungen der Pflegeversicherung gehören zu den Leistungen der gesundheitlichen Rehabilitation; sie sind nach dem Sinngehalt des § 4 SGB IX grundsätzlich als *Leistungen zur Teilhabe* anzusehen. Dies ergibt sich aus der Vorschrift des **§ 4 Abs. 1, Ziff. 2 SGB IX**, die nachstehend auszugsweise wiedergegeben sein soll:

> (1) Die Leistungen zur Teilhabe umfassen die notwendigen Sozialleistungen, um unabhängig von der Ursache der Behinderung [...]
> 2. Einschränkungen der Erwerbsfähigkeit oder Pflegebedürftigkeit zu vermeiden, zu überwinden, zu mindern oder eine Verschlimmerung zu verhüten [...]

§ 4 I SGB IX

Mit dieser Vorschrift wird auch das wesentliche **Ziel** der Leistungen zur Pflege klargestellt – die Vermeidung des Eintritts von Pflegebedürftigkeit sowie deren Überwindung. Eine weitere Zielstellung ergibt sich aus der Vorschrift des **§ 28 Abs. 4 SGB XI** – dort ist festgeschrieben:

> Die Pflege soll auch die Aktivierung des Pflegebedürftigen zum Ziel haben, um vorhandene Fähigkeiten zu erhalten und, soweit dies möglich ist, verlorene Fähigkeiten zurückzugewinnen.

§ 28 IV 1 SGB IX

Diese Vorschriften sind im Kontext zu sehen mit dem **§ 26 Abs. 1, Ziff. 2 SGB IX** – nach dieser Regelung gehören *Leistungen zur Pflege* zur Gruppe der medizinischen Rehabilitationsleistungen. Nach **§ 1 Abs. 2 SGB XI** können sie von allen Menschen mit Behinderungen beansprucht werden, die Mitgliedschaft in der gesetzlichen Krankenversicherung besitzen.

6.2. Zuständigkeit und Organisation

Zuständige Leistungsträger sind die Pflegekassen, wie die Vorschrift des § 21 a SGB I iVm. §§ 1 Abs. 3 iVm. § 46 SGB XI ausweist. Die Pflegekassen sind (wie im Übrigen alle anderen Sozialversicherungsträger auch, siehe § 29 SGB IV) als selbständige *Körperschaften des öffentlichen Rechts* errichtet, § 46 Abs. 2 SGB XI.

Subsidiäre Zuständigkeit des Sozialhilfeträgers

Auch der Träger der Sozialhilfe (das Sozialamt) kann grundsätzlich als Leistungsträger in Betracht kommen. Im Recht der Sozialhilfe finden sich die Vorschriften über die Pflegeleistungen in §§ 61–66 SGB XII. Der Sozialhilfeträger kann jedoch nur dann in Anspruch genommen werden, wenn der pflegebedürftige Mensch keine Mitgliedschaft in der Sozialversicherung besitzt (vgl. 13 Abs. 3 SGB XI) und arm, also bedürftig im Sinne des Sozialhilferechts ist (vgl. § 19 Abs. 1 SGB XII). Darüber hinaus kommt eine Kostentragungspflicht des Sozialhilfeträges dann in Betracht, wenn der von der Pflegeversicherung gezahlte Pflegesatz zur Kostentragung der Pflegeleistungen nicht ausreicht (das kann insbesondere bei vollstationärer Pflege der Fall sein). Grundsätzlich greift hier das Prinzip der Nachrangigkeit von Sozialhilfeleistungen, das in § 2 SGB XII zum Ausdruck kommt – der Sozialhilfeträger kommt kostenmäßig also nur für erforderliche Leistungen zur Pflege auf, wenn der von Behinderung betroffene Mensch, der Pflegeleistungen benötigt, bedürftig im Sinne des Sozialhilferechts ist.

Pflegebedarf nach Unfall

Ist die Pflegebedürftigkeit eines Menschen durch einen Unfall im Sinne des § 43 SGB VII verursacht worden, dann sind die Leistungen zur Pflege durch den zuständigen Träger der Unfallversicherung zu erbringen, vgl. §§ 8 und 44 SGB VII iVm. § 22 SGB I. Die gesetzliche Definition des Begriffs Unfall findet sich in der Vorschrift des § 8 SGB VII:

§ 8 I 2 SGB VII

Unfälle sind zeitlich begrenzte, von außen auf den Körper einwirkende Ereignisse, die zu einem Gesundheitsschaden oder zum Tod führen.

Organisation und Finanzierung der Pflegeversicherung

Zur Organisation und Finanzierung der Pflegeversicherung sei kurz Folgendes angemerkt:

Die gesetzliche Pflegeversicherung ist beitragsfinanziert, wie sich aus der Regelung des **§ 1 Abs. 6 SGB XI** ergibt:

§ 1 VI SGB XI

Die Ausgaben der Pflegeversicherung werden durch Beiträge der Mitglieder und der Arbeitgeber finanziert. Die Beiträge richten sich nach den beitragspflichtigen Einnahmen der Mitglieder. […]

Die Beiträge werden je zur Hälfte von Arbeitgebern und Arbeitnehmern gezahlt, siehe §§ 55, 58 SGB XI.

Zur Berechnung des Beitrags finden sich Regelungen in den §§ 226, 228–231 SGB XI. Beitragsfreiheit besteht (wie in der gesetzlichen Krankenversicherung) für mitversicherte Familienmitglieder, s. § 56 SGB XI.

Durchgeführt werden die Leistungen zur Pflege von ambulanten Pflegediensten und stationären Pflegeeinrichtungen.

6.3. Aufgaben der Pflegeversicherung

Die Aufgaben sind in der Vorschrift des §§ 1 Abs. 4 SGB XI festgeschrieben – es geht um die *Versorgung im Leistungsfall Pflegebedürftigkeit*:

> Die Pflegeversicherung hat die Aufgabe, Pflegebedürftigen Hilfe zu leisten, die wegen der Schwere der Pflegebedürftigkeit auf solidarische Unterstützung angewiesen sind.

§ 1 IV SGB XI

Auf die Vorschrift des § 12 SGB XI gründet sich die Aufgabe der Sicherstellung der pflegerischen Versorgung.

> Die Pflegekassen sind für die Sicherstellung der pflegerischen Versorgung ihrer Versicherten verantwortlich. Sie arbeiten dabei mit allen an der pflegerischen, gesundheitlichen und sozialen Versorgung Beteiligten eng zusammen und wirken darauf hin, daß Mängel der pflegerischen Versorgungsstruktur beseitigt werden.

§ 12 I 1 SGB XI
Sicherstellungsauftrag

Der Sicherstellungsauftrag findet eine Konkretisierung in der Vorschrift des § 69 SGB XI:

> Die Pflegekassen haben im Rahmen ihrer Leistungsverpflichtung eine bedarfsgerechte und gleichmäßige, dem allgemein anerkannten Stand medizinisch-pflegerischer Erkenntnisse entsprechende pflegerische Versorgung der Versicherten zu gewährleisten (Sicherstellungsauftrag).

§ 69 S. 1 SGB XI

Aufgrund dieser gesetzlichen Verpflichtung sind alle für die Versorgung pflegebedürftiger Menschen notwendigen Leistungen und Hilfen zur Pflege bereitzustellen.

Zur Erfüllung der Bereitstellungspflicht soll gem. § 12 Abs. 2 SGB XI iVm. §§ 10 und 11 SGB IX die Pflegeversicherung eine förderliche *Kooperation* mit anderen Leistungsträgern, insbesondere mit den Ärzten, Krankenkassen, Sozialämtern und anderen Rehabilitationsträgern und auch mit den Pflegediensten aufbauen und unterhalten.

Auch im Leistungsbereich der Pflegeversicherung gilt der Grundsatz des Vorrangs von Maßnahmen der gesundheitlichen Rehabilitation. Hierzu wird in § 5 SGB XI ausgeführt:

Rehabilitation vor Pflege

> (1) Die Pflegekassen wirken bei den zuständigen Leistungsträgern darauf hin, daß frühzeitig alle geeigneten Leistungen der Prävention, der Krankenbehandlung und zur medizinischen Rehabilitation eingeleitet werden, um den Eintritt von Pflegebedürftigkeit zu vermeiden.
>
> (2) Die Leistungsträger haben im Rahmen ihres Leistungsrechts auch nach Eintritt der Pflegebedürftigkeit ihre Leistungen zur medizinischen Rehabilitation und ergänzenden Leistungen in vollem Umfang einzu-

§ 5 SGB XI

setzen und darauf hinzuwirken, die Pflegebedürftigkeit zu überwinden, zu mindern sowie eine Verschlimmerung zu verhindern.

6.4. Leistungsberechtigung

Der Kreis der leistungsberechtigten Personen ergibt sich aus **§ 14 SGB XI** iVm. **§ 20 SGB XI**.

Es handelt sich um Menschen, die

a) durch Mitgliedschaft in der gesetzlichen Krankenversicherung versicherungspflichtig in der gesetzlichen Pflegeversicherung sind, s. § 20 SGB XI und

b) pflegebedürftig sind iSv. § 14 Abs. 1 SGB XI.

Begriff der Pflegebedürftigkeit

Die Definition des Begriffs Pflegebedürftigkeit wird in **§ 14 Abs. 1 SGB XI** gegeben:

§ 14 I SGB XI

Pflegebedürftig im Sinne dieses Buches sind Personen, die wegen einer körperlichen, geistigen oder seelischen Krankheit oder Behinderung für die gewöhnlichen und regelmäßig wiederkehrenden Verrichtungen im Ablauf des täglichen Lebens auf Dauer, voraussichtlich für mindestens sechs Monate, in erheblichem oder höherem Maße (§ 15) der Hilfe bedürfen.

Verrichtungen im Sinne des Gesetzes sind

- Körperpflege (Waschen, Rasieren, Darm-/Blasenentleerung),
- Ernährung (Zubereiten und Aufnahme von Nahrung),
- Aufstehen, Gehen, An- und Auskleiden, Verlassen der Wohnung,
- hauswirtschaftliche Versorgung (Reinigen, Kochen, Spülen, Heizen, Einkaufen, Wäschewaschen).

Erforderlichkeit der Leistung

Die Hilfe muss erforderlich sein, d.h. der betroffene Mensch kann die benannten Verrichtungen nicht oder nur noch unzureichend selbst durchführen; die Hilfe muss

- pflegerelevante Handlungen unterstützen,
- notwendige Verrichtungen ganz oder teilweise übernehmen,
- eine Beaufsichtigung oder Anleitung des betroffenen Behinderten beinhalten.

6.5. Verfahren zur Feststellung von Pflegebedürftigkeit

Ob Pflegebedürftigkeit vorliegt, d.h. ob das Erfordernis fremder Hilfe gegeben ist und in welchem Umfang Pflegeleistungen benötigt werden, wird in einem gesetzlich vorgeschriebenen Feststellungsverfahren ermittelt. Die Vorschrift des § 31 SGB XI führt diesbezüglich aus:

> Die Pflegekassen prüfen im Einzelfall, welche Leistungen zur medizinischen Rehabilitation und ergänzenden Leistungen geeignet und zumutbar sind, Pflegebedürftigkeit zu überwinden, zu mindern oder ihre Verschlimmerung zu verhüten.

§ 31 I 1 SGB XI

Dieses *Verfahren zur Feststellung* der Beeinträchtigung ist festgeschrieben in § 18 SGB XI und läuft ab wie nachfolgend dargestellt:

a) es ist ein Antrag auf Pflegeleistungen bei der Pflegekasse der zuständigen Krankenversicherung zu stellen;

b) von der Krankenkasse wird die Prüfung des Grades der Pflegebedürftigkeit durch den Medizinischen Dienst der Krankenkassen (MDK) veranlasst;

c) dazu führt der MDK eine Untersuchung durch, um zu ermitteln, ob eine Zustandsverbesserung durch eine geeignete Rehabilitationsmaßnahme erreicht werden und die Pflegebedürftigkeit beseitigt oder vermindert werden kann;

d) der MDK überstellt das Ergebnis der Untersuchung an die Pflegekasse in Form eines Gutachtens, in dem Stellung genommen wird

   – zum Vorliegen und zum Beginn der Pflegebedürftigkeit,
   – zur Pflegestufe (Umfang der erforderlichen Pflegeleistungen),
   – zur Frage des Vorliegens eines Härtefalls bei außergewöhnlich hohem Pflegeaufwand.

6.6. Bewilligungsbescheid

Auf das Feststellungsverfahren ergeht ein Bescheid, durch den der pflegebedürftige Behinderte einer Pflegestufe zugeordnet und mit dem die Pflegeleistung bewilligt wird.

Mit dem Bescheid wird die von dem sachverständigen Gutachter des MDK vorgenommene Einstufung der Pflegebedürftigkeit nach dem Ausmaß der Behinderung gem. § 15 SGB XI festgelegt. Zwischen folgenden Pflegestufen wird unterschieden:

Stufen der Pflegebedürftigkeit

a) **Erhebliche Pflegebedürftigkeit (Stufe 1)**: erforderlich ist Hilfe mindestens 1x täglich bei mindestens zwei Verrichtungen aus den Bereichen Körperpflege, Ernährung und Mobilität, und darüber hinaus mehrfach in der Woche Hilfe bei der hauswirtschaftlichen Versorgung – s. § 15 Abs. 1, Ziff. 1 SGB XI. Wenn eine nicht als Pflegekraft ausgebildete Person (z.B. Nachbarn Angehörige,

Freunde) die Pflege durchführt, muss der Zeitaufwand im wöchentlichen Durchschnitt täglich mindestens 90 Minuten betragen, wovon 45 Minuten auf die Unterstützung bei der hauswirtschaftlichen Versorgung entfallen müssen – vgl. § 15 Abs. 3, Ziff. 1 SGB XI.

b) **Schwerpflegebedürftigkeit (Stufe 2)**: erforderlich ist Hilfe dreimal täglich zur pflegerischen Versorgung des betroffenen Menschen, vgl. § 15 Abs. 1, Ziff. 2 SGB XI. Wird die Pflege durch eine nicht als Pflegekraft ausgebildete Person durchgeführt, muss ein Zeitaufwand von mindestens drei Stunden täglich anfallen, von denen zwei Stunden für die Grundpflege aufzuwenden sind, vgl. § 15 Abs. 3, Ziff. 2 SGB XI.

c) **Schwerstpflegebedürftigkeit (Stufe 3)**: erforderlich ist eine »Rund-um-die-Uhr-Betreuung« bei Körperpflege, Ernährung und Mobilität, auch nachts; diese Art der Pflege kommt in Betracht bei sehr hohem Hilfebedarf, der praktisch jederzeit besteht. Der reale Zeitaufwand muss sich auf mindestens fünf Stunden täglich belaufen, wenn eine nicht als Pflegekraft ausgebildete Person die Verrichtungen durchführt; für die Grundpflege müssen mindestens vier Stunden benötigt werden; der pflegerische Aufwand muss größer sein als der für die Verrichtungen im Haushalt, vgl. § 15 Abs. 3, Ziff. 3 SGB XI.

Rechte und Pflichten im Leistungsverhältnis

Die bewilligte Pflegeleistung wird von einem Pflegedienst oder in einer Pflegeeinrichtung erbracht. Mit Aufnahme der Pflegetätigkeit begründet sich das *sozialrechtliche Leistungsverhältnis* zwischen

- der Pflegekasse (Leistungsträger),
- dem pflegebedürftigen Behinderten (Leistungsempfänger) und
- dem Pflegedienst (= Leistungserbringer).

In diesem Leistungsverhältnis bestehen folgende Pflichten für die Beteiligten:

- für den Pflegedienst die Pflicht zur Erbringung einer dem allgemein anerkannten Standard entsprechenden pflegerischen Betreuung,
- für den pflegebedürftigen Behinderten die Pflicht zur Mitwirkung iSd. §§ 60 ff. SGB I bei Durchführung der Pflegeleistungen,
- für die Pflegekasse die Pflicht zur Kontrolle der Qualität der zu erbringenden Leistungen und zur Bezahlung der Pflegeleistungen und des Pflegedienstes.

6.7. Leistungskatalog

Die Vorschriften des **§ 28 SGB XI** weisen den Katalog der Pflegeleistungen aus. Es wird grundsätzlich zwischen den nachstehend genannten Leistungsarten unterschieden:

a) ambulante Leistungen, §§ 36–40 SGB XI,

b) teilstationäre Leistungen, §§ 41, 42 SGB XI und

c) vollstationäre Leistungen, §§ 43 und 43 a sowie

d) Leistungen zur Unterstützung der Pflegepersonen, §§ 44, 45 SGB XI.

Die ambulanten Leistungen werden in **§ 36 SGB XI** *Pflegesachleistungen* genannt, obgleich es sich bei den pflegerischen Tätigkeiten und Verrichtungen real betrachtet um Dienstleistungen handelt. Der Grund für die Benennung als Pflegesachleistung ist darin zu sehen, dass die Pflegekasse zwar Leistungsträger ist, selbst aber keine pflegerischen Tätigkeiten durchführt, sondern sie von beauftragten Dritten vornehmen lässt, deren Pflegetätigkeit sie als Sachleistung vergütet.

Pflegesachleistungen

Häusliche Pflege bedeutet gem. **§ 36 Abs. 1, S. 1 SGB XI**: die Leistungen werden ambulant, also im Haushalt des pflegebedürftigen Menschen erbracht durch eine Pflegekraft, die auf vertraglicher Basis für die zuständige Pflegekasse oder für einen ambulanten Pflegedienst arbeitet.

Bei den Leistungen der häuslichen Pflege wird unterschieden zwischen:

1. Kosten für eine **selbstbeschaffte Pflegehilfe** gem. § 37 SGB XI: der pflegebedürftige Mensch wählt die Pflegeperson selbst aus (Verwandte, Nachbarn, Freunde);

2. Kombination von **Geld- und Sachleistung** gem. § 38 SGB XI: wird die dem behinderten Menschen zustehende Pflege nur z.T. in Anspruch genommen, soll ein Ausgleich durch Geldzahlung an den leistungsberechtigten Behinderten erfolgen, d.h. sie/er kann insoweit frei über das Pflegegeld verfügen; das Geld wird aber zweckgebunden gezahlt und muss für die pflegerische Versorgung verwendet werden;

3. Kosten für **Vertretungspflege** gem. § 39 SGB XI: ist die Pflegeperson wegen Krankheit oder Urlaub gehindert, die Versorgung des pflegebedürftigen Menschen durchzuführen, übernimmt die Pflegekasse die Kosten für eine notwendige Ersatzpflege für bis zu vier Wochen und bis zu einem Betrag in Höhe von 1.432,- €;

4. Kosten für bei der Pflege benötigte **Hilfsmittel** gem. § 40 SGB XI: bei diesen handelt es sich um Gegenstände, die zur Erleichterung der Pflege oder zur Linderung der Beschwerden des Pflegebedürftigen beitragen (soweit nicht die zuständige Krankenversicherung für die Anschaffung Sorge zu tragen hat); technische Hilfsmittel werden in der Regel leihweise überlassen; bei der Pflegekasse kann ein Verzeichnis über die zur Verfügung stehenden Hilfsmittel eingesehen werden.

Merke: Die *Befriedigung von Kommunikationsbedürfnissen*, die ein behinderter und pflegebedürftiger Mensch als Versorgungsbedürfnis einfordert, ist nicht als Pflegesachleistung anerkannt. Allerdings werden in **§ 28 Abs. 4 SGB XI** die Bedürfnisse des pflegebedürftigen Menschen nach Kommunikation herausgestellt. In der Vorschrift heißt es:

§ 28 IV SGB XI

> Die Pflege soll auch die Aktivierung des Pflegebedürftigen zum Ziel haben, um vorhandene Fähigkeiten zu erhalten und, soweit dies möglich ist, verlorene Fähigkeiten zurückzugewinnen. Um der Gefahr einer Vereinsamung des Pflegebedürftigen entgegenzuwirken, sollen bei der Leistungserbringung auch die Bedürfnisse des Pflegebedürftigen nach Kommunikation berücksichtigt werden.

Die im Gesetz ausdrücklich erwähnten Kommunikationsbedürfnisse werden von einigen Behindertenverbänden als eine Leistung zur Pflege gesehen – und das nach hier vertretener Auffassung zu Recht. Aus dem Gesetzestext ist durchaus die Auffassung abzuleiten, dass jedenfalls bei Menschen, die aufgrund ihres pflegebedürftigen Gesundheitszustandes das Bett nicht mehr verlassen können, eine gewisse Zeitspanne für Gespräch, Vorlesen oder Ähnlichem als Pflegeleistung zur Verfügung gestellt werden soll, um einer psychischen und sozialen Vereinsamung zu begegnen.

Seitens der Pflegeversicherung wird jedoch geltend gemacht, dass es sich bei der Befriedigung von Kommunikationsbedürfnissen des Pflegebedürftigen um eine Leistung der Eingliederungshilfe gem. § 53 Abs. 3, S. 2 SGB XII iVm. § 55 Abs. 2 Ziff. 7 SGB IX handelt, die Hilfen zur Teilhabe am gesellschaftlichen und kulturellen Leben vorsieht. Für die Befriedigung sozialer Kontaktbedürfnisse wären deshalb karitative Dienste wie z.B. ehrenamtlich tätige kirchliche Arbeitskreise heranzuziehen.

stationäre Pflegeformen

Bei den stationären Leistungen wird unterschieden zwischen

1. Kosten für **teilstationäre** und **Kurzzeitpflege** gem. §§ 41, 42 SGB XI; diese Pflegeart wird in Pflegeheimen (Einrichtungen iSv. § 71 Abs. 2 SGB XI) erbracht, die unter ständiger Verantwortung einer

ausgebildeten Fachkraft stehen; die teilstationäre Pflege umfasst auch die notwendige Beförderung des Pflegebedürftigen von der Wohnung zur Einrichtung der Tagespflege oder der Nachtpflege und zurück;

2. Kosten für **vollstationäre Pflege** gem. § 43 SGB XI; die vollstationäre Pflege erfolgt ebenfalls in einer Heimeinrichtung;

3. Kosten für vollstationäre Pflege in **Einrichtungen der Behindertenhilfe** gem. § 43 a SGB XI;

4. Leistungen für Pflegebedürftige mit erheblichem allgemeinen **Betreuungsbedarf**, §§ 45 a und 45 b SGB XI;

5. die Teilnahme an Kursen zum Erwerb der **Pflegebefähigung** wird gem. § 45 SGB XI gefördert.

6. Leistungen zur sozialen Sicherung der Pflegeperson gem. § 44 SGB XI – das ist der Fall der »Familienpflege«: wenn die aus dem Kreis der Angehörigen kommende Pflegeperson wegen der Pflege nicht mehr als 30 Stunden pro Woche erwerbstätig ist und deshalb eine geringere Rentenanwartschaft erwirbt, übernimmt die Pflegekasse den Teil der Beiträge zur Rentenversicherung, der wegen verminderter Arbeitszeit ansonsten in Fortfall geraten würde.

soziale Sicherung der Pflegeperson

Welche Leistungsart von der Pflegekasse gewährt wird, hängt grundsätzlich von der Art, dem Umfang und der Schwere der Pflegebedürftigkeit ab.

Entsprechende Regelungen zu den Pflegesachleistungen in der Sozialhilfe finden sich in §§ 61 bis 65 des SGB XII.

Die Pflegesachleistung in Form des Pflegegeldes beträgt nach § 36 **Abs. 3 SGB XI** monatlich (Frühjahr 2006)

Pflegesätze

a) in Fällen *ambulanter Pflege*:

in der Pflegestufe 1	bis zu	384,– €
in der Pflegestufe 2	bis zu	921,– €
in der Pflegestufe 3	bis zu	1.432,– €

Merke: In *besonderen Härtefällen der Stufe 3* werden nach § 36 Abs. 4 SGB XI bis zu 1.918,– € gezahlt.

b) bei Pflege durch *selbstbeschaffte Pflegehilfe* iSv. **§ 37 Abs. 1 SGB XI:**

in der Pflegestufe 1	bis zu	205,– €
in der Pflegestufe 2	bis zu	410,– €
in der Pflegestufe 3	bis zu	665,– €

Merke: Für die sog. Urlaubs- und *Verhinderungspflege* iSv. § 39 **SGB XI** werden für bis zu vier Wochen im Jahr die Kosten einer notwendigen Ersatzpflege zur Durchführung der häuslichen Pflege in Höhe von bis zu 1.432,- € gezahlt.

c) bei Tages- und Nachtpflege in teilstationären Pflegeeinrichtungen gem. § 41 SGB XI

in der Pflegestufe 1   bis zu   384,- €
in der Pflegestufe 2   bis zu   921,- €
in der Pflegestufe 3   bis zu   1.432,- €

In Fällen *vollstationärer Pflege* in entsprechend sachlich und personell ausgestatteten Einrichtungen übernimmt die Pflegekasse gem. § 43 Abs. 2 SGB XI die Kosten der pflegebedingten Aufwendungen, die Aufwendungen für soziale Betreuung und die Aufwendungen der medizinischen Behandlungspflege für alle drei Stufen gleichermaßen in Höhe von 1.432,- €.

In besonderen *Härtefällen* (es liegen schwerste Beeinträchtigungen vor, die einen besonders hohen Pflegeaufwand erfordern, der das übliche Maß der Pflegestufe 3 weit übersteigt) werden gem. § 43 Abs. 3 SGB XI monatlich bis zu 1.688,- € gezahlt.

Besonderheiten

Bei Menschen mit Behinderungen, die aufgrund geistiger Erkrankung unter einer erheblich eingeschränkten Alltagskompetenz leiden, sehen die Vorschriften der **§§ 45 a und 45 b SGB XI** neben den bereits erörterten Leistungen noch besondere Leistungen vor. Die hier in Rede stehenden pflegebedürftigen Menschen bedürfen, von ihrer körperlichen Verfassung her betrachtet, keiner vollstationären Versorgung – sie haben allerdings behinderungsbedingt einen erheblichen allgemeinen Betreuungsbedarf, weil sie z.B. Weglauftendenzen zeigen, mit gefährlichen Gegenständen gefahrenverursachend umgehen oder ungewollt in ihrem Haushalt oder im Straßenverkehr Situationen verursachen, durch die sie sich und/oder andere Menschen in Gefahr bringen. Die Versorgung in einer vollstationären Einrichtung ist vom Umfang der Pflegebedürftigkeit her betrachtet nicht erforderlich, so dass die Kosten unverhältnismäßig wären.

Zur Beantwortung der Frage, ob die Einschränkung der Alltagskompetenz erheblich ist, stellt § 45 a Abs. 2 SGB XI einen Kriterienkatalog auf, der eine Reihe von Schädigungen und Fähigkeitsstörungen bezeichnet, z.B.: unkontrolliertes Verlassen des Wohnbereichs, Verkennen gefährdender Situationen, unsachgemäßer Umgang mit gefährlichen Gegenständen, tätlich oder verbal aggressives Verhalten in Verkennung der Situation, Unfähigkeit zu einer erforderlichen Kooperation bei therapeutischen oder schützenden Maßnahmen, Beeinträchtigungen des Gedächtnisses, herabgesetztes Urteilsvermögen, inadäquates Reagieren in Alltagssituationen, Verzagtheit und Hilflosigkeit aufgrund einer therapieresistenten Depression.

In derartig gelagerten Fällen werden die Kosten für eine »soziale« Unterstützung, wie sie von ehrenamtlich tätigen Personen, die sich in den Dienst gemeinnütziger Träger stellen, erbracht werden, bis zu einer Höhe von 460,– € übernommen. Dieses Geld muss zweckgebunden verwendet werden.

6.8. Durchführung der Pflege

Bei der Durchführung der Pflegeleistungen sind von den Pflegekräften die »Pflegebedürftigkeits-Richtlinien« (PflRi) zu beachten. Dort ist zu Ziffer 2 (Ziele der Pflege) ausgeführt:

Pflegebedürftigkeit ist regelmäßig kein unveränderbarer Zustand, sondern ein Prozeß, der durch präventive, therapeutische, bzw. rehabilitative Maßnahmen und durch aktivierende Pflege beeinflußbar ist.

Die aktivierende Pflege soll gemeinsam mit den Rehabilitationsmaßnahmen dem Pflegebedürftigen helfen, trotz seines Hilfebedarfs eine möglichst weitgehende Selbständigkeit im täglichen Leben zu fördern, zu erhalten bzw. wiederherzustellen. Dabei ist insbesondere anzustreben,

- vorhandene Selbstversorgungsfähigkeiten zu erhalten und solche, die verloren gegangen sind, zu reaktivieren,
- bei der Leistungserbringung die Kommunikation zu verbessern,
- daß geistig und seelisch Behinderte, psychisch Kranke und geistig verwirrte Menschen sich in ihrer Umgebung und auch zeitlich zurechtfinden.

[...]

Pflegebedürftigkeits-Richtlinien

PflRi, Ziffer 2

7. Sozialrechtliches Leistungsverhältnis

Das *sozialrechtliche Leistungsverhältnis*, das sich in den Rechtsbeziehungen zwischen

a) dem pflegebedürftigen Menschen,

b) der Pflegeversicherung und

c) dem ambulanten Pflegedienst bzw. der stationären Pflegeeinrichtung

realisiert, ist unter den besonderen Anforderungen zu sehen, die durch die Vorschriften der §§ 71–73 sowie §§ 80 und **80 a SGB XI** aufgestellt werden. Diese Regelungen thematisieren die Kontrolle der Qualität der Pflegeleistungen.

Bzgl. der Rechte und Pflichten der Beteiligten im Verhältnis zueinander s.o., 4.2.

Qualitätskontrolle

Gem. § 71 SGB XI müssen ambulante Pflegeeinrichtungen unter ständiger Verantwortung einer ausgebildeten Pflegekraft die Pflegebedürftigen pflegen und versorgen. Diese gesetzliche Forderung ist eine Maßnahme zur Qualitätssicherung bei Erbringung der Pflegeleistung. Ferner ist die Pflegeversicherung aufgrund der Bestimmung des § 72 SGB XI gehalten, nur Pflegeeinrichtungen unter Vertrag zu nehmen, die

1. den Anforderungen des § 71 SGB XI genügen,

2. die Gewähr für eine leistungsfähige und wirtschaftliche pflegerische Versorgung bieten,

3. sich verpflichten, nach Maßgabe der Vereinbarungen nach § 80 SGB XI einrichtungsintern ein Qualitätsmanagement einzuführen und weiterzuentwickeln.

Aus den Vorschriften der §§ 80 und 80a SGB XI leitet sich das Gebot her, die Pflegeleistung nach dem jeweiligen Stand der medizinischen Erkenntnis und im Sinne der allgemein anerkannten Standards der Pflegewissenschaft durchzuführen. Die hier zum Ausdruck kommenden gesetzlichen Forderungen bilden die Grundlage für die Maßnahmen zur Qualitätskontrolle der Pflegeleistungen. Die Absicherung dieses Gebots in der Wirklichkeit der Versorgung pflegebedürftiger Menschen soll durch Maßstäbe und Grundsätze zur Sicherung und Weiterentwicklung der Pflegequalität gewährleistet werden. In diesem Sinne ist in § 80 SGB XI ausgeführt:

§ 80 I 1 SGB XI

Die Spitzenverbände der Pflegekassen, die Bundesarbeitsgemeinschaft der überörtlichen Träger der Sozialhilfe, die Bundesvereinigung der kommunalen Spitzenverbände und die Vereinigungen der Träger der Pflegeeinrichtungen auf Bundesebene vereinbaren gemeinsam und einheitlich unter Beteiligung des Medizinischen Dienstes der Spitzenverbände der Krankenkassen sowie unabhängiger Sachverständiger

> Grundsätze und Maßstäbe für die Qualität und die Qualitätssicherung der ambulanten und stationären Pflege sowie für die Entwicklung eines einrichtungsinternen Qualitätsmanagements [...]

Deshalb gehört es zu den Pflichten der einzelnen Pflegekassen sowie der Pflegedienste und -einrichtungen, die im Auftrag der Pflegekassen tätig werden, dem pflegebedürftigen Menschen die Leistungen auf dem Niveau der allgemein anerkannten Pflegestandards zu erbringen. Im Leistungsbereich der Pflegeversicherung gilt ebenfalls der Grundsatz nach § 135 a SGB V – hiernach sind die Leistungserbringer zur Sicherung und Weiterentwicklung der von ihnen erbrachten Leistungen verpflichtet. Ferner müssen die Leistungen dem jeweiligen Stand der wissenschaftlichen Erkenntnis entsprechen – also »modern« sein – und in der fachlich gebotenen Qualität ausgeführt werden.

8. Wiederholungsfragen und -aufgaben

1. Wie lange ist ein behinderter Mensch, der sich behinderungsbedingt nicht allein unterhalten kann, pflichtversichertes Mitglied in der gesetzlichen Krankenversicherung? Lösung S. 105
2. Geben sie eine Umschreibung des Begriffs Gesundheitsprävention! Lösung S. 107 f.
3. Benennen Sie die unterschiedlichen Arten von Präventionsmaßnahmen unter Bezug auf das Gesetz! Lösung S. 108
4. Benennen Sie die Voraussetzungen für den Anspruch auf Krankenbehandlung! Lösung S. 104 f.
5. Welche Leistungen stehen für die Frühfördermaßnahmen behinderter und von Behinderung bedrohter Kinder zur Verfügung? Lösung S. 113 ff.
6. Was ist unter dem Begriff Sicherstellungsauftrag im SGB XI zu verstehen – auf welche Vorschrift gründet sich dieser Begriff? Lösung S. 119
7. Benennen Sie die Voraussetzungen für einen Anspruch auf Pflegeleistungen! Lösung S. 120 ff.
8. Aus welchen Vorschriften leitet sich das Gebot zur Qualitätskontrolle her? S. 128 f.

Leistungen zur sozialen Eingliederung für behinderte Menschen

1. Leistungen der sozialen Eingliederungshilfe   132
2. Leistungsformen im Einzelnen   133
3. Soziale Eingliederungshilfe und Sozialhilfe   134
4. Leistungsarten der Sozialhilfe   140
5. Leistungen der Eingliederungshilfe   144
6. Anspruch auf Eingliederungshilfe   146
7. Qualitätssicherung   148
8. Wiederholungsfragen und -aufgaben   149

Die gleichberechtigte *Teilhabe am Leben in der Gesellschaft* ist **Ziel und Zweck** der Leistungen zur sozialen Eingliederung. Diese Zielstellung ist in der Vorschrift des **§ 1 SGB IX** deutlich zum Ausdruck gebracht. Nach dem Willen des Gesetzgebers erhalten Menschen mit Behinderungen Leistungen zur sozialen Eingliederung,

§ 1 SGB IX

[...] um ihre Selbstbestimmung und gleichberechtigte Teilhabe am Leben in der Gesellschaft zu fördern, Benachteiligungen zu vermeiden oder ihnen entgegenzuwirken. Dabei wird den besonderen Bedürfnissen behinderter und von Behinderung bedrohter Frauen und Kinder Rechnung getragen.

Nach der Vorschrift des **§ 4 Abs. 1, Ziff. 4 SGB IX** dienen die Leistungen folgendem Zweck:

§ 4 I SGB IX

Die Leistungen zur Teilhabe umfassen die notwendigen Sozialleistungen, um unabhängig von der Ursache der Behinderung [...]
4. die persönliche Entwicklung ganzheitlich zu fördern und die Teilhabe am Leben in der Gesellschaft sowie eine möglichst selbständige und selbstbestimmte Lebensführung zu ermöglichen oder zu erleichtern. [...]

Die sich aus diesem Zweck ergebende Zielsetzung gründet sich auf die Forderung des Gleichbehandlungsgebots nach **Art. 3 Abs. 3, S. 2 GG**:

Art. 3 III 2 GG

Niemand darf wegen seiner Behinderung benachteiligt werden.

1. Leistungen der sozialen Eingliederungshilfe

Die Vorschriften der **§§ 55–58 SGB IX** behandeln die Leistungsformen, mithilfe derer behinderten Menschen die Teilhabe am Leben in der Gemeinschaft gefördert werden soll. Diese Art der Unterstützung wird auch als soziale Eingliederungshilfe bezeichnet.

Zum Zweck der Leistungen gibt **§ 55 Abs. 1 SGB IX** an:

§ 55 I SGB IX

Als Leistungen zur Teilhabe am Leben in der Gemeinschaft werden die Leistungen erbracht, die den behinderten Menschen die Teilhabe am Leben in der Gesellschaft ermöglichen oder sichern oder sie so weit wie möglich unabhängig von Pflege machen [...].

Diese Leistungen sind ausschließlich Menschen mit Behinderungen zur Verfügung gestellt. In den Vorschriften der §§ 55 bis 58 SGB IX werden die Inhalte der Leistungsart *soziale Eingliederungshilfe* konkretisiert.

2. Leistungsformen im Einzelnen

Die Vorschrift des **§ 55 Abs. 2 SGB IX** benennt die Leistungsformen im Aufriss:

Leistungen [...] sind insbesondere
1. Versorgung mit anderen als den in § 31 genannten Hilfsmitteln oder den in § 33 genannten Hilfen,
2. heilpädagogische Leistungen für Kinder, die noch nicht eingeschult sind,
3. Hilfen zum Erwerb praktischer Kenntnisse und Fähigkeiten, die erforderlich und geeignet sind, behinderten Menschen die für sie erreichbare Teilnahme am Leben in der Gemeinschaft zu ermöglichen,
4. Hilfen zur Förderung der Verständigung mit der Umwelt,
5. Hilfen bei der Beschaffung, dem Umbau, der Ausstattung und der Erhaltung einer Wohnung, die den besonderen Bedürfnissen der behinderten Menschen entspricht,
6. Hilfen zu selbstbestimmtem Leben in betreuten Wohnmöglichkeiten,
7. Hilfen zur Teilhabe am gemeinschaftlichen und kulturellen Leben.

Bei den Hilfsmitteln nach § 31 handelt es sich um Körperersatzstücke, orthopädische und andere Hilfsmittel iSv. § 26 Abs. 2 Nr. 6 SGB IX.

Dieser Leistungskatalog weist aus, dass der Zweck der sozialen Eingliederungshilfe darin zu sehen ist, für Menschen mit erheblichen körperlichen, seelischen oder geistigen Behinderungen den Zugang zu Veranstaltungen und Einrichtungen des gesellschaftlichen und kulturellen Lebens, aber auch zu den Einrichtungen des Bildungswesens zu verbessern und zu erleichtern. Wenn erforderlich, soll auch Erleichterung im allgemeinen sozialen Leben durch Unterstützung bei der Beschaffung einer behindertengerechten Wohnung, die barrierefrei begehbar und zu verlassen ist, geschaffen werden.

Der Leistungszweck soll durch *Einsatz finanzieller Mittel* und durch *besondere Dienstleistungen* erreicht werden.

3. Soziale Eingliederungshilfe und Sozialhilfe

Die **Anspruchsgrundlage** für die Leistungen zur sozialen Eingliederung iSv. § 55 SGB IX findet sich in **§ 53 Abs. 1, S. 1 SGB XII**. Dort ist bestimmt:

§ 53 I 1 SGB XII

> Personen, die durch eine Behinderung im Sinne von § 2 Abs. 1 Satz 1 des Neunten Buches wesentlich in ihrer Fähigkeit, an der Gesellschaft teilzuhaben, eingeschränkt oder von einer solchen wesentlichen Behinderung bedroht sind, erhalten Leistungen der Eingliederungshilfe, wenn und solange nach der Besonderheit des Einzelfalles, insbesondere nach Art oder Schwere der Behinderung, Aussicht besteht, dass die Aufgabe der Eingliederungshilfe erfüllt werden kann.

Das Gesetz verwendet hier zwar nicht die übliche Formulierung »Anspruch haben auf ...«, doch im Wortlaut der Vorschrift kommt deutlich zum Ausdruck, dass Behinderte unter der Voraussetzung Leistungen erhalten, dass ihre Befähigung zur Teilhabe am gesellschaftlichen Leben eingeschränkt ist bzw. sie von einer derartigen Einschränkung bedroht sind.

Die Vorschriften des **SGB XII** regeln die Leistungen der Sozialhilfe. Die speziell für behinderte Menschen geschaffenen Unterstützungsleistungen der Eingliederungshilfe sind demnach Leistungen der Sozialhilfe. Deshalb müssen, wenn Leistungen der Eingliederungshilfe begehrt werden, in der Person des/der Antragstellers/in die Voraussetzungen für den Bezug von Leistungen der Sozialhilfe vorliegen.

3.1. Sozialhilfe

Die Leistungen der Sozialhilfe sind ganz allgemein für Menschen mit Behinderungen von Bedeutung, wenn sie wegen behinderungsbedingter Erwerbsunfähigkeit oder Minderung der Erwerbsfähigkeit oder aufgrund von behinderungsbedingter Arbeitslosigkeit nicht selbständig für den materiellen Bedarf ihrer Existenz sorgen können und deshalb auf Unterstützung von anderer Seite angewiesen sind.

Insbesondere Menschen, die bereits mit einer schweren Beeinträchtigung iSv. § 2 SGB IX auf die Welt gekommen sind, benötigen in vielen Bedarfslagen die Unterstützung der speziellen Leistungen der Eingliederungshilfe, weil sie ohne diese gar nicht bzw. nur sehr eingeschränkt am Leben in der Gemeinschaft teilnehmen könnten.

Die Sozialhilfe findet Erwähnung in **§ 9 SGB I** und dient als *soziales Recht* iSv. **§ 2 Abs. 1 SGB I** der Erfüllung aller in **§ 1 SGB I** genannten Rechte, in erster Linie aber der Sicherung eines menschenwürdigen Daseins. Wegen der Bedeutung von Leistungen der Sozialhilfe für Menschen mit Behinderungen sollen in der Folge die Grundsätze der Sozialhilfe kurz erläutert werden.

3.2. Aufgaben

Der gesetzliche Auftrag der Sozialhilfe ist deutlich in **§ 1 SGB XII** zum Ausdruck gebracht:

> Aufgabe der Sozialhilfe ist es, den Leistungsberechtigten die Führung eines Lebens zu ermöglichen, das der Würde des Menschen entspricht. Die Leistung soll sie so weit wie möglich befähigen, unabhängig von ihr zu leben; darauf haben auch die Leistungsberechtigten nach ihren Kräften hinzuarbeiten. Zur Erreichung dieser Ziele haben die Leistungsberechtigten und die Träger der Sozialhilfe im Rahmen ihrer Rechte und Pflichten zusammenzuwirken.

§ 1 SGB XII

Die Verpflichtung zu Erfüllung dieser Aufgabe leitet sich ab aus der *Rechtspflicht des Staates zur sozialen Absicherung* bedürftiger Menschen, die sich auf das Sozialstaatsgebot des **Art. 20 Abs. 1 GG** gründet. Das Sozialstaatsgebot beinhaltet auch die Bereitstellung von Leistungen der Sozialhilfe.

Siehe Kap. »Behindertenrecht und Sozialrecht«, Abschn. 1.2.

3.3. Leistungen und Träger

Zu den Leistungen der Sozialhilfe trifft § 28 SGB I eine allgemeine Aussage:

In **Abs. 1** ist ausgeführt: »Nach dem Recht der Sozialhilfe können in Anspruch genommen werden: ...« Unter anderem sind genannt die in diesem Buch behandelten Leistungsformen

- Hilfe zum Lebensunterhalt,
- Eingliederungshilfe für behinderte Menschen,
- Hilfe zur Überwindung besonderer sozialer Schwierigkeiten.

Dazu siehe Kap. »Behinderung und Psychisch-Kranken-Recht«, 2.

Nach **§ 3 SGB XII** werden die Sozialhilfeleistungen von den kreisfreien Städten und (Land-)Kreisen als Trägern der örtlichen Sozialhilfe erbracht.

Die öffentlichen Sozialhilfeträger haben eine gesetzlich festgelegte Pflicht zur Zusammenarbeit mit den Trägern der Freien Wohlfahrtspflege, vgl. § 5 SGB XII. Diese verfügen traditionell über ein weites Netz von Diensten, welche verschiedene Aufgaben der Sozialhilfe ausführen – so auch für Menschen, die von Behinderung betroffen sind und deshalb mit besonderen Schwierigkeiten bei der sozialen Integration zu tun haben oder auch für pflegebedürftige Menschen, die keine Pflegeleistungen von der gesetzlichen Pflegeversicherung nach dem SGB XI erhalten.

3.4. Anspruchsgrundlage

Die Leistungen der Sozialhilfe können in Anspruch genommen werden, wenn der/die Antragsteller/in in seiner/ihrer Person die Voraussetzungen für den Bezug von Leistungen der Sozialhilfe erfüllt.

Die Anspruchsgrundlage für Leistungen der Sozialhilfe – und damit auch für die Leistungen der Eingliederungshilfe – findet sich in den Regelungen der § 17 Abs. 1 SGB XII und § 19 Abs. 1 SGB XII, die im Kontext zu lesen sind. Diese Vorschriften werden nachstehend im Wortlaut wiedergegeben.

Die Vorschrift des § 17 Abs. 1 SGB XII lautet:

§ 17 I 1 SGB XII
> Auf Sozialhilfe besteht ein Anspruch, soweit bestimmt wird, dass die Leistung zu erbringen ist.

Die Vorschrift des § 19 Abs. 1 SGB XII konkretisiert die Voraussetzungen, bei deren Vorliegen Leistungen der Sozialhilfe gewährt werden:

§ 19 I 1 SGB XII
> Hilfe zum Lebensunterhalt […] ist Personen zu leisten, die ihren notwendigen Lebensunterhalt nicht oder nicht ausreichend aus eigenen Kräften und Mitteln, insbesondere aus ihrem Einkommen und Vermögen, beschaffen können.

Bedürftigkeit

Wer seinen Lebensunterhalt nicht aus eigenen Kräften und Mitteln bestreiten kann, ist bedürftig – sie/er bedarf der Unterstützung durch Dritte. Demnach ist die Berechtigung, Leistungen der Sozialhilfe zu beanspruchen, abhängig von der Bedürftigkeit des/der Anspruchstellers/in.

Es stellt sich nun die Frage, was unter dem Begriff Bedürftigkeit im Sinne des Sozialhilferechts zu verstehen ist.

Die Vorschrift des § 2 Abs. 1 SGB XII trifft dazu eine klare Aussage:

§ 2 I SGB XII
> Sozialhilfe erhält nicht, wer sich vor allem durch Einsatz seiner Arbeitskraft, seines Einkommens und seines Vermögens selbst helfen kann oder wer die erforderliche Leistung von anderen, insbesondere von Angehörigen oder von Trägern anderer Sozialleistungen, erhält.

Grundsatz der Subsidiarität

Aus dem Wortlaut der Vorschrift wird die Subsidiarität von Leistungen der Sozialhilfe erkennbar. Die/der Anspruchsteller/in muss zunächst auf *eigene Ressourcen* zurückgreifen, bevor der Sozialhilfeträger in der

Leistungsverpflichtung steht. Oder umgangssprachlich ausgedrückt: wer sich selbst helfen kann, bedarf nicht der Unterstützung durch Sozialhilfe.

Beispiel: Ein Mensch, der seinen Lebensunterhalt wegen Arbeitslosigkeit nicht mehr aus seinem Arbeitsentgelt bestreiten kann, hat zunächst auf andere ihm zur Verfügung stehende finanzielle Möglichkeiten zurückzugreifen, vor allem auf

a) eigene finanzielle Ressourcen (Einkommen, Grundstück, Bankguthaben, Wertpapiere oder sonstige Vermögensgegenstände)

b) Zahlungsansprüche gegenüber Dritten, z.B. auf Unterhalt oder auf Zahlung von Schadensersatz,

c) finanzielle Ansprüche gegen andere soziale Leistungsträger wie z.B. gegen

– die Agentur für Arbeit bei Bezug von Arbeitslosengeld,

– die Agentur für Arbeit auf Unterhaltsgeld bei einer Maßnahme der Weiterbildung oder auf Arbeitslosengeld nach dem SGB III (vgl. §§ 79–83 und §§ 117 ff. SGB III),

– die Krankenkasse auf Krankengeld (vgl. §§ 44, 47 SGB V),

– die Rentenversicherung bei Vorliegen der gesetzlichen Voraussetzungen für einen Rentenbezug durch den zuständigen Träger (vgl. § 23 SGB I iVm. §§ 33 und 35 ff. SGB VI),

– die Unfallversicherung auf Zahlung von Verletztengeld nach §§ 45 ff. SGB VII,

– eine Haftpflichtversicherung, deren versichertes Mitglied eine Behinderung bei dem Unfallopfer verursacht hat.

Die insoweit zur Verfügung stehenden Geldmittel müssen zunächst einmal für den Lebensunterhalt eingesetzt werden, bevor Leistungen der Sozialhilfe in Betracht kommen.

Der Grundsatz des Nachrangs von Unterstützung durch die Sozialhilfe wird hier praktisch, wenn man sich vor Augen hält, dass ein Mensch, der Leistungen der Sozialhilfe beantragt, zunächst einmal von der/dem im Sozialamt zuständigen Sachbearbeiter/in nach vorhandenen Einkünften befragt wird. Sofern sie/er über Einkommen aus Erwerbstätigkeit, Sparguthaben, Erbschaft oder Anlagevermögen verfügt, muss sie/er diese Geldmittel verbrauchen – erst dann, wenn eigenes Einkommen und Vermögen verbraucht sind oder nicht mehr zur Bestreitung des Lebensunterhalts ausreichen, können Leistungen der Sozialhilfe beansprucht werden.

Beantragt also eine Person Leistungen der Eingliederungshilfe, wird durch den Träger der Sozialhilfe ermittelt, ob die/der Antragsteller/-in bedürftig iSv. § 2 Abs. 1 SGB XII ist oder ob nicht eigenes Einkommen und/oder Vermögen vorhanden sind, um für die Kosten des geltend gemachten Bedarfs an Leistungen der Eingliederungshilfe aufzukommen.

3.5. Einkommen und Vermögen

Die Begriffe Einkommen und Vermögen spielen deshalb für die Frage, ob Anspruch auf Leistungen der Eingliederungshilfe besteht, eine bedeutsame Rolle. Sie sollen nun im sozialhilferechtlichen Verständnis erläutert werden.

Der Begriff **Einkommen** ist definiert in § **82 SGB XII**: in **Abs. 1** der Vorschrift sind als Einkommen benannt: »alle Einkünfte in Geld oder Geldeswert mit Ausnahme von [...]« u.a. Leistungen der Sozialhilfe, Renten nach dem Bundesentschädigungsgesetz und die Grundrente nach dem Bundesversorgungsgesetz. In **Abs. 2** sind aufgeführt alle Positionen, die von den Einkünften nach Abs. 1 absetzungsfähig sind wie z.B. Beiträge zur Sozialversicherung oder einer anderen Versicherungsart. In **Abs. 3** sind u.a. berufsbedingte Ausgaben behinderter Menschen, die in einer Werkstatt für Behinderte tätig sind, als absetzbar deklariert.

Die Vorschrift des § **90 SGB XII** behandelt das einzusetzende **Vermögen**. In Abs. 1 der Vorschrift ist die Rede ist von dem »verwertbaren Vermögen«, ohne dass dieser Begriff näher umschrieben wird. Gemeint sind geldeswerte Positionen, deren wirtschaftliche Nutzung Geld einbringt. Demnach sind unter Vermögen iSd. Vorschrift alle geldwerten Gegenstände zu verstehen, also z.B. Grundstücke, Wertpapiere, Sparbücher, Kunstgegenstände, Schmuckstücke, Münz- und Briefmarkensammlungen.

Grundsätzlich sind Einkommen und Vermögen zu verbrauchen, bevor Leistungen der Sozialhilfe beansprucht werden können. Wenn also die finanziellen Mittel, über die eine Person aufgrund einer Erwerbstätigkeit oder aus anderen Gründen verfügt, über dem Sozialhilfesatz (d.h. dem Regelsatz iSv. § 28 SGB XII) liegen, so ist zunächst dieses Geld für die Lebenshaltungskosten aufzuwenden, bevor ein Bezug von Sozialhilfe in Betracht kommt, s. § 87 SGB XII.

Dies muss aber nicht zwangsläufig bedeuten, dass die/der Antragsteller/in erst einmal den »letzten Heller« ausgeben muss, bevor Sozialhilfe gewährt wird, vgl. § 87 SGB XII. Nach dieser Vorschrift ist die Aufbringung und Verwendung von Eigenmitteln nur in *angemessenem Umfang* zumutbar – das meint: Das Sozialamt darf nicht etwas »wirtschaftlich Sinnloses« verlangen. Beispielsweise nicht den Verkauf des eigenen Hauses, weil dann der bedürftige Mensch eine Unterkunft beziehen müsste, für welche das Sozialamt die Mietkosten zu tragen hätte, wenn dieser Mensch wieder auf Leistungen der Sozialhilfe angewiesen wäre.

Merke: Nicht alles, was zu Geld gemacht werden könnte, fällt unter den gesetzlichen Begriff »verwertbares Vermögen« – zu Einzelheiten siehe § 90 Abs. 2 Ziff. SGB XII.

4. Leistungsarten der Sozialhilfe

Die unterschiedlichen Arten von Leistungen, die der Sozialhilfeträger bei festgestellter Unterstützungsbedürftigkeit zur Verfügung stellen muss, sind in **§ 8 SGB XII** aufgelistet. Es wird unterschieden zwischen dem Anspruch auf

- **Hilfe zum Lebensunterhalt** (HLU) nach §§ 27 bis 40 SGB XII (zu lesen iVm. § 19 Abs. 1 SGB XII),
- zur **Grundsicherung** im Alter und bei Erwerbsminderung nach § 19 Abs. 2 SGB XII iVm. §§ 41 bis 46 SGB XII,
- zur **Eingliederung** für Menschen mit Behinderungen (soziale Eingliederungshilfe) nach § 19 Abs. 3 SGB XII iVm. §§ 53 bis 58 SGB XII und §§ 55 bis 58 SGB IX (siehe auch § 8 Ziffer 4 SGB XII, der einen Verweis auf die §§ 53 bis 60 SGB XII gibt),
- zur **Gesundheit** und zur **Pflege** nach §§ 47-52 und 61-66 SGB XII,
- zur **Überwindung besonderer sozialer Schwierigkeiten** und Hilfe in anderen Lebenslagen, §§ 67–74 SGB XII.

4.1. Hilfe zum Lebensunterhalt

Die Hilfe zum Lebensunterhalt (HLU) als Leistung der Sozialhilfe nach **§ 19** und **§§ 27 ff. SGB XII** soll nun mit Blick auf Menschen mit Behinderungen kurz vorgestellt werden.

Die Grundsätze der Hilfe zum Lebensunterhalt haben im Kontext mit der Eingliederungshilfe eine besondere Bedeutung deshalb, weil die Eingliederungshilfe als Unterstützungsleistung für Menschen mit Behinderungen nur gewährt wird, wenn grundsätzlich die Vorraussetzungen für den Bezug von Sozialhilfe in Form der Eingliederungshilfe in der Person des behinderten Menschen und in Ansehung seiner Lebensumstände vorliegen.

Verfahren

Der Anspruch auf Hilfe zum Lebensunterhalt sowie Art und Umfang dieser Leistung im Einzelnen werden in einem Verfahren geklärt, das auf den Leistungsantrag hin durchgeführt wird.

Bevor über den Antrag auf Hilfe zum Lebensunterhalt entschieden wird, muss gemäß **§ 11 SGB XII** eine *Beratung des behinderten Menschen* erfolgen über

- seine persönliche Situation,
- die Möglichkeiten der Selbsthilfe,
- die Möglichkeiten der Teilhabe am Leben in der Gemeinschaft und
- die Möglichkeit der Heranziehung unterhalts- bzw. zahlungsverpflichteter Dritter.

Das Sozialamt hat eine Einzelfallprüfung vorzunehmen und folgende Feststellungen zu treffen:

- Kommt HLU oder HbL (Hilfe in besonderen Lebenslagen) in Betracht?
- Welche Hilfeform ist geeignet – persönliche Unterstützung, Geld- oder Sachleistung?
- Liegen die allgemeinen Anspruchsvoraussetzungen vor – insbesondere: besteht keine Leistungsverpflichtung anderer? Welcher Bedarf liegt für wie lange in welchem Umfang vor und welcher Bedarf ist im Einzelfall angemessen?

4.2. Bedarf

Der Bedarf ist genau zu bestimmen unter den Aspekten Dauer, Umfang und Angemessenheit.

In der Arbeit mit behinderten Menschen sind diese, wenn sie aufgrund der Behinderung ängstlich oder gehemmt sind, möglichst von einer heil- oder sozialpädagogischen Fachkraft auf das Ermittlungsgespräch vorzubereiten; eine Begleitung während des Gesprächs im Amt ist häufig angezeigt.

Ermittlungsgespräch

Wird von der/dem zuständigen Sachbearbeiter/in festgestellt, dass die Voraussetzungen für den Erhalt von Leistungen der Sozialhilfe gegeben sind, wird der Umfang des Anspruchs ermittelt. Es erfolgt eine Gegenüberstellung des für den Gesamtbedarf erforderlichen Betrages und des Einkommens der bedürftigen Person bzw. Familie.

Es stellt sich hier die Frage: Was ist der *notwendige Lebensunterhalt*?

Dazu führt **§ 27 Abs. 1 SGB XII** aus:

> Der notwendige Lebensunterhalt umfasst insbesondere Ernährung, Unterkunft, Kleidung, Körperpflege, Hausrat, Heizung und persönliche Bedürfnisse des täglichen Lebens. Zu den persönlichen Bedürfnissen des täglichen Lebens gehören in vertretbarem Umfang auch Beziehungen zur Umwelt und eine Teilnahme am kulturellen Leben.

§ 27 I SGB XII

Wenn hier die Beziehungspflege mit der sozialen Umwelt und die Teilnahme am kulturellen Leben als Leistungen zum notwendigen Lebensunterhalt gerechnet, also als Leistungen der Sozialhilfe benannt werden, dann ist der Bezug zu den Leistungen zur Teilhabe am Leben in der Gemeinschaft nach § 55 SGB IX deutlich erkennbar.

Da die Leistungen zum Lebensunterhalt nicht als Sachleistung (also nicht in »Naturalien« wie ein Gutschein für Lebensmittel und Bekleidung) gegeben werden, stellt sich die Frage: »Wie viel Geld bekommt ein/eine Sozialhilfeleistungsberechtigte/r?«

Hier ist nun der Begriff Regelbedarf iSv. **§ 28 SGB XII** zu erörtern.

Frage: Was bedeutet dieser Begriff?

Der Begriff Regelbedarf meint die Summe aller materiellen Aufwendungen, die ein durchschnittlich lebender Bürger benötigt, um ein Le-

Regelbedarf

ben zu führen, das der Menschenwürde nach bundesdeutschem Standard entspricht.

Nach **§ 28 SGB XII** wird der gesamte Bedarf für den notwendigen Lebensunterhalt nach Regelsätzen erbracht – mit Ausnahme von Leistungen für Unterkunft und Heizung und von Sonderbedarf.

Regelsatz

Der Regelsatz ist eine normative Größe – in einer Regelsatzverordnung wird festgelegt, welchen finanziellen Umfang die materielle Lebensgestaltung des durchschnittlichen Verbrauchers haben muss, um ein menschenwürdiges Leben sicherzustellen.

Merke: Bei dem Regelsatzbetrag handelt es sich nicht um die Summe, die sich aus der Befriedigung aller realen, materiellen Bedürfnisse, also aller Alltagswünsche einer Familie ergibt, sondern um einen Betrag, der zugrunde gelegt bzw. angenommen wird, damit eine auf durchschnittlichem Niveau lebende Familie in materieller Hinsicht ein menschenwürdiges Leben führen kann. Die Regelsätze gelten nicht für alle Bundesländer gleichermaßen; vielmehr werden sie durch eine Regelsatzverordnung (RSVO) in den einzelnen Bundesländern festgesetzt und in gewissen Zeitabständen dem steigenden Lebenshaltungsindex angepasst. Zur Information im Einzelnen sind die Sozialämter als Leistungsträger verpflichtet.

Zur **Ermittlung der Höhe von Sozialhilfe** im konkreten Einzelfall muss der reale Bedarf der antragstellenden Person (und ggf. der mit ihr lebenden Familienangehörigen) für den notwendigen laufenden Unterhalt festgestellt werden. Die Summe der tatsächlich erzielten Einkünfte ist dem realen Bedarf, der zur Bestreitung der laufenden Kosten für den Lebensunterhalt erforderlich ist, gegenüberzustellen. Es ist also eine Berechnung mit Bezug auf das *monatliche Einkommen* und die *monatlichen Ausgaben* vorzunehmen.

Beispiel: G. Hansen, 34 Jahre alt, arbeitet in einem Unternehmen in Görlitz/Sachsen. Er ist verheiratet und hat mit seiner Frau drei Kinder. Sein monatliches Nettogehalt (Steuern und Sozialversicherungsbeiträge für Kranken-, Renten- und Arbeitslosenversicherung sind abgezogen) beträgt 1.338,– €. Die Familie erhält Kindergeld in Höhe von 300,– € sowie Wohngeld in Höhe von 205,– €. Das zur Verfügung stehende Einkommen des Haushaltes von Familie Hansen beträgt also 1.843,– €.

Frage: Besteht ein Anspruch auf Sozialhilfe?

Zur Feststellung, ob und ggf. in welcher Höhe die Familie Hansen einen Anspruch auf Sozialhilfe hat, sind vom Sozialamt Görlitz das tatsächlich erzielte Einkommen und der für die Familie Hansen zu errechnende Regelbedarf gegenüber zu stellen.

Im Beispiel Hansen sind die Regelleistungen nach den Bestimmungen der Regelsatzverordnung (RSVO) für Sachsen zugrunde zu legen, die derzeit (Mai 2006) folgende Beträge ausweisen:

a) Erwachsener 1, Eckregelsatz 100% gem. § 3 Abs. 1   331,- €

b) Erwachsener 2, 80 % gem. § 3 Abs. 2 (RSVO)   265,- €

c) Kind 1, 16 Jahre, 80 % gem. § 3 Abs. 2   265,- €

d) Kind 2, 10 Jahre, 60 % gem. § 3 Abs. 2   199,- €

e) Kind 3, 8 Jahre, 60 %, gem. § 3 Abs. 2   199,- €

Für die Familie Hansen – zwei Erwachsene, drei Kinder – ist von einem Regelbedarf in Höhe von 1.207.- € für den Lebensunterhalt auszugehen; der Bedarf erhöht sich um

die Kosten für Wohnung – hier: 520,- €

sowie die Kosten für Heizung – hier: 84,- €

Der Gesamtbedarf beträgt damit insgesamt   1.811,- €.

Ergebnis: Der Gesamtbedarf in Höhe von 1.811,- € ist den Einkünften in Höhe von 1.843,- € gegenüberzustellen. Familie Hansen hat keinen Anspruch auf Sozialhilfe in Form der Hilfe zum Lebensunterhalt, weil der ermittelte Gesamtbedarf (Regelbedarf zzgl. Kosten für Wohnung und Heizung) um 32,- € unterhalb des anzurechnenden monatlichen Einkommens liegt.

Denkbar ist jedoch, dass auf Antrag gem. § 31 SGB XII *einmalige Hilfen* in Form von Übernahme der Kosten für die Erstausstattung einer Wohnung, für Anschaffung von Haushaltsgeräten oder Bekleidung oder für notwendige Anschaffungen und Aufwendungen im Zusammenhang mit familiären Feierlichkeiten oder für Klassenfahrten, Ferienfreizeiten, Musikunterricht oder Ähnlichem gewährt werden.

5. Leistungen der Eingliederungshilfe

Es soll nun ein Überblick zum **Leistungskatalog** der Eingliederungshilfe gegeben werden. Dieser ergibt sich aus den Vorschriften des **§ 54 SGB XII** iVm. **§ 55 SGB IX** – Leistungen zur Teilhabe am Leben in der Gemeinschaft.

Nachstehend sind die durch **§ 54 SGB XII** zur Verfügung gestellten Leistungen aufgelistet:

1. Hilfen zu einer angemessenen Schulbildung, […]
2. Hilfe zur schulischen Ausbildung für einen angemessenen Beruf einschließlich des Besuchs einer Hochschule,
3. Hilfe zur Ausbildung für eine sonstige angemessene Tätigkeit,
4. Hilfe in vergleichbaren sonstigen Beschäftigungsstätten nach § 56 (dort sind die Werkstätten für Behinderte genannt),
5. nachgehende Hilfe zur Sicherung der Wirksamkeit der ärztlichen und ärztlich verordneten Leistungen und zur Sicherung der Teilhabe der behinderten Menschen im Arbeitsleben.

> Die Träger der gesetzlichen Unfallversicherung erbringen nach § 39 SGB VII Leistungen zur Teilhabe am Leben in der Gemeinschaft, wenn die Behinderung durch einen Arbeitsunfall iSv. § ä SGB VII verursacht worden ist; § 39 SGB VII bezieht sich ausdrücklich auf die §§ 44, 53 und 54 SGB IX.

Die Leistungen zur Teilhabe am Leben in der Gemeinschaft nach **§ 55 SGB IX** umfassen insbesondere die Versorgung mit Hilfsmitteln, heilpädagogische Leistungen für noch nicht eingeschulte Kinder, Hilfen zur Förderung der Verständigung mit der Umwelt, Hilfen bei der Beschaffung einer behinderungsgerechten Wohnung und Hilfen zur Teilhabe am gemeinschaftlichen und kulturellen Leben.

Diese Leistungen werden durch die »Eingliederungshilfe-Verordnung« (in der Fassung vom 27.12.2003) noch sehr ins Einzelne gehend spezifiziert.

Die benannte Verordnung ist im Kontext mit **§ 33 SGB IX** und **§ 55 SGB IX** zu lesen. Sie beschreibt in ihrem Abschnitt II, §§ 6–24, den Katalog der zur Verfügung gestellten Leistungen. Hier sollen besonders hervorgehoben werden:

§ 6 – *Rehabilitationssport*: zu den Leistungen gehört auch der ärztlich verordnete Rehabilitationssport in Gruppen unter ärztlicher Betreuung und Überwachung;

§ 8 – *Hilfe zur Beschaffung eines Kraftfahrzeuges* gilt als Leistung zur Teilhabe am Arbeitsleben und zur Teilhabe am Leben in der Gemeinschaft. Sie wird in angemessenem Umfang gewährt, wenn der behinderte Mensch wegen Art und Schwere seiner Behinderung insbesondere zur Teilhabe am Arbeitsleben auf die Benutzung eines Kraftfahrzeugs angewiesen ist;

§ 9 – *andere Hilfsmittel*, Abs. 1: andere Hilfsmittel iSd. § 54 Abs. 1, Satz 1 SGB IX iVm. §§ 26, 33, und 55 SGB IX sind nur solche Hilfsmittel, da dazu bestimmt sind, zum Ausgleich der durch die Behinderung bedingten Mängel beizutragen;

In Abs. 2 werden dann beispielhaft eine Reihe dieser sog. *anderen Hilfsmittel* genannt wie z.b. Schreibmaschinen für Blinde, Verständigungsgeräte für Taubblinde, Tonbandgeräte mit Zubehör für Blinde, Blindenhunde mit Zubehör, besondere optische Hilfsmittel, Hörgeräte und Hörtrainer, Sprachübungsgeräte;

§ 12 – *Schulbildung*: die angemessene Schulbildung iSv. § 54 Abs. 1, Nr.1 SGB XII umfasst auch heilpädagogische Maßnahmen, wenn sie erforderlich und geeignet sind, dem behinderten jungen Menschen eine im Rahmen der allgemeinen Schulpflicht üblicherweise erreichbare Bildung zu ermöglichen;

§ 13 – *schulische Ausbildung für einen Beruf*: diese Hilfeform umfasst vor allem Hilfen zur Ermöglichung oder Unterstützung des Besuchs von berufsvorbereitenden Bildungseinrichtungen wie z. B. Berufsfachschulen, Hochschulen und Akademien sowie Ableistung von Praktika und Teilnahme an einem Bildungsprogramm durch Fernunterricht;

§ 16 – *allgemeine Ausbildung*: hier sind Maßnahmen angesprochen wie die blindentechnische Grundausbildung, die Vermittlung von Fähigkeiten zur Kommunikation und zur selbständigen Bewegung im Verkehr; hauswirtschaftliche Lehrgänge, die erforderlich und geeignet sind, dem behinderten Menschen die Besorgung des Haushalts ganz oder teilweise zu ermöglichen;

nach § 20 kann die Eingliederungshilfe auch darin bestehen, eine wegen der Schwere der Behinderung erforderliche Betreuungsperson mit den Besonderheiten im Umgang mit dem zu betreuenden Behinderten vertraut zu machen;

nach § 24 können zur Ermittlung von Art und Umfang der im Einzelfall in Betracht kommenden Maßnahme ein Arzt, ein Psychologe, ein Pädagoge oder eine andere sachverständige Person beigezogen werden.

Im Zusammenhang mit den Leistungen der sozialen Eingliederungshilfe steht auch das in **§ 57 SGB XII** geregelte persönliche Budget – die Vorschrift findet Entsprechung in **§ 17 Abs. 2-4 SGB IX**. Zweck dieser Leistungsform ist die Förderung der Selbstverantwortung des behinderten Leistungsberechtigten – sie/er bekommt für die bewilligte Hilfemaßnahme einen Pauschalbetrag zur Verfügung gestellt mit der Maßgabe, das Geld so zu verwenden, dass der Eingliederungszweck im konkreten Fall möglichst optimal erreicht wird.

6. Anspruch auf Eingliederungshilfe

Wie bereits oben dargelegt, wird Eingliederungshilfe als Leistungstypus der Sozialhilfe nur gewährt, wenn der Antragsteller *bedürftig iSd. Gesetzes* ist – sie/er selbst muss also die Voraussetzungen nach § 19 SGB XII in ihrer/seiner Person erfüllen. Die Vorschrift bestimmt:

§ 19 I 1 SGB XII

Hilfe zum Lebensunterhalt [Hervorhebung des Verfassers ...] ist Personen zu leisten, die ihren notwendigen Lebensunterhalt nicht oder nicht ausreichend aus eigenen Kräften und Mitteln, insbesondere aus ihrem Einkommen und Vermögen, beschaffen können.

Leistungen der Eingliederungshilfe können auch von behinderten Menschen in Anspruch genommen werden, die nicht arm im Sinne des Gesetzes sind. Wegen des Nachrangprinzips bei Leistungen der Sozialhilfe wird allerdings im Fall der Zuständigkeit des Sozialhilfeträgers von diesem geprüft, ob die Kosten der Maßnahme von dem Leistungsempfänger oder dessen unterhaltsverpflichteten Angehörigen zu zahlen sind.

Es soll in der Folge die erörtert werden, ob und in welchem Umfang der behinderte Mensch bei bestehendem Bedarf an einer Leistung der Eingliederungshilfe selbst für die Kosten der Hilfemaßnahme aufzukommen hat, oder ob ggf. die unterhaltspflichtigen Angehörigen die Kosten zu tragen haben. Die Frage lautet konkret: in welchem Umfang muss ein behinderter Mensch, der Leistungen der Eingliederungshilfe benötigt, eigenes Einkommen und Vermögen für die Kosten der Leistung aufbringen?

Die Begriffe Einkommen und Vermögen sind bereits unter Punkt 3.5 erläutert worden.

Einkommensgrenze

Hier nun ist der Begriff der Einkommensgrenze nach **§ 85 Abs. 1, S. 1 SGB XII** im Kontext von Bedeutung. Diese Regelung führt aus:

§ 85 I SGB XII

Bei der Hilfe [...] ist der nachfragenden Person [...] die Aufbringung der Mittel nicht zuzumuten, wenn während der Dauer des Bedarfs ihr monatliches Einkommen zusammen eine Einkommensgrenze nicht übersteigt, die sich ergibt aus

1. einem Grundbetrag [...],
2. den Kosten der Unterkunft [...] und
3. einem Familienzuschlag [...].

Alles, was über die Einkommensgrenze hinausgeht, muss gem. der Vorschrift des **§ 87 Abs. 1 SGB XII** grundsätzlich für die Kosten der benötigten Leistung aufgewendet werden. Im Wortlaut führt die Vorschrift aus:

> Soweit das zu berücksichtigende Einkommen die Einkommensgrenze übersteigt, ist die Aufbringung der Mittel in angemessenem Umfang zuzumuten.

§ 87 I 1 SGB XII

In welchem Umfang die Bezahlung der Kosten dem Leistungsempfänger im Einzelfall auferlegt wird, also für zumutbar gehalten wird, ist eine Ermessensfrage, die von dem Sozialhilfeträger unter Berücksichtigung aller Umstände zu entscheiden ist – dem Aspekt der Angemessenheit kommt hier eine besondere Bedeutung zu. Was in einem konkreten Einzelfall vom Sozialhilfeträger für zumutbar bzw. angemessen erachtet wird, lässt sich nicht generalisierend zum Ausdruck bringen.

7. Qualitätssicherung

Auch die Leistungen der Eingliederungshilfe müssen bestimmten Qualitätsstandards genügen. Um die Qualität der Maßnahmen zu gewährleisten, schließen die Leistungsträger Vereinbarungen zur Qualitätssicherung, die von den Leistungserbringern zu beachten sind. Die Vorschrift des **§ 20 Abs. 1 SGB IX** regelt dies mit nachstehend auszugsweise wiedergegebenem Wortlaut:

§ 20 I 1 SGB IX

> Die Rehabilitationsträger […] vereinbaren gemeinsame Empfehlungen zur Sicherung und Weiterentwicklung der Qualität der Leistungen, insbesondere zur barrierefreien Leistungserbringung, sowie für die Durchführung vergleichender Qualitätsanalysen als Grundlage für ein effektives Qualitätsmanagement der Leistungserbringer.

Zum Management der Qualitätssicherung ist in **§ 20 Abs. 2 SGB IX** Folgendes ausgeführt:

§ 20 II SGB IX

> Die Erbringer von Leistungen stellen ein Qualitätsmanagement sicher, das durch zielgerichtete und systematische Verfahren und Maßnahmen die Qualität der Versorgung gewährleistet und kontinuierlich verbessert.

Aus diesen Vorschriften leitet sich für den Leistungsempfänger ein Anspruch auf eine dem zeitgemäßen Standard genügende Leistung her.

8. Wiederholungsfragen und -aufgaben

1. Worin ist der Zweck der Leistungen zur sozialen Eingliederung zu sehen? Lösung S. 132
2. In welchem Buch des SGB findet sich die Anspruchsgrundlage für diese Leistungen und aus welchem Grund ist die Einordnung dort vorgenommen? Lösung S. 134
3. Listen Sie die Voraussetzungen für den Bezug von Leistungen der Sozialhilfe auf! Lösung S. 136 ff.
4. Geben sie eine Umschreibung des Begriffs »notwendiger Lebensunterhalt«! Lösung S. 141 ff.
5. Erläutern Sie den Begriff »Regelbedarf« Lösung S. 141 f.
6. Kennzeichnen Sie die Funktion der Eingliederungshilfe-Verordnung! Lösung S. 144 f.

Behinderung und Betreuungsbedürftigkeit

1.	Verortung des Betreuungsrechts	152
2.	Betreuung und Vormundschaft	154
3.	Voraussetzungen für die Anordnung einer Betreuung	155
4.	Das gerichtliche Verfahren zur Betreuerbestellung	159
5.	Aufgabenkreis der Betreuung	164
6.	Durchführung der Betreuungsaufgabe	165
7.	Vergütung der Betreuungstätigkeit	170
8.	Wiederholungsfragen und -aufgaben	172

Betreuungsbedürftige Menschen gehören zu dem Kreis derjenigen, die mit einer körperlichen, geistigen und/oder seelischen Beeinträchtigung ihr Leben meistern müssen und dabei auf Hilfe und Unterstützung anderer angewiesen sind. Sie sind damit *behinderte Menschen* iSv. **§ 2 SGB IX**. In der Mehrzahl der Fälle von Betreuungsbedürftigkeit besteht ein Bedarf an Sozialleistungen – insbesondere an Leistungen der Krankenversicherung, der Pflegeversicherung oder nach dem Sozialhilferecht.

In diesem Kapitel sollen die Voraussetzungen für die Anordnung einer gesetzlichen Betreuung, das gerichtliche Verfahren zur Betreuerbestellung sowie die Aufgaben, die Rechte und die Pflichten der Beteiligten im Betreuungsverhältnis (der betroffene Mensch, die Betreuungsperson, das Vormundschaftsgericht) besprochen werden.

1. Verortung des Betreuungsrechts

Das Betreuungsrecht findet seine rechtlichen Grundlagen im Bürgerlichen Gesetzbuch (BGB), im Gesetz über die Freiwillige Gerichtsbarkeitsordnung (FGG) und in Nebengesetzen wie dem Betreuungsbehördengesetz (BetrBehG) und dem Betreuungsrechts-Änderungsgesetz (BetrRÄndG). Im SGB finden sich jedoch keine Regelungen zum Betreuungsrecht. Sozialleistungen nach dem SGB sind nicht Gegenstand der betreuungsrechtlichen Vorschriften.

1.1. Betreuung und Sozialgesetzbuch

Betreuungsbedürftige Menschen sind aus dem Blickwinkel der sozialrechtlichen Betrachtung dem Personenkreis behinderter Menschen iSd. **§ 2 SGB IX** zugehörig. Das ergibt sich aus dem Wortlaut der Vorschrift des § 1896 Abs. 1, S. 1 BGB, die ausführt wie folgt:

§ 1896 I 1 BGB

Kann ein Volljähriger auf Grund einer psychischen Krankheit oder einer körperlichen, geistigen oder seelischen Behinderung seine Angelegenheiten ganz oder teilweise nicht besorgen, [...].

Betreuungsbedürftigkeit bedarf als Zustand von Behinderung der Unterstützungsleistungen zur Rehabilitation und Teilhabe. Alle im SGB IX ausgewiesenen Leistungen stehen daher auch grundsätzlich Menschen zur Verfügung, die unter gesetzlicher Betreuung stehen. Sie können demnach wie andere Menschen mit Behinderungen Zugriff nehmen auf die *Leistungen zur Teilhabe*, wie sie im **§ 4 SGB IX** gekennzeichnet sind.

1.2. Betreuungsrecht als materielles und formelles Zivilrecht

Wie bereits erwähnt, sind die Regelungen des Betreuungsrechts Bestandteil des Bürgerlichen Gesetzbuches (BGB); die einschlägigen Vorschriften finden sich in den **§§ 1896 ff. BGB**. Dort ist festgeschrieben, unter welchen tatsächlichen Voraussetzungen die Betreuungsanordnung erfolgen kann, welche Rechtsbeziehungen durch die Errichtung eines Betreuungsverhältnisses begründet werden, und welche Aufgaben, Rechte und Pflichten die Beteiligten des Betreuungsverhältnisses in Beziehung zueinander haben.

Das gerichtliche Verfahren zur Anordnung der gesetzlichen Betreuung findet seine Rechtsgrundlage in dem Gesetz über die Freiwillige Gerichtsbarkeit (FGG).

2. Betreuung und Vormundschaft

Das Betreuungsrecht – in Kraft seit 1991 – hat das Rechtsinstitut der Vormundschaft über Volljährige abgelöst.

die Rechtslage bis 1990

Bis 1990 konnte ein behinderter Mensch entmündigt und unter Vormundschaft gestellt werden, wenn sich in seinem Verhalten Eigenschaften mit ‚sozial negativen Auswirkungen' zeigten. Nach *§ 6 BGB alter Fassung* galt Folgendes:

**§ 6 BGB a.F.
(bis 1990)**

(1) Entmündigt werden kann,
a) wer infolge von Geisteskrankheit oder Geistesschwäche seine Angelegenheiten nicht zu besorgen vermag;
b) wer durch Verschwendung sich oder seine Familie der Gefahr des Notstandes aussetzt;
c) wer infolge von Trunksucht oder Rauschgiftsucht seine Angelegenheiten nicht zu besorgen vermag oder sich oder seine Familie der Gefahr des Notstandes aussetzt oder die Sicherheit anderer gefährdet.«
(2) Die Entmündigung ist wieder aufzuheben, wenn der Grund der Entmündigung wegfällt.

Die *Entmündigung* bedeutete einen radikalen Verlust der bürgerlichen Rechte. Der behinderte Mensch konnte keine rechtsgeschäftlichen Handlungen nach eigenem Willen vornehmen: von ihm getätigte Kaufgeschäfte, testamentarische Verfügungen und Schenkungen waren unwirksam; ihr/ihm war nicht erlaubt, das Wahlrecht auszuüben. Diese Situation der *Entrechtlichung* ist mit dem Inkrafttreten des Betreuungsrechts (1990) abgeschafft worden.

Das Rechtsinstitut der Vormundschaft besteht nach wie vor für minderjährige Menschen. Diese stehen unter gesetzlicher Vormundschaft der Eltern (vgl. §§ 1626 ff. BGB) oder eines von Amts wegen eingesetzten Vormunds (vgl. § 1773 f. BGB).

3. Voraussetzungen für die Anordnung einer Betreuung

Die Vorschrift des **§ 1896 Abs. 1, S. 1 BGB** formuliert die rechtlichen Voraussetzungen für die Anordnung einer gesetzlichen Betreuung. Im Wortlaut der Vorschrift ist ausgeführt:

> Kann ein Volljähriger auf Grund einer psychischen Krankheit oder einer körperlichen, geistigen oder seelischen Behinderung seine Angelegenheiten ganz oder teilweise nicht besorgen, so bestellt das Vormundschaftsgericht auf seinen Antrag oder von Amts wegen für ihn einen Betreuer.

§ 1896 I 1 BGB

Der von psychischer Krankheit, körperlicher oder geistiger Behinderung betroffene Mensch bedarf demnach der Unterstützung anderer – sie/er muss grundsätzlich hilfebedürftig sein, damit die Voraussetzung für die Bestellung einer Betreuungsperson gegeben ist.

Die Regelung des **§ 1896 Abs. 2, S. 2 BGB** stellt allerdings klar, dass der Zustand von Behinderung keine gerichtliche Anordnung einer Betreuung erfordert, wenn der betroffene Mensch seine Angelegenheiten durch einen Bevollmächtigten besorgen lassen kann oder sie durch andere Hilfen erledigt werden können. Diese gesetzliche Vorgabe bildet das entscheidende Kriterium zur Beantwortung der Frage, ob die Anordnung einer Betreuung erforderlich ist oder nicht.

3.1. Grundsatz der Erforderlichkeit

Die gerichtliche Anordnung einer Betreuung soll dem Schutz der Person und der Interessen des behinderten Menschen dienen und nicht zu unnötiger Bevormundung führen – sie muss also erforderlich sein. Erforderlichkeit bedeutet hier: anders als durch die Anordnung einer Betreuung können die gesundheitlichen, geschäftlichen und/oder sozialen Angelegenheiten des von Behinderung betroffenen Menschen ganz oder teilweise nicht interessengerecht besorgt werden.

Im Betreuungsrecht gilt deshalb der *Grundsatz des Nachrangs* einer Betreuungsanordnung. Nach dem Grundsatz der Erforderlichkeit ist eine Betreuungsanordnung nur dann geboten, wenn festgestellt ist,

Vorrang anderer Hilfen

a) dass die *subjektive* Betreuungsbedürftigkeit gegeben ist; dies heißt: die Auswirkungen der Behinderung erfordern eine Hilfestellung und Unterstützung durch Dritte;

b) dass die *objektive* Betreuungsbedürftigkeit vorliegt; es muss Angelegenheiten geben, die einer Erledigung bedürfen, die aber von dem betroffenen Menschen behinderungsbedingt nicht selbst geregelt werden können;

c) dass *keine anderweitige Hilfe* zur Verfügung steht, um die erforderliche Unterstützung ausreichend abzusichern.

Demnach ist eine Anordnung solange nicht erforderlich, wie sich jemand selbst behelfen kann bzw. eigenverantwortlich die für ihn notwendige Unterstützung durch andere selbst organisieren kann – hier sind denkbar die Organisation von Nachbarschafts- oder Verwandtenhilfe, die Unterstützung durch Leistungen sozialer Dienste oder die Beauftragung eines Vertreters zur Wahrnehmung der Angelegenheiten und Geschäfte, die der Betroffene behinderungsbedingt nicht mehr persönlich regeln kann.

3.2. Beispiele

Beispiel 1: *Alf leidet in regelmäßigen Abständen an manisch-depressiven Zuständen – wenn er sich »wie unter Strom« fühlt, gibt er alles Geld, das er für sich und seine Familie verdient, mit vollen Händen an Not leidende Menschen mit der Folge, dass seine Familie häufig kein Geld hat, um den schlichten Lebensunterhalt zu bestreiten Auch die Miete, Bankkredite und die monatlichen Leasing-Raten für das Auto können nicht mehr gezahlt werden – es drohen finanzieller Ruin und der soziale Abstieg.*

Frage: Ist die Voraussetzung für eine gesetzliche Betreuung gegeben?

Antwort: Hier liegt die Voraussetzung zwar grundsätzlich vor, weil Alf krankheitsbedingt seine Unterhaltspflicht gegenüber Frau und Kindern verletzt und seinen Zahlungsverpflichtungen nicht nachkommt – die Anordnung einer Betreuung wäre also wegen der Auswirkungen von Alfs Behinderung begründet. Fraglich ist jedoch, ob die Anordnung einer gesetzlichen Betreuung auch erforderlich wäre. Es ist nämlich zu prüfen, ob nicht eine andere Möglichkeit besteht, der von Alf krankheitsbedingt herbeigeführten Notlage seiner Familie zu begegnen – und hier kann das Problem so geregelt werden, dass der Arbeitgeber von Alf veranlasst wird, das Gehalt auf ein Bankkonto zu überweisen, über das nur die Ehefrau Verfügungsvollmacht hat.

Beispiel 2: *Eine ältere Dame leidet unter zunehmend starker Vergesslichkeit, was dazu führt, dass ihre Wohnung verdreckt. Auch vergisst sie oft den Haustürschlüssel in der Wohnung und kommt nicht mehr hinein; zudem spricht sie immer wieder bei den Nachbarn vor, ob man ihr nicht mit Lebensmitteln aushelfen könne, weil sie den Einkauf vergessen habe. Die Nachbarn kümmern sich um die Frau und helfen* gerne. *Ihrer Tochter ist das peinlich – sie überlegt, ob sie nicht eine Betreuung beantragen soll.*

Die Anordnung einer gesetzlichen Betreuung müsste erforderlich sein. Die Prüfung der Erforderlichkeit ergibt hier Folgendes:

Die Anordnung könnte geboten sein, weil die Frau nur noch eingeschränkt ihre eigenen Angelegenheiten selbst besorgen kann. Dennoch ist eine Betreuung nicht erforderlich, weil ausreichende Hilfe zur Verfügung steht und auch real geleistet wird. Allerdings muss diese »Selbsthilfe« dauerhaft und zuverlässig organisiert und abgesichert sein.

3.3. Unterhaltspflicht gegenüber Verwandten

Mit Blick auf verwandtschaftliche Beziehungen stellt sich die Frage, ob denn überhaupt eine Betreuung erforderlich ist, wenn der behinderte und betreuungsbedürftige Mensch erwachsene Kinder oder andere nahestehende Verwandte hat, die ihm bei der Regelung seiner Angelegenheiten – seien es Bankgeschäfte, Steuererklärung, Angelegenheiten einer Vermögensverwaltung, die Organisation einer Unterbringung im Altenheim oder die Klärung von Rentenangelegenheiten – Beistand und Hilfe geben können. Oft wird gesagt: »Es ist doch wohl eine Selbstverständlichkeit der verwandtschaftlichen Pflichten, in solchen Notlagen zu helfen!«

Wenn die Angelegenheiten eines betreuungsbedürftigen Menschen sich zuverlässig durch Verwandtschaftshilfe regeln lassen, dann besteht tatsächlich kein Erfordernis für die Bestellung eines gesetzlichen Betreuers.

3.4. Hilfeleistung eigener Art

Die Betreuungstätigkeit ist weder dem sozialen Leistungsrecht nach dem SGB, noch dem Unterhaltsrecht nach dem BGB, noch dem allgemeinen Vertragsrecht zuzuordnen; sie ist vielmehr eine Hilfeleistung eigener Art. Dies ergibt sich aus Folgendem:

- das Verhältnis zwischen dem betreuungsbedürftigen Menschen und der Betreuungsperson fußt nicht auf einem gegenseitigen Vertrag oder auf der Verwandtschaftsbeziehung; vielmehr wird es durch einen Gerichtsbeschluss begründet;
- die bei der Betreuung eines Menschen anfallenden Arbeiten sind rechtlich betrachtet sehr verschiedenartig und können allenfalls

teilweise dem Bereich des sozialen Leistungsrechts nach dem SGB zugeordnet werden.

keine unterhaltsrechtliche Verpflichtung

- Die Kinder eines betreuungsbedürftigen Menschen sind rechtlich nicht verpflichtet, diesem bei der Erledigung seiner Angelegenheiten Beistand zu geben, weil diese Unterstützung keine unterhaltsrechtliche, sondern eine moralische Pflicht ist.

Merke: Die Betreuungstätigkeit als solche, wie sie durch die §§ 1896 ff. BGB geregelt ist, stellt keine Unterhaltsleistung iSd. Unterhaltsrechts nach §§ 1601 ff. BGB dar.

Sollte jedoch wegen Alters oder Pflegebedürftigkeit eine Heimunterbringung geboten sein, dann haben grundsätzlich die Kinder dieses Menschen als Nachkommen ersten Grades für die Heimkosten aufzukommen, wenn der betroffene Mensch aus seinem eigenen Einkommen und Vermögen dazu nicht in der Lage ist. Diese Pflicht leitet sich aus den Vorschriften zum Verwandtenunterhalt nach **§§ 1601, 1602 BGB** ab. Voraussetzung ist hier allerdings, dass die Kinder über die Bestreitung des eigenen Lebensunterhalts hinaus in der Lage sind, Vater oder Mutter den Lebensabend in einem Heim zu finanzieren.

Die Vorschrift des **§ 1603 BGB** führt insoweit aus:

§ 1603 I BGB

Unterhaltspflichtig ist nicht, wer bei Berücksichtigung seiner sonstigen Verpflichtungen außerstande ist, ohne Gefährdung seines angemessenen Unterhalts den Unterhalt zu gewähren.

4. Das gerichtliche Verfahren zur Betreuerbestellung

Um ein gesetzliches Betreuungsverhältnis rechtswirksam zu begründen, muss ein gerichtliches Verfahren durchgeführt werden. Dieses Verfahren folgt den Vorschriften des Gesetzes über die Freiwillige Gerichtsbarkeit (FGG).

4.1. Zuständigkeit, Einleitung des Verfahrens

Gem. **§ 1896 BGB** ist das Vormundschaftsgericht die sachlich zuständige Instanz in Betreuungssachen; nach **§§ 35, 65 FGG** ist das Amtsgericht als Vormundschaftsgericht am Wohnort des Betroffenen zuständig.

Das Verfahren wird in Gang gesetzt durch einen Antrag bei dem zuständigen Gericht. Dieses hat den/die Betroffene/n über die Einleitung des Verfahrens zur gesetzlichen Betreuerbestellung zu benachrichtigen, vgl. **§ 16 FGG**. Der betreuungsbedürftige Mensch ist darauf hinzuweisen, dass sie/er sich durch einen Verfahrensbevollmächtigten (Vertrauensperson oder Rechtsanwalt) vertreten lassen kann.

4.2. Rechtsstellung des Behinderten im Verfahren und anwaltliche Vertretung

Nach **§ 66 FGG** ist der betroffene Mensch in allen Angelegenheiten, die das Betreuungsverfahren betreffen, grundsätzlich verfahrensfähig, das bedeutet: sie/er kann selbst Anträge stellen, Erklärungen abgeben und Rechtsmittel (Beschwerde) einlegen – vorausgesetzt, sie/er ist trotz der vorliegenden Krankheit oder Behinderung dazu in der Lage. Der behinderte Mensch kann auch einen Rechtsanwalt zur Vertretung seiner Interessen beauftragen.

Grundsätzlich hat sie/er auch die Kosten der anwaltlichen Vertretung zu bezahlen. Ist sie/er arm im Sinne des Gesetzes, dann besteht die Möglichkeit, einen Antrag auf Gewährung von *Prozesskostenhilfe* gem. § 14 FGG zu stellen. Diese Vorschrift verweist auf die Regelungen zur Gewährung von Prozesskostenhilfe nach §§ 114 ff. der Zivilprozessordnung (ZPO). Danach kann dem behinderten Menschen, der Subjekt des Verfahrens zur Anordnung einer gesetzlichen Betreuung ist, die Prozesskostenhilfe gewährt werden, wenn sie/er darlegen kann, dass sie/er arm iSd. Sozialhilferechts (SGB XII) ist. Das Gericht prüft, ob diese Voraussetzungen vorliegen und die Beiordnung notwendig ist. Sind beide Bedingungen gegeben, ist der Anwalt aus der Landeskasse zu vergüten.

4.3. Anhörung

Das Gericht muss gem. **§ 68 FGG** eine persönliche Anhörung des Betroffenen vornehmen; die Anhörung stellt das grundgesetzlich geschützte Recht auf Gewährung des rechtlichen Gehörs in einem Gerichtsverfahren dar. **Art. 103 GG** bestimmt:

§ 103 I GG

Vor Gericht hat jedermann Anspruch auf rechtliches Gehör.

Im Wege der Anhörung verschafft sich das Gericht einen unmittelbaren Eindruck darüber, ob die Voraussetzungen für die Anordnung einer gesetzlichen Betreuung vorliegen. Der Richter hat den betroffenen Menschen zu seinen persönlichen, materiellen und sozialen Verhältnissen zu befragen; ebenso auch zu der Art der Behinderung und nach den Ursachen der zugrunde liegenden Erkrankung und ihren Auswirkungen.

4.4. Ergebnis der Anhörung

Der betroffene Mensch ist über das Ergebnis der Anhörung in Kenntnis zu setzen: ihr/ihm wird erklärt, entweder

- aufgrund der Anhörung bestehe der Eindruck, sie/er benötige eine rechtliche Betreuung; ein fachärztliches Gutachten müsse die Frage abklären, ob eine Betreuerbestellung erforderlich sei; – sie/er habe sich von einem zum Gutachter bestellten Arzt untersuchen zu lassen, oder
- es bestehe keine Veranlassung, eine gesetzliche Betreuung anzuordnen.

4.5. Erstellung eines Gutachtens

Hält das Gericht nach seinem Eindruck die Anordnung einer Betreuung für erforderlich, dann wird gem. **§ 68 b FGG** ein **Gutachten** von einem durch das Gericht beauftragten ärztlichen Sachverständigen erstellt. Dieser hat eine Untersuchung durchzuführen und dann zu folgenden Fragen Stellung zu nehmen:

- Liegt eine psychische Krankheit oder eine geistige bzw. körperliche Behinderung vor?
- Welche funktionellen Einschränkungen bestehen? Liegen Störungen des Bewegungsapparats, der Merkfähigkeit, psychische Stö-

rungen oder Störungen in der Kommunikation mit der Umwelt vor?
- Ist die Krankheit oder Behinderung Ursache dafür, dass die/der Betroffene ihre/seine Angelegenheiten nicht mehr sinnvoll ordnen, verwalten, regeln und erledigen kann?
- In welchen Bereichen des allgemeinen Lebens bedarf sie/er einer Hilfestellung durch andere?
- Kann sich die/der Betroffene nicht anderweitig behelfen?
- Welche Behandlungs- und Rehabilitationsmöglichkeiten stehen zur Verfügung, um den Gesundheitszustand soweit zu bessern, dass eine Betreuungsanordnung nicht erforderlich ist?

Das Gericht hat die in dem Gutachten getroffenen Feststellungen kritisch zu würdigen; es ist nicht an die fachärztliche Beurteilung gebunden. Es kann sich auch gegen die Aussagen des Gutachters stellen, wenn es bei der Anhörung nach seiner Überzeugung zu einer anderen Auffassung gelangt.

4.6. Schlussgespräch und Abschluss des Verfahrens

Nach der Anhörung muss das Gericht unter Berücksichtigung des Gutachtens eine abschließende Entscheidung treffen. Hierzu bedarf es der Beachtung folgend benannter prozessualer Aspekte:

Nach **§ 68 Abs. 5 FGG** ist ein Schlussgespräch mit dem Betroffenen zu führen. Die Vorschrift lautet:

> Das Ergebnis der Anhörung, das Gutachten des Sachverständigen oder das ärztliche Zeugnis, der etwaige Umfang des Aufgabenkreises und die Frage, welche Person oder Stelle als Betreuer in Betracht kommt, sind mit dem Betroffenen mündlich zu erörtern [...].

§ 68 V 1 FGG

Dem betroffenen Menschen sind also mitzuteilen:
- das Ergebnis der Anhörung,
- das Ergebnis des Sachverständigengutachtens,
- die Person des Menschen, der nach Auffassung des Gerichts im konkreten Fall die Befähigung hat, alle mit der Betreuung zusammenhängenden Aufgaben im Interesse des unter gesetzliche Betreuung gestellten Menschen zu erfüllen (das ist die Betreuungsperson).

In dem Schlussgespräch ist der/dem Betroffenen, ggf. ihrem/seinem Vertreter noch einmal Gelegenheit zur Äußerung zu geben, siehe **§ 68a S. 4 FGG**. Dies allerdings nur dann, wenn sie/er es verlangt; dabei

§ 68a FGG

kann sie/er die Äußerung auch von einer Vertrauensperson vornehmen lassen. In **§ 68a S. 3** und **4 FGG** heißt es:

> [...] In der Regel ist auch dem Ehegatten des Betroffenen, seinem Lebenspartner, seinen Eltern, Pflegeeltern und Kindern Gelegenheit zur Äußerung zu geben, es sei denn, der Betroffene widerspricht mit erheblichen Gründen. Auf Verlangen des Betroffenen ist einer ihm nahestehenden Person und den in Satz 3 genannten Personen Gelegenheit zur Äußerung zu geben, wenn dies ohne erhebliche Verzögerung möglich ist.

Beispiel: *Wegen langjährigen Arzneimittelmissbrauchs leidet Hilde an einer geistigen Erkrankung – für sie soll eine gesetzliche Betreuung eingerichtet werden. Hilde hat sich wegen dieser Sache der Adele anvertraut, die ihr bereits als Heilpädagogin in der Suchtberatung zur Seite gestanden hat. Hilde lässt sich zum Schlussgespräch von Adele begleiten; diese soll vorbringen, dass eine Betreuung nicht erforderlich ist, da Hilde, wenn sie Hilfe braucht, ja immer zu Adele gehe. Adele trägt entsprechend vor und plädiert gegen eine Betreuerbestellung; der anwesende Arzt meint, Adele könne mangels fachmedizinischer Kenntnisse zur Sache nichts sagen und deshalb die Frage der Erforderlichkeit nicht beurteilen.*

Frage: Was wird der Richter tun?

Antwort: Der Richter muss hier eine Tatsachenfeststellung darüber treffen, ob Adele in den Angelegenheiten, in denen Hilde eine Betreuung benötigt, auch tatsächlich Unterstützung in hinreichendem Maße geben kann – ob also die Betreuungsanordnung erforderlich ist oder nicht. Sollte der Richter zu der Auffassung kommen, die Unterstützung für Hilde sei ausreichend, dann kann er eine von der Ansicht des Arztes abweichende Entscheidung treffen.

Schlussentscheidung

Nachdem alle verfahrensrechtlichen Schritte durchgeführt sind, ergeht durch den Richter die **Schlussentscheidung**. Sie muss nachstehend benannte Aspekte deutlich machen und inhaltlich präzise ausführen:

- die Anordnung der Betreuung als Entscheidung eines Gerichts, § 69 FGG,
- die konkrete Festlegung des Aufgabenkreises,
- den Zeitpunkt der Aufhebung oder der Verlängerung des Beschlusses (die Anordnung kann für höchstens fünf Jahre beschlossen werden, § 69 Abs. 1 Ziff. 5 FGG),
- ggf. einen Einwilligungsvorbehalt,
- die Benennung einer bestimmten Person zum Betreuer – die Betreuungsaufgabe kann auch einem Betreuungsverein übertragen werden.

Merke: Nach **§ 1897 Abs. 4 BGB** kann der betroffene Mensch eine Person als Betreuer/in vorschlagen, die er selbst für geeignet hält.

Die Schlussentscheidung ist dem behinderten Menschen, dem Verfahrenspfleger und dem zur Betreuungsperson berufenen Menschen bekannt zu geben – vgl. § 69 k Abs. 3 FGG.

Nach § 69 Abs. 1 Nr. 6 FGG muss eine die Rechtsmittelbelehrung erfolgen.

4.7. Rechtswirkung der gerichtlichen Entscheidung

Nach Eintritt der Rechtskraft des Betreuungsbeschlusses ist der behinderte Mensch auch weiterhin im Rechtsverkehr geschäfts- und handlungsfähig. Sie/er ist grundsätzlich nicht verpflichtet, Anordnungen der Betreuungsperson Folge zu leisten. Eine Ausnahme bildet der Einwilligungsvorbehalt.

Einwilligungsvorbehalt

Zu diesem Begriff führt die Vorschrift des **§ 1903 Abs. 1 BGB** aus:

Soweit dies zur Abwendung einer erheblichen Gefahr für die Person oder das Vermögen des Betreuten erforderlich ist, ordnet das Vormundschaftsgericht an, dass der Betreute zu einer Willenserklärung, die den Aufgabenkreis des Betreuers betrifft, dessen Einwilligung bedarf (Einwilligungsvorbehalt).

§ 1903 I 1 BGB

Das Gericht kann demnach anordnen, dass der unter Betreuung stehende Mensch sich die Entscheidung in einer Angelegenheit, die er selbständig regeln will, die aber zu dem Aufgabenbereich des Betreuers gehört, von diesem genehmigen lassen muss.

Beispiel: Ist ein Vorbehalt angeordnet, nach dem die/der Betreute für Kaufgeschäfte im Wert von mehr als 500,– € der Zustimmung des Betreuers bedarf, wird der Kauf über eine Sache von höherem Wert erst mit der Zustimmung des Betreuers wirksam.

Ein Geschäft, das der unter Betreuung stehende Mensch »in eigener Regie« abschließt, steht also solange im Zustand einer bedingten Wirksamkeit, bis die Einwilligung erfolgt.

5. Aufgabenkreis der Betreuung

Von zentraler Bedeutung ist *die konkrete Bestimmung des Aufgabenkreises*, den die Betreuungsperson gemäß Beschluss des Gerichts übertragen bekommt – vom Umfang der mit dem gerichtlichen Beschluss übertragenen Aufgaben ist die rechtliche Qualität der Beziehung zwischen dem behinderten Menschen und der ihr/ihm zur Seite gestellten Betreuungsperson abhängig.

Nachstehend seien hier die wesentlichen Aufgabenkreise genannt:

- die *Gesundheitsvor- und -fürsorge* bei Menschen, die aufgrund ihrer Beeinträchtigung nicht entscheiden können, ob und wann eine ärztliche Behandlung notwendig ist,
- die Begleitung bei der *Regelung sozialer Angelegenheiten* wie z.B. Kontaktpflege als Schutz vor Vereinsamung (die/der Betreuer/in regt Besuche von Angehörigen oder Freunden an oder animiert zum Besuch von Musik- und anderen Veranstaltungen),
- die Begleitung bei der *Regelung behördlicher Angelegenheiten* wie z.B. das Stellen von Anträgen auf Sozialhilfe, Wohngeld, Rente oder wegen einer Kur oder zum Zweck einer beruflichen Weiterbildung,
- die *Verwaltung* von Einkommen und Vermögen.

6. Durchführung der Betreuungsaufgabe

Die sich aus den übertragenen Aufgaben ergebenden Pflichten sind in einer Weise durchzuführen, dass der mit der Betreuungsanordnung verfolgte Zweck – die Wiedererlangung oder Verbesserung der individuellen und sozialen Kompetenzen (Rehabilitation) – auch soweit als möglich erreicht werden kann. Im Gesetz sind die an dem Rehabilitationszweck ausgerichteten Pflichten der Betreuungsperson in § 1901 Abs. 2 BGB festgeschrieben:

Pflichten der Betreuungsperson

> Der Betreuer hat die Angelegenheiten des Betreuten so zu besorgen, wie es dessen Wohl entspricht. Zum Wohl des Betreuten gehört auch die Möglichkeit, im Rahmen seiner Fähigkeiten sein Leben nach seinen eigenen Wünschen und Vorstellungen zu gestalten.

§ 1901 II BGB

Zu den Pflichten des Betreuers zählt auch die Erstellung einer Betreuungsplanung; das Erfordernis der Planung bedeutet einen Schritt hin zur Standardisierung von Betreuungsqualität – es soll zukünftig eine verbindliche Richtlinie zur Qualität der Betreuungsarbeit gelten, vgl. § 1901, Abs. 4 BGB.

Planung und Qualität

Aus der Sicht der Betreuungsperson sind bei der Aufgabendurchführung drei Beziehungsverhältnisse zu unterscheiden:

a) das **Innenverhältnis** bezeichnet die Rechtsstellung des Betreuers gegenüber dem Behinderten – hier sind bedeutsam die gemäß Betreuungsbeschluss wahrzunehmenden Aufgaben und die insoweit zu beachtenden Pflichten;

b) das **Außenverhältnis** meint die Rechtsstellung des Betreuers im Rechtsverkehr in allen vertragsrechtlichen Angelegenheiten, wenn ein Einwilligungsvorbehalt angeordnet ist; ferner muss er seine Vollmacht (Befugnis zur Vertretung des Betreuten) deutlich machen, wenn er für den unter Betreuung gestellten behinderten Menschen rechtsgeschäftliche Verpflichtungen eingeht;

c) das **Gerichtsverhältnis** definiert die Stellung des Betreuers im Verhältnis zum Vormundschaftsgericht – hier sind von Bedeutung die Pflichten, die der Betreuer gegenüber dem Gericht zu beachten hat (vor allem die Informations- und Berichtspflicht); bedeutsam sind auch die Rechte, die von der Betreuungsperson gegenüber dem Gericht geltend gemacht werden können (Recht auf Beratung bei Entscheidungsproblemen, Recht auf Vergütung der Tätigkeit).

In diesen drei Beziehungsverhältnissen hat die Betreuungsperson gemäß **§ 1901 Abs. 2 BGB** grundsätzlich im wohlverstandenen Interesse des behinderten Menschen zu handeln.

6.1. Das Innenverhältnis

Das Innenverhältnis ist von den nachstehend skizzierten Grundsätzen geprägt:
- dem Grundsatz der persönlichen Betreuung,
- dem Grundsatz der informierenden Begleitung und
- dem Grundsatz der beratenden Begleitung.

Beispiel 1: Erna möchte sich gerne eine Wohnzimmereinrichtung kaufen, weiß aber nicht, ob sie sich das leisten kann; ihr Betreuer gewährt ihr keinen Einblick in ihr Bankkonto und meint zu ihrem Plan: »Die alten Möbel sind doch noch super ... «

Frage: Was soll sie tun?

Antwort: Sie müsste den Betreuer auffordern, mit ihr zu erörtern, ob die Anschaffung neuer Möbel sinnvoll ist und ob sie sich den Kauf leisten kann. Der Betreuer müsste der Erna Klarheit über ihre finanzielle Situation verschaffen und sie entsprechend beraten; er kann nicht seine Auffassung zu dem beabsichtigten Kauf quasi »über ihren Kopf hinweg« durchsetzen. Er muss die Entscheidungs- und Geschäftsfähigkeit von Erna respektieren.

Beispiel 2: Doris ist Betreuerin des Alf. Sie meint, dass Alf über kurz oder lang in einer Heimeinrichtung leben müsse, weil er zunehmend weniger für sich selbst sorgen könne. Sie besorgt einen passenden Heimplatz für Alf und bringt ihn dort unter, obschon Alf gar nicht will und seine alltägliche Versorgung mithilfe der Nachbarn ganz gut organisiert ist. Alf glaubt, er müsse tun, was Doris bestimmt und fügt sich.

Frage: Handelt Doris im Sinne der Betreuungsaufgabe?

Antwort: Die Entscheidung der Betreuerin Doris ist rechtswidrig, weil sie den Wunsch des Alf ignoriert. Alf kann rechtswirksam nach eigenem Willen handeln, weil aus der Betreuungsanordnung keine Beschränkung der Geschäftsfähigkeit folgt. Hinzu kommt, dass die Betreuerin – lebt Alf erst im Heim – ihn vermutlich in erheblich geringerem Maße persönlich betreuen wird. Dann aber begleitet sie nicht mehr seine persönliche Entwicklung im Sinne einer förderlichen Rehabilitation, sondern trägt möglicherweise durch mangelnde persönliche Betreuung dazu bei, dass der Zustand der Betreuungsbedürftigkeit sich verfestigt.

Frage: Kann Alf sich gegen diese »Willkürmaßnahme« wehren?

Antwort: Alf hätte das Recht, sich beim Vormundschaftsgericht zu beschweren; er könnte auch verlangen, dass ihm eine andere Betreuungsperson zur Seite gestellt wird. Alf wäre – psychologisch gesehen – in einer schwierigen Lage, weil er gegen seine Betreuungsperson auftreten müsste.

6.2. Das Außenverhältnis

Ist dem Betreuer die Aufgabe der rechtsgeschäftlichen Vertretung übertragen, dann hat er die rechtlich relevanten Angelegenheiten im wohlverstandenen Interesse des unter gesetzliche Betreuung gestellten Menschen wahrzunehmen, vgl. § 1901 Abs. 2 BGB. Die Betreuungsperson hat zum Beispiel

- Fristen zu beachten und einzuhalten, wenn Anträge auf Sozialleistungen gestellt werden müssen (z.B. für eine Kurmaßnahme oder auf Pflegeleistungen oder auf Sozialhilfe),
- dafür zu sorgen, dass eine Steuererklärung fristgemäß abgegeben wird,
- darauf zu achten, dass die monatlichen Zahlungen für Miete, Energieversorgung und Rundfunk gezahlt werden,
- Hilfestellung bei einem Antrag auf Rente zu geben,
- den Behinderten zur Agentur für Arbeit zu begleiten, wenn ein Versuch zur beruflichen Wiedereingliederung unternommen werden soll.

6.3. Das Verhältnis zum Vormundschaftsgericht

Das Vormundschaftsgericht hat gem. § 1837 BGB gegenüber dem Betreuer eine Beratungs- und Aufsichtspflicht. Das Verhältnis zum Gericht ist ebenfalls durch eine Reihe von Pflichten gekennzeichnet. Die entsprechenden Regelungen finden sich im Recht der Vormundschaft nach §§ 1793 ff. BGB, die im Betreuungsrecht analoge Anwendung finden. Die wesentlichen Pflichten des gesetzlichen Betreuers im Verhältnis zum Gericht seien nachstehend genannt:

- Buchführung und Rechnungslegung bei Vermögensverwaltung, vgl. §§ 1841, 1908 i BGB,
- Berichts- und Mitteilungspflichten gem. §§ 1839, 1851 BGB iVm. § 1908 i BGB
    a) über die Entwicklung und den Wandel in den persönlichen Verhältnissen,

b) über die Entwicklung des gesundheitlichen Zustands,

c) bei einem Wechsel von Wohn- oder Aufenthaltsort,

d) zur Art und Weise, wie die Betreuung geführt wird (Häufigkeit der Kontakte, inhaltliche Ausgestaltung des Verhältnisses),

e) im Falle der Veranlassung einer geschlossenen Unterbringung und deren Beendigung,

f) die Veranlassung von ärztlichen Eingriffen zur Besserung der körperlichen, geistigen und seelischen Gesundheit,

- Stellungnahme zu der Frage, ob die Betreuung aufgehoben werden kann, § 1901, Abs. 5 BGB,
- Einholung einer richterlichen Genehmigung für Maßnahmen der Betreuungsperson, die der Genehmigung bedürfen, bevor sie durchgeführt werden können, § 1903 BGB.

genehmigungspflichtige Maßnahmen ...

Die genehmigungspflichtigen Maßnahmen sind besonders bedeutsam in der rechtlichen Beziehung des Betreuers zum Gericht. Es gibt Angelegenheiten, welche die/der gesetzliche Betreuer/in für den behinderten Menschen vornehmen will oder in Erfüllung seiner Aufgaben auch veranlassen muss, die wegen ihrer Tragweite einer Genehmigung durch das Gericht bedürfen. Hier spricht man von einem *Genehmigungsvorbehalt* – die Entscheidung der/des Betreuer/in/s wird erst dann rechtswirksam, wenn das Gericht diese Maßnahme per Beschluss gebilligt hat. Dieser Genehmigungspflicht unterliegen risikoreiche Gesundheitsmaßnahmen, den Betreuten verpflichtende Schuldverhältnisse, die freiheitsentziehende Unterbringung, die Sterilisation. Diese genehmigungspflichtigen Maßnahmen werden nachstehend im Einzelnen skizziert.

... in der Gesundheitsfürsorge

Für den Fall einer erforderlichen, aber risikoreichen Gesundheitsmaßnahme bestimmt die Vorschrift des **§ 1904 BGB** Folgendes:

§ 1904 I BGB

Die Einwilligung des Betreuers in eine Untersuchung des Gesundheitszustands, eine Heilbehandlung oder einen ärztlichen Eingriff bedarf der Genehmigung des Vormundschaftsgerichts, wenn die begründete Gefahr besteht, dass der Betreute auf Grund der Maßnahme stirbt oder einen schweren und länger dauernden gesundheitlichen Schaden erleidet. Ohne die Genehmigung darf die Maßnahme nur durchgeführt werden, wenn mit dem Aufschub Gefahr verbunden ist.

... bei Schuldverhältnissen

Soll ein Mietverhältnis über Wohnraum des Betreuten gekündigt oder aufgehoben werden, dann schreibt **§ 1907 Abs. 1 BGB** vor:

> Zur Kündigung eines Mietverhältnisses über Wohnraum, den der Betreute gemietet hat, bedarf der Betreuer der Genehmigung des Vormundschaftsgerichts.

§ 1907 I 1 BGB

Auch der Abschluss eines Dauerschuldverhältnisses, wie z.B. bei einem Ratenzahlungsgeschäft, ist genehmigungsbedürftig, weil die Möglichkeit gegeben ist, dass der unter Betreuung stehende Mensch behinderungsbedingt eine finanzielle Belastung eingeht, die er nicht tragen kann.

Dazu führt § 1907 Abs. 3 BGB aus:

> Zu einem [...] Vertrag, durch den der Betreute zu wiederkehrenden Leistungen verpflichtet wird, bedarf der Betreuer der Genehmigung des Vormundschaftsgerichts, wenn das Vertragsverhältnis länger als vier Jahre dauern [...] soll.

§ 1907 III BGB

Eine freiheitsentziehende Unterbringung darf gem. § 1906 Abs. 1 BGB von dem Betreuer nur veranlasst werden, wenn die Genehmigung des Vormundschaftsgerichts eingeholt worden ist. Das Verfahren für die Genehmigung der Unterbringung regeln die §§ 70 ff. FGG.

... bei freiheitsentziehender Unterbringung

Eine vormundschaftsgerichtliche Genehmigung ist gem. § 1905 BGB auch dann einzuholen, wenn die/der Betreuer/-in die Sterilisation einer von ihr/ihm betreuten Frau veranlassen will, weil als sicher davon auszugehen ist, dass diese Frau ein vor ihr ausgetragenes Kind behinderungsbedingt nicht wird versorgen und erziehen können. Ihr müsste gem. § 1666 BGB das Sorgerecht entzogen und das Kind anderweitig untergebracht werden. Dieses Vorgehen hätte eine schwere seelische Belastung für die behinderte Frau zur Folge, ein Gesundheitsschaden oder gar ein Suizid wäre nicht auszuschließen – eine Sterilisation wäre dann vermutlich situationsangemessen. Das Gericht hätte jedoch die Begründetheit der Maßnahme zu überprüfen.

... bei Sterilisation

7. Vergütung der Betreuungstätigkeit

Abschließend sollen die Leitlinien der finanziellen Abgeltung der Betreuungstätigkeit skizziert werden. Die Vorschriften der §§ 1835 bis 1836 e BGB sind hier einschlägig. Diese Regelungen betreffen ihrem Wortlaut nach zwar die Vergütung der Tätigkeit eines Vormunds. Doch nach § 1908 i BGB finden sie analoge Anwendung auf die Tätigkeit des gerichtlich bestellten Betreuers.

Grundsätzlich soll die Betreuung unentgeltlich durchgeführt werden (vgl. § 1836 Abs. 1, S. 1 BGB). Dies gilt allerdings nicht, wenn die Betreuungsperson die Tätigkeiten berufsmäßig ausführt, wie dies der Fall ist bei professionellen Einzelbetreuern, die selbständig oder für einen Betreuungsverein arbeiten. Hier ist die Betreuertätigkeit wie eine Erwerbstätigkeit zu sehen – sie ist entsprechend als Dienstleistung zu bezahlen.

Hinsichtlich der Kosten, die von dem Betreuer für die Durchführung der Betreuungsaufgabe geltend gemacht werden können, ist zu unterscheiden zwischen

- dem Aufwendungsersatz, § 1835 BGB
- der Aufwandsentschädigung, § 1835 a BGB und
- der Vergütung, 1836 BGB.

In § 1835 Abs. 1 BGB heißt es:

§ 1835 I 1 BGB

Macht der Vormund zum Zwecke der Führung der Vormundschaft Aufwendungen, so kann er [... von dem Betreuten ...] Ersatz verlangen; [...].

Zu dem Aufwendungsersatz iSv. § 1835 BGB gehören etwa der Ersatz von Fahrkosten oder der Kauf besonderer Unterlagen für die Verwaltung von Einkommen und Vermögen; ebenso zählen zu den Aufwendungen die Kosten für eine Haftpflichtversicherung gegen Schäden, die der Betreuer bei der Erfüllung seiner Pflichten verursacht.

Nach § 1835 a BGB kann eine Aufwandsentschädigung verlangt werden. Diese stellt eine pauschale Abgeltung für den mit der Durchführung der Betreuungsaufgabe erforderlichen Zeitaufwand dar. Die Vergütung einer berufsmäßig geführten Betreuung findet ihre Regelung in § 1836 b BGB.

Kostenschuldner ist der behinderte Mensch, der durch Gerichtsbeschluss unter Betreuung gestellt worden ist. Er hat die Vergütung der Betreuungstätigkeit und die mit ihrer Durchführung entstehenden Kosten zu zahlen.

Ist der unter Betreuung gestellte Behinderte arm im Sinne des Gesetzes, also mittellos, gelten die Regelungen der §§ 1836 d und 1836 e

BGB. Der mittellose Betreute muss nach § 14 FGG Prozesskostenhilfe beantragen – die Vergütung des Betreuers erfolgt dann durch die Justizkasse.

7.1. Umfang der Arbeit als Kriterium

Die Kosten werden von dem zuständigen Rechtspfleger am Amtsgericht festgesetzt: Dem Einzel- und Vereinsbetreuer ist auf Antrag eine »angemessene Vergütung« zu gewähren – sie kann als Stunden- oder Ermessensvergütung festgesetzt werden; Voraussetzung dafür ist, dass die Betreuung berufsmäßig geführt wird (vgl. § 1836 Abs. 1 S. 2 BGB); in Satz 4 der Vorschrift ist das Merkmal der Berufsmäßigkeit konkretisiert: der Betreuer führt mehr als 10 Fälle oder hat einen Zeitaufwand von mehr als 20 Stunden pro Woche.

7.2. Vergütung nach dem 2. Betreuungsrechts-Änderungsgesetz

Durch das 2. Betreuungsrechts-Änderungsgesetz (in Kraft seit 1. Juli 2005) sind vor allem mit Blick auf die Vergütung der Betreuungstätigkeit einige Neuerungen bewirkt worden. Für jede Einzeltätigkeit wird eine Pauschale gezahlt – diese liegt nun in der Regel über der Vergütung, die in der bisherigen Abrechnungspraxis der Rechtspfleger am Vormundschaftsgericht üblicherweise festgesetzt wurde.

Pauschalierung der Kostensätze

Bei der Abrechnung im Einzelfall wird unterschieden zwischen Vergütungssätzen für

a) Vormünder und Pfleger (bei der Betreuung Minderjähriger),

b) Berufs- und Vereinsbetreuer,

c) zwischen der Betreuungstätigkeit für Heimbewohnern sowie der bei Nichtheimbewohnern,

d) die pro Monat geleistete Arbeit und den Aufwendungsersatz.

Bei längeren Betreuungsverhältnissen differiert die Bezahlung im ersten Jahr der Betreuungstätigkeit zwischen den einzelnen Quartalen; zum Beispiel werden im 1. Quartal noch 8,5 Stunden monatlich vergütet, hingegen im 3. und 4. Quartal nur noch 6,0 Stunden monatlich; ab dem 2. Jahr monatlich nur noch 4,5 Stunden. Der Gesetzgeber geht hier von der Fiktion aus, dass mit fortschreitender Dauer eines Betreuungsverhältnisses der zeitliche Aufwand zur Erledigung der Betreuungsaufgaben abnimmt.

Merke: Wegen weiterer Einzelheiten ist eine Auskunft bei der zuständigen Betreuungsbehörde zu bemühen.

8. Wiederholungsfragen und -aufgaben

1. Begründen Sie die Bedeutung des Betreuungsrechts für die rechtliche Situation behinderter Menschen! Lösung S. 152
2. Erläutern Sie den Begriff »Erforderlichkeit der Betreuung«! Lösung S. 155 ff.
3. Welchen Zwecken dient die richterliche Anhörung des behinderten Menschen im Verfahren zur Anordnung einer gesetzlichen Betreuung? Lösung S. 160-162
4. Geben Sie eine Umschreibung des Begriffs »Aufgabenkreis der Betreuung«! Lösung S. 164
5. Welche Funktion hat der Einwilligungsvorbehalt? Lösung S. 163
6. Hat der Betreuer die Möglichkeit, auch gegen den Willen des unter Betreuung gestellten Menschen eine ärztliche Behandlungsmaßnahme zu veranlassen? Lösung S. 168

Behinderung und Psychisch-Kranken-Recht

1.	Verortung des Psychisch-Kranken-Gesetzes	174
2.	Hilfen nach dem PsychKG als Leistungen des SGB	179
3.	Maßnahmen gegen den Willen des psychisch kranken Menschen	181
4.	Wiederholungsfragen und -aufgaben	186

Vorbemerkungen: Nach allgemein anerkannten statistischen Erhebungen leiden in der deutschen Bevölkerung von zehn Menschen vier zumindest einmal im Leben an einer psychischen Störung mit Krankheitswert.

Eine psychische Krankheit ist eine Behinderung iSv. § 2 SGB IX, da sie die Möglichkeiten des betroffenen Menschen zur Teilhabe am Leben in der Gesellschaft beeinträchtigt. Die Betroffenen fühlen sich häufig an den Rand des gesellschaftlichen Geschehens gedrängt oder klagen darüber, dass sie sich von den allgemeinen sozialen Aktivitäten ausgeschlossen fühlen. Depressive Symptome oder Angststörungen sind die am häufigsten auftretenden Leiden. Die allgemeine Leistungsfähigkeit der Betroffenen ist in der Regel erheblich vermindert.

Etwa 5 % der Menschen, die von psychischer Krankheit betroffen sind, ist alkoholabhängig; eine weitaus größere Zahl ist medikamentenabhängig und drogensüchtig. Ca. 6 % haben eine Persönlichkeitsstörung. Bei den über 65-jährigen Bürgern sind es etwa 5 %, bei denen eine mittelschwere bis schwere Demenz vorliegt; 8 % zeigen leichtere dementielle Symptome.

Von den häufig im jungen Erwachsenenalter erkrankten Menschen sind fast 80 % bereits wenige Jahre nach Krankheitsbeginn ohne eigenes Einkommen durch Erwerbstätigkeit mit der Folge von Armut und sozialem Abstieg. Leistungen aus den öffentlichen Mitteln der Sozialhilfe oder Leistungen der gesetzlichen Sozialversicherung werden notwendig.

1. Verortung des Psychisch-Kranken-Gesetzes

Die Regelungsmaterie des Psychisch-Kranken-Gesetzes (in der Folge abgekürzt mit PsychKG) liegt in der Zuständigkeit der Bundesländer; jedes Bundesland hat für seinen Verwaltungsbereich ein PsychKG erlassen. Der Grund für die Länderzuständigkeit ist vor allem in den z.T. sehr unterschiedlichen Strukturen der Gesundheitsversorgung in den Verwaltungsbezirken der einzelnen Bundesländern zu sehen – der unterschiedlichen Verwaltungsstruktur und Finanzsituation in den Landkreisen und Kommunen könnte bei einer bundeseinheitlichen Gesetzgebung nicht hinreichend Rechnung getragen werden. Inhaltlich aber weisen die Regelungen der einzelnen Ländergesetze nur unerhebliche Unterschiede aus.

1.1. Regelungsgegenstand

Die Vorschriften des »Gesetzes zur Hilfe und Unterbringung psychisch kranker Menschen« – so der Name des PsychKG Schleswig-Holstein, dessen Gesetzestext den Ausführungen in diesem Kapitel zugrunde liegt – sind inhaltlich geprägt durch

a) die Regelungen zur Gesundheitsversorgung nach dem SGB V und

b) die polizeirechtlichen Vorschriften zur Aufrechterhaltung der öffentlichen Sicherheit und Ordnung.

Siehe auch Kap. »Leistungen zur Gesundheitsversorgung und bei Pflegebedürftigkeit«, Abschn. 3.

Die Vorschrift des § 1 PsychKG weist den Regelungsgegenstand des Gesetzes aus. In **Abs.** 1 der Vorschrift wird klargestellt, dass Zweck der Vorschriften *Hilfen* und *Unterstützung* für psychisch kranke Menschen sind. Darüber hinaus aber sind auch Bestimmungen zur Unterbringung psychisch kranker Menschen in einem Krankenhaus erwähnt – Gegenstand des Gesetzes ist also auch die stationäre Krankenbehandlung in einer geschlossenen Abteilung der Psychiatrie.

1.2. Adressaten der Hilfen

In § 1 **Abs.** 2 PsychKG wird der Personenkreis konkretisiert, dem die Hilfen dienen sollen – es heißt dort:

Psychisch kranke Menschen im Sinne dieses Gesetzes sind Personen, bei denen eine seelische

1. Krankheit,
2. Behinderung oder
3. Störung von erheblichem Ausmaß

einschließlich einer Abhängigkeit von Rauschmitteln oder Medikamenten erkennbar ist.

§ 1 II PsychKG SH

Es wird hier deutlich die Eingrenzung des Adressatenkreises auf behinderte Menschen vorgenommen, die an einer krankheitsbedingten Beeinträchtigung der seelischen Gesundheit leiden. Zur besseren Anschauung seien einige Formen psychischer Störungen kurz skizziert (Bezug: Internationale Klassifikation psychischer Störungen, ICD – 10):

- Organische, einschließlich symptomatischer psychischer Störungen
- Psychische und Verhaltensstörungen durch psychotrope Substanzen (z.B. Depression als Ausdruck von Sucht- und Abhängigkeitserkrankungen)
- Schizophrenie, schizotype und wahnhafte Störungen

- Verhaltensauffälligkeiten mit körperlichen Störungen oder Faktoren
- Persönlichkeits- und Verhaltensstörungen
- Intelligenzminderung
- Entwicklungsstörungen
- Verhaltens- und emotionale Störungen mit Beginn in der Kindheit und Jugend
- Nicht näher bezeichnete psychische Störungen (z.B. regressives Verhalten mit Krankheitswert, Antriebsschwäche als Störung der Leistungssteuerung)
- Aggressives Verhalten mit Neigung zu Tätlichkeiten
- Selbstgefährdendes Verhalten (kann zu Selbstschädigung oder Tod durch Suizid führen; es kann durch fast alle psychischen Erkrankungen verursacht werden).

1.3. Der Hilfebegriff und die Organisation der Hilfen

Die Vorschrift des **§ 3 Abs. 1 PsychKG** definiert den Begriff der Hilfe im Sinne des Gesetzes und trifft eine Aussage zum Zweck der Hilfen; es wird dort ausgeführt:

§ 3 I PsychKG SH

> Hilfen nach diesem Gesetz sind Leistungen, die psychisch kranke Menschen befähigen, menschenwürdig und selbstverantwortlich zu leben. [...] Sie sollen dazu beitragen, dass seelische Krankheiten oder Störungen von erheblichem Ausmaß sowie Abhängigkeiten von Rauschmitteln und Medikamenten rechtzeitig erkannt und behandelt werden, und psychisch kranke Menschen befähigen, im Zusammenwirken mit der Behandlung die Dienste geeigneter Einrichtungen in Anspruch zu nehmen. [...]

Zweck der Hilfen

Aus der Sicht des sozialen Behindertenrechts nach dem SGB IX handelt es sich bei den Hilfen nach dem PsychKG um Unterstützungsleistungen zur medizinischen Rehabilitation iSv. § 26 Abs. 1, Ziff. 1 SGB IX. Die Hilfen sollen vor allem eine rechtzeitige Diagnose und Behandlung sicherstellen. Des Weiteren sollen die Hilfen, wenn eine stationäre Behandlung erforderlich gewesen ist, zu einem selbstverantwortlichen Leben außerhalb des Krankenhauses befähigen – so die Aussage des § 3 Abs. 3 PsychKG. Diese Zweckausrichtung entspricht der nach § 4 SGB IX.

Hilfearten

Über die unterschiedlichen Hilfearten finden sich im Gesetz ebenso wenig detaillierte Angaben wie über die konkrete inhaltliche Ausgestaltung der Hilfen im Einzelnen. Aus diesem Grund ist das PsychKG im Kontext mit dem Psychiatrieplan des Landes zu lesen. In diesem finden sich konkrete Ausführungen darüber, mit welchem Hilfeinstrumentarium die Umsetzung des Gesetzeszwecks erreicht werden soll.

Der Psychiatrieplan schreibt für die Kommunen die Pflicht zur Errichtung eines Versorgungsnetzes fest. Diese Verpflichtung hat jedoch nur deklamatorischen und keinen rechtsverbindlichen Charakter – sie ist ein Appell an das Problembewusstsein in den Selbstverwaltungsgremien der Kommune und ihrer Verwaltungsleitung. Wegen der Finanzhoheit der Kommunen kann das Land diesen nicht vorschreiben, welche Dienste und Einrichtungen vor Ort von den kreisfreien Städten und den Gemeinden zur Verfügung zu stellen sind.

Psychiatrieplan

Der Psychiatrieplan weist die zur Verfügung zu stellenden Hilfen und Dienste im Einzelnen aus. Bei diesen Hilfen handelt es sich insbesondere um

- eine Versorgung durch sozialpsychiatrische Schwerpunktpraxen – diese sollen durch ambulante Hilfen zur Vermeidung oder Verkürzung von stationärer Krankenhausbehandlung beitragen;
- die häusliche psychiatrische Krankenpflege;
- die Behandlung in psychiatrischen Institutsambulanzen (vgl. § 118 SGB V);
- Krisendienste zur Krisenintervention;
- Unterstützung durch Beratungsdienste und Kontaktstellen;
- das ambulante betreute Wohnen (kleinere Wohngruppen mit heil- bzw. sozialpädagogischer Begleitung);
- psychiatrische Pflegeheime als vollstationäre Wohnheimversorgung für geronto-psychiatrisch erkrankte Menschen;
- psychiatrische Krankenhausversorgung für Erwachsene sowie Kinder und Jugendliche;
- Tageskliniken zur Vermeidung vollstationären Krankenhausaufenthaltes;
- Spezialangebote für Abhängige von illegalen Drogen;
- Spezialangebote für Menschen mit psychotischen Störungen;
- Angebote für Kinder und Jugendliche mit psychosomatischen Störungen, insbesondere im Zusammenhang mit Schulverweigerung und Verhaltensauffälligkeiten.

Des Weiteren sind sog. nachgehende Hilfen vorgesehen. Die Vorschrift des § 3 Abs. 3 PsychKG führt dazu aus:

nachgehende Hilfen

Im Anschluss an eine stationäre Behandlung sollen die Hilfen den psychisch kranken Menschen vornehmlich den Übergang zu selbstverantwortlichem Leben und das Leben außerhalb des Krankenhauses erleichtern.

§ 3 III PsychKG SH

Konkret wird damit angesprochen die ambulante Weiterbehandlung des psychisch kranken Menschen nach einem stationären Klinikaufenthalt.

Nach **§ 4 Abs. 3 PsychKG** sollen die Kommunen in ihrem Verwaltungsbereich einen Sozialpsychiatrischen Dienst etablieren, der Hilfe und Unterstützung in Form von Sprechstunden, Hausbesuchen und Krisenintervention anbieten soll.

2. Hilfen nach dem PsychKG als Leistungen des SGB

Die in den Vorschriften des PsychKG angesprochenen Hilfen sind ihrer Rechtsnatur nach typische Leistungen für Menschen mit Behinderungen nach dem SGB V und dem SGB IX.

Zum Zweck dieser Leistungen ist in § 3 Abs. 1 PsychKG u.a. bestimmt:

Siehe dazu Kap. »Leistungen zur Gesundheitsversorgung und bei Pflegebedürftigkeit«, 3.

> Sie sollen dazu beitragen, dass seelische Krankheiten oder Störungen von erheblichem Ausmaß sowie Abhängigkeiten von Rauschmitteln und Medikamenten rechtzeitig erkannt und behandelt werden, und psychisch kranke Menschen befähigen, im Zusammenwirken mit der Behandlung die Dienste geeigneter Einrichtungen in Anspruch zu nehmen.

§ 3 I 3 PsychKG SH

Demnach handelt es sich um Hilfen, die eine rechtzeitige Diagnostik und frühzeitige Behandlung des psychisch kranken Menschen sicherstellen und damit der Zustandsverschlimmerung einer Krankheit und dem Eintritt von Behinderung vorbeugen. sollen Die Nähe zu den Regelungen des § 26 SGB IX ist unverkennbar. Die dort vor allem in § 26 Abs. 3 SGB IX benannten Leistungstypen dienen u.a. ebenfalls präventiven Zwecken. Die oben aufgelisteten Einrichtungen und Dienste können praktisch betrachtet durchaus mit den ihnen zur Verfügung stehenden Hilfeangeboten den Präventionszweck erfüllen, sofern die Kommunen ein Hilfesystem aufgebaut haben.

Siehe Kap. »Leistungen zur Gesundheitsversorgung und bei Pflegebedürftigkeit«, 3.1.

Darüber hinaus kommt in der Bestimmung des § 3 Abs. 3 PsychKG auch zum Ausdruck, dass Hilfestellung ebenso bei der Bewältigung krankheitsbedingt auftretender sozialer Schwierigkeiten gegeben werden soll. Damit sind die Hilfen zur Überwindung besonderer sozialer Schwierigkeiten iSv. §§ 67, 68 SGB XII angesprochen. Die Vorschrift des § 67 S. 1 SGB XII wird nachstehend im Wortlaut wiedergegeben:

Überwindung besonderer sozialer Schwierigkeiten

> Personen, bei denen besondere Lebensverhältnisse mit sozialen Schwierigkeiten verbunden sind, sind Leistungen zur Überwindung dieser Schwierigkeiten zu erbringen, wenn sie aus eigener Kraft hierzu nicht fähig sind.

§ 67 S. 1 SGB XII

Zum Umfang dieser Leistungen ist in § 68 Abs. 1, S. 1 SGB XII ausgeführt:

> Die Leistungen umfassen alle Maßnahmen, die notwendig sind, um die Schwierigkeiten abzuwenden, zu beseitigen, zu mildern oder ihre Verschlimmerung zu verhüten, insbesondere Beratung und persönliche Betreuung für die Leistungsberechtigten und ihre Angehörigen, Hilfen

§ 68 I 1 SGB XII

zur Ausbildung, Erlangung und Sicherung eines Arbeitsplatzes sowie Maßnahmen bei der Erhaltung und Beschaffung einer Wohnung.

Konkret bedeutet die Anwendung der genannten Vorschriften in der Praxis für den Einzelfall Folgendes: wird dem zuständigen Träger der Sozialhilfe über den sozialpsychiatrischen Dienst oder über einen Freien Träger in der Behindertenhilfe ein Problemfall bekannt gemacht, dann soll er mit dem betroffenen psychisch kranken Menschen eine Hilfeplanung entwickeln. Insbesondere sind hierbei die den Kranken betreuenden Heil- oder Sozialpädagogen/-ginnen zu beteiligen.

Nach § 4 Abs. 1 PsychKG werden diese Hilfen vom sozialpsychiatrischen Dienst in der Weise durchgeführt, dass Beratung und Betreuung angeboten werden. Das Beratungsangebot erfolgt durch Sprechstunden, ggf. auch durch Hausbesuche. Inhaltlich soll die Beratung eine umfassende Information über die psychische Gesundheit, die Möglichkeiten einer Behandlung und über den Umgang mit der Krankheit im Alltag geben. Ferner gehört zu der Beratung und Betreuung auch eine Aufklärung über die sozialrechtlichen Leistungsansprüche gegenüber der Agentur für Arbeit, dem Sozialamt oder einem anderen Träger von Leistungen nach dem SGB.

Aufklärung über sozialrechtliche Hilfen

Soweit diese Hilfen zur Überwindung besonderer sozialer Schwierigkeiten Kosten verursachen, sind diese in erster Linie von dem Hilfebedürftigen und nur dann vom Träger der Sozialhilfe zu zahlen, wenn der bedürftige Behinderte kein ausreichendes eigenes Einkommen oder Vermögen hat (siehe insoweit Kap. »Leistungen zur sozialen Eingliederung für behinderte Menschen«, 3.5.).

3. Maßnahmen gegen den Willen des psychisch Kranken Menschen

Die Regelungen der §§ 6 und 7 **PsychKG** bieten die Rechtsgrundlage für ein behördliches Einschreiten gegen den Willen des psychisch kranken Menschen.

Voraussetzung für ein solches Vorgehen ist, dass der betroffene Mensch durch sein Verhalten Anlass zu der Annahme gibt, sie/er bedürfe einer sofortigen neurologischen oder psychiatrischen Behandlung. Das ist der Fall, wenn der psychisch behinderte Mensch ein Verhalten zeigt, das deutlich macht, sie/er sei nicht mehr im vollen Besitz der eigenen Handlungs- und Steuerungsfähigkeit.

3.1. Vorrang des Hilfeangebots

Die Regelung des § 6 PsychKG geht davon aus, dass einem psychisch kranken Behinderten, nachdem bei diesem ein ungewöhnliches oder auffälliges Verhalten beobachtet worden ist, zunächst ein Beratungsangebot gemacht wird. Wenn die/der Betroffene dem Angebot auf Beratung und Unterstützung seitens des sozialpsychiatrischen Dienstes oder einer anderen Stelle der Gesundheitsverwaltung nicht nachkommt, dann kann der zuständige amtspsychiatrische Dienst diesen Menschen zu einer fachärztlichen Untersuchung vorladen. Voraussetzung dazu ist aber, dass Anhaltspunkte für eine von dem behinderten Menschen ausgehende Gefahr vorliegen.

In diesem Sinne trifft **§ 6 Abs. 1 PsychKG** folgende Regelung:

> Machen psychisch kranke Menschen von den Hilfen nach § 4 Abs. 1 keinen Gebrauch und liegen Anzeichen dafür vor, dass sie infolge ihrer Krankheit ihr Leben, ihre Gesundheit oder Rechtsgüter anderer erheblich gefährden, kann der Kreis oder die kreisfreie Stadt sie vorladen, um erneut Hilfen anzubieten und eine ärztliche Untersuchung durchzuführen.

§ 6 I 1 PsychKG SH

Wenn die/der Betroffene dann anlässlich des Gesprächs im Vorladungstermin erklärt, sie/er sehe die Notwendigkeit einer Behandlung ein und werde sich nun an einen Arzt wenden, dann wird dies als ausreichend erachtet – weitergehende Interventionen können unterbleiben.

3.2. Vorführung zur Untersuchung

Erfolgt keine Reaktion auf das Beratungsangebot, dann ist ein Hausbesuch zu veranlassen: im Wege eines verständigen Gesprächs soll die

Durchführung der Untersuchung auf freiwilliger Basis erreicht werden. Kommt auch nun keine Interaktion mit dem Betroffenen zustande, dann kann gem. **§ 6 Abs. 2 PsychKG** eine zwangsweise Vorführung zur Untersuchung angedroht und ggf. durchgeführt werden. Die erforderlichen Untersuchungsmaßnahmen können in diesem Fall auch gegen den Willen des betroffenen Menschen vorgenommen werden.

Fall: Der 48-jährige Bruno ist drogenabhängig. Nach Rauschmittelabusus ist er häufiger gegen seine Frau gewalttätig geworden; die Frau hat ihn schließlich verlassen. Nur kurze Zeit darauf ist Bruno nicht mehr zur Arbeit gegangen und wurde nach mehreren Abmahnungen schließlich entlassen. Den Kontakt zu Freunden und Verwandten hat er eingestellt. Die Nachbarn beschweren sich über sehr laute Musik und nächtliches Randalieren; zudem beschimpft Bruno Passanten auf der Straße. Gelegentlich äußert er, dass er sich »vor den Zug werfen« werde. Als eine Mitarbeiterin des sozialpsychiatrischen Dienstes bei Bruno einen Hausbesuch abstatten will, werden ihr Schläge angedroht, wenn sie nicht »sofort verschwinde«.

Bei einer solchen Sachlage wird der Betroffene als psychisch kranker Mensch angesehen, der durch sein Verhalten zeigt, dass er eine Gefahr für sich und Dritte darstellt.

Bruno könnte deshalb zu einer Untersuchung in die Räume des amtspsychiatrischen Dienstes vorgeladen bzw. – auch unter Anwendung von Zwang – vorgeführt werden und müsste dort Untersuchungsmaßnahmen dulden, selbst wenn er nachdrücklich erklären würde, dass er keine Untersuchung wolle.

3.3. Unterbringung gegen den Willen

Gleichartig gestaltet sich gem. **§ 7 PsychKG** die Rechtslage, wenn ein psychisch kranker Mensch mit seinem Verhalten eine Situation herbeiführt, die konkret geeignet ist, seine Gesundheit oder die körperliche Unversehrtheit anderer oder sonstige Rechtsgüter zu gefährden oder wenn dieser Mensch bereits Schädigungshandlungen vorgenommen hat. Die Vorschrift führt in **Abs. 1** aus:

§ 7 I PsychKG SH

Psychisch kranke Menschen können gegen oder ohne ihren Willen in einem geeigneten Krankenhaus untergebracht werden, wenn und solange sie infolge ihrer Krankheit ihr Leben, ihre Gesundheit oder Rechtsgüter anderer erheblich gefährden und die Gefahr nicht anders abgewendet werden kann.

konkrete Gefahrenlage

Der Gefahrbegriff im Sinne dieser Vorschrift verlangt eine konkrete Gefahrenlage. Nach **§ 7 Abs. 2** reicht bereits aus, wenn ein »schadenstiftendes Ereignis unmittelbar bevorsteht oder unvorhersehbar ist, jedoch wegen besonderer Umstände jederzeit damit gerechnet werden muss.« Im Sinne des Gesetzes liegt eine Gefahr also dann konkret vor, wenn eine Rechtsgutverletzung droht und sich ohne das Einschreiten Dritter voraussichtlich realisieren würde. Eine konkrete Gefahr ist umso mehr dann gegeben, wenn der psychisch kranke Behinderte bereits begonnen hat, andere Menschen zu bedrohen, zu verletzen oder fremde Sachen zu beschädigen.

Fall: Die manisch-depressive Helga ist spontan entschlossen, ihr Leben radikal zu ändern. Sie schleppt ihren gesamten Hausrat auf den Balkon und beginnt, Möbel und andere Gegenstände nach unten auf die Straße zu werfen. Mehrere Passanten werden getroffen und verletzt.

Hier liegt eindeutig eine Gefährdung der Gesundheit Dritter vor – die Polizei könnte einschreiten und Helga gegen ihren Willen in eine psychiatrische Einrichtung verbringen.

Merke: Die Bestimmung des § 7 Abs. 1 PsychKG ist unter rechtsstaatlichen Gesichtspunkten bedenklich. Es bleibt der subjektiven Einschätzung der Mitarbeiter des Sozialpsychiatrischen Dienstes oder – in einer Akutsituation – der Beurteilung durch die Polizei überlassen, ob tatsächlich eine Gefahr vorliegt oder nicht. Eine fachärztliche Beurteilung wird vom Gesetz nicht verlangt. Auch der Umstand, dass Bürger sich subjektiv bedroht fühlen, bekommt hier Tatsachencharakter und kann polizeiliches Einschreiten auslösen, das nach vielfacher Erfahrung häufig konflikteskalierend und – therapeutisch betrachtet – in der Regel kontraproduktiv wirkt.

3.4. Unterbringungsverfahren

Werden die Voraussetzungen für eine Unterbringung als vorliegend erachtet, und erklärt der psychisch kranke Mensch nicht aus eigenem Entschluss, er werde sich freiwillig in die Krankenhausbehandlung begeben, dann wird seitens der Ordnungsbehörde ein Unterbringungsantrag beim Amtsgericht gestellt, vgl. **§ 8 PsychKG**.

Dem Antrag ist ein Gutachten beizufügen, das von einer Ärztin oder einem Arzt mit psychiatrischer Erfahrung zu erstellen ist und das die tatsächlichen Voraussetzungen für die Unterbringung zustimmend beurteilen muss – das Gutachten hat also darzulegen, aus welchen Tatsachen und medizinischen Beurteilungen sich ergibt, dass der psychisch kranke Mensch infolge seines Leidens eine konkrete Selbst- oder Fremdgefährdung verursacht.

Mit dem Eingang des Antrags bei dem Gericht läuft das Unterbringungsverfahren; für den Verfahrensablauf gilt das Gesetz über die freiwillige Gerichtsbarkeit (FGG). Das dem Antrag beigefügte Gutachten muss dem in § 2 der Landesverordnung zum Psychisch-Kranken-Gesetz (PsychKGVO) beschriebenen Begründungsprofil genügen; nach dieser Vorschrift muss ausgeführt werden,

§ 2 PsychKGVO SH

[...] inwiefern das durch die psychische Krankheit bedingte Verhalten der psychisch kranken Person eine erhebliche Gefahr für ihr Leben, ihre Gesundheit oder die Rechtsgüter anderer darstellt und aus welchem Grund die Gefahr durch Hilfen oder andere Maßnahmen als eine Unterbringung nicht abgewendet werden kann. [...]

Aus dem Gutachten muss sich schlüssig ergeben, dass die Voraussetzungen für die Unterbringung vorliegen. Das angerufene Gericht muss das Gutachten aus rechtlicher Sicht prüfen und entscheiden, ob die Voraussetzungen für die Unterbringung vorliegen. Wird eine Unterbringung durch Beschluss verfügt, dann ist sie sofort zu vollstrecken. Die Unterbringung bedeutet, dass der betroffene Behinderte in die geschlossene Abteilung eines psychiatrischen Krankenhauses verbracht wird.

Der Vollzug der Unterbringung soll mit diesem Buch nicht besprochen werden. Nur kurz sei hier erwähnt, dass es sich um eine freiheitsentziehende Maßnahme handelt, deren Rechtmäßigkeit durchaus umstritten ist.

Nach dem **Zweck** des PsychKG muss das **Ziel** der Unterbringung vorrangig die *gesundheitliche Rehabilitation* sein – dieser Aspekt ist bei der Anordnung einer geschlossenen Unterbringung von dem Gericht angemessen zu berücksichtigen. Nach hier vertretener Auffassung sollte das Gericht im Einzelfall neben dem medizinischen Gutachten auch eine heilpädagogische Beurteilung einholen, um feststellen zu können, ob die gesundheitliche Besserung nicht nachhaltiger bei ambulanter Behandlung mit einer pädagogischen Begleitung zu erreichen ist. Es darf nicht übersehen werden, dass die Unterbringung wegen ihres Zwangscharakters nachhaltig negative Auswirkungen auf die Psyche des kranken Behinderten entfalten kann.

Zudem gibt auch nachfolgend dargelegte Überlegung Anlass zu kritischer Betrachtung der *Unterbringung gegen den Willen* des betroffenen Behinderten: es ist zwar grundsätzlich kein Einwand gegen die Unterbringung eines kranken Menschen in einer geschlossenen Einrichtung zu erheben, wenn eine konkrete Gefahr der Verletzung von Rechtsgütern besteht – schließlich ist der Staat Garant für den Rechtsgüterschutz der Bürger. Bedenken bestehen allerdings deshalb, weil der Unterbringungsrichter mangels eigener Fachkenntnisse in seiner Entscheidung wesentlich auf die Beurteilung des Krankenhausarztes angewiesen ist. Der Richter kann deshalb kaum fachlich fundiert beurteilen, ob eine Behandlung in einer geschlossenen Psychiatrie für die Gesundheitsbehandlung des psychisch Kranken wirklich förderlich ist oder nicht.

Merke: wenn nach Auffassung des behandelnden Arztes der Gesundheitszustand des Betroffenen sich soweit gebessert hat, dass von ihm keine konkrete Selbst- oder Fremdgefährdung mehr ausgeht, ist dieser Umstand dem Gericht mitzuteilen – das Gericht hat dann die Aufhebung des Unterbringungsbeschlusses anzuordnen.

4. Wiederholungsfragen und -aufgaben

1. Skizzieren Sie den Rechtscharakter des PsychKG – welche unterschiedlichen Regelungselemente sind in diesem Gesetz anzutreffen? Lösung S. 175

2. Welche Bedeutung kommt dem Psychiatrieplan im Kontext mit den gesetzlich formulierten Aufgaben des PsychKG zu? Lösung S. 177

3. Welchem Zweck dienen die Hilfen dieses Gesetzes? Skizzieren Sie knapp die unterschiedlichen Hilfearten! Lösung S. 176 f. und S. 179 f.

4. Unter welchen Voraussetzungen wird die Unterbringung eines psychisch kranken Menschen in die geschlossene Abteilung eines psychiatrischen Krankenhauses veranlasst? Lösung S. 182 f.

5. Erläutern Sie den Begriff der Gefahr, die vorliegen muss, wenn eine Unterbringung gegen den Willen des psychisch kranken Behinderten veranlasst werden soll! Lösung S. 182

6. Unter welchen Voraussetzungen kann ein Unterbringungsbeschluss aufgehoben werden? Lösung S. 184 f.

Behinderung und Erziehungsaufgabe

1. Recht auf Entwicklungsförderung und Pflicht zur Erziehung — 188
2. Leistungen der Kinder- und Jugendhilfe — 190
3. Wiederholungsfragen und -aufgaben — 194

Junge Menschen mit Behinderungen haben ein Recht auf Förderung ihrer Entwicklung und Erziehung wie alle anderen jungen Menschen iSd. § 7 SGB VIII auch. Die Vorschrift des **§ 1 SGB VIII** führt insoweit aus:

§ 1 I SGB VIII

Jeder junge Mensch hat ein Recht auf Förderung seiner Entwicklung und auf Erziehung zu einer eigenverantwortlichen und gemeinschaftsfähigen Persönlichkeit.

1. Recht auf Entwicklungsförderung und Pflicht zur Erziehung

Den Eltern als Sorgeberechtigten obliegt in erster Linie die Pflicht, für die materielle Versorgung und die Erziehung der eigenen Kinder die Verantwortung zu tragen. Die Elternverantwortung gründet sich auf **Art. 6 Abs. 2, S. 1 GG**:

Art. 6 II 1 GG

Pflege und Erziehung der Kinder sind das natürliche Recht der Eltern und die zuvörderst ihnen obliegende Pflicht.

Die Elternverantwortung ist in der Vorschrift des **§ 1626 Abs.1 BGB** näher bezeichnet; danach haben die Eltern ihre Erziehungsaufgabe im wohlverstandenen Interesse des Kindes wahrzunehmen. Die Erziehungsaufgabe ist in der Vorschrift des **§ 1631 BGB** folgendermaßen konkretisiert:

§ 1631 BGB

(1) Die Personensorge umfasst insbesondere die Pflicht und das Recht, das Kind zu pflegen, zu erziehen, zu beaufsichtigen und seinen Aufenthalt zu bestimmen.

(2) Kinder haben ein Recht auf gewaltfreie Erziehung. Körperliche Bestrafungen, seelische Verletzungen und andere entwürdigende Maßnahmen sind unzulässig.

Es ist also elterliche Verpflichtung, das Recht ihrer Kinder auf eine persönlichkeitsfördernde Erziehung iSv. § 1 SGB VIII im Alltagsleben umzusetzen und praktisch zu machen.

Eine besondere Ausprägung der Sorgeaufgabe mit Blick auf junge Menschen mit Behinderungen findet sich in der Vorschrift des **§ 60 SGB IX**. Dort ist bestimmt:

§ 60 SGB IX

Eltern, Vormünder, Pfleger und Betreuer, die bei ihrer Personensorge anvertrauten Menschen Behinderungen (§ 2 Abs. 1) wahrnehmen oder […] hierauf hingewiesen werden, sollen im Rahmen ihres Erziehungs- oder Betreuungsauftrags die behinderten Menschen einer gemeinsamen Servicestelle oder einer sonstigen Beratungsstelle für Rehabilitation oder einem Arzt zur Beratung über die geeigneten Leistungen zur Teilhabe vorstellen.

Diese Regelung begründet zwar keine konkrete Rechtspflicht der genannten Erziehungspersonen – sie stellt jedoch klar, dass hier für die Erziehungspersonen eine besondere Verantwortung gegenüber jungen Menschen besteht, drohenden oder bereits eingetretenen Behinderungen möglichst frühzeitig entgegenzuwirken.

Versagen Eltern in Wahrnehmung ihrer Erziehungsaufgabe, behandeln sie die Kinder schlecht, vernachlässigen sie ihre Kinder oder misshandeln sie körperlich, dann entsteht für den Staat die Pflicht, einzugreifen – er muss im Sinne des Entwicklungswohls der betroffenen Kinder förderlich und unterstützend tätig werden. Diese Verpflichtung gründet sich auf die Regelung des **Art. 6 Abs. 2, S. 2 GG**, die deutlich macht, dass die staatliche Gemeinschaft nicht untätig bleiben darf, wenn das Entwicklungswohl junger Menschen in der eigenen Familie nicht gewährleistet ist. In § 1666 BGB sind die Voraussetzungen bezeichnet, unter denen das Familiengericht in das Elternrecht eingreifen und den Eltern ggf. das Recht der Personensorge entziehen kann. Die Vorschrift führt aus:

Wird das körperliche, geistige oder seelische Wohl des Kindes […] durch missbräuchliche Ausübung der elterlichen Sorge, durch Vernachlässigung des Kindes […] gefährdet, so hat das Familiengericht, wenn die Eltern nicht gewillt oder nicht in der Lage sind, die Gefahr abzuwenden, die […] erforderlichen Maßnahmen zu treffen.	**§ 1666 BGB**

Das Familiengericht kann den Eltern die Pflicht zur Zusammenarbeit mit dem Jugendamt auferlegen – in diesen Fällen ist es Aufgabe der öffentlichen Jugendhilfe, gemeinsam mit den Eltern Hilfe und Unterstützung zur Förderung des Entwicklungswohls der betroffenen Kinder zu planen. Verweigern die Eltern die Hilfe zur Erziehung und gerät deshalb das Entwicklungswohl der Kinder in Gefahr, kann das Familiengericht den Eltern das Sorgerecht entziehen und einem Privatvormund (z.B. Tante, Onkel) oder dem Jugendamt übertragen.

2. Leistungen der Kinder- und Jugendhilfe

Wenn Eltern eines Kindes, das mit körperlichen, geistigen oder seelischen Behinderungen belastet ist, bei der Durchführung ihrer Erziehungsaufgabe Schwierigkeiten haben, die sie nicht alleine bewältigen können und wird dadurch das Entwicklungswohl ihres Kindes gefährdet, dann besteht für sie die Möglichkeit, Leistungen der Jugendhilfe nach dem SGB VIII in Anspruch zu nehmen. Nichts anderes gilt, wenn Eltern behinderungsbedingt ihre Erziehungsaufgabe nicht so ausüben können, wie es eine das Entwicklungswohl ihrer Kinder fördernde Erziehung verlangt.

Im Leistungsbereich der Kinder- und Jugendhilfe nach dem SGB VIII sind mit Blick auf die Bedarfslage bei behinderten Kindern und Jugendlichen für sie und ihre sorgeverpflichteten Erziehungspersonen nachstehend genannte Leistungsformen von Bedeutung und zur Verfügung gestellt:

- Beratung und Unterstützung bei Wahrnehmung der Aufgaben der Personensorge, § 18 SGB VIII,
- Förderung von Kindern in Tageseinrichtungen nach § 22 a SGB VIII und in Kindertagespflege nach § 23 SGB VIII,

Merke: Kinder mit Behinderungen sollen gem. § 22 a SGB VIII in den Tageseinrichtungen nach der Zielvorstellung des Gesetzgebers in Gruppen gemeinsam gefördert werden.

- Hilfe zur Erziehung gem. §§ 27 ff. SGB VIII,
- Eingliederungshilfe für seelisch behinderte Kinder und Jugendliche nach § 35 a SGB VIII.

Bedarf an Leistungen der Kinder- und Jugendhilfe besteht ganz allgemein, wenn junge Menschen im Entwicklungsprozess Verhaltensweisen zeigen, die eine pädagogische Hilfeintervention erforderlich machen, oder wenn die sorgeverpflichteten Eltern ihre Erziehungsaufgabe vernachlässigen bzw. ihren Pflichten behinderungsbedingt nicht ausreichend nachkommen können.

2.1. Hilfe zur Erziehung

Ein Bedarf an Unterstützung in Form einer Hilfe zur Erziehung gem. **§§ 27 ff. SGB VIII** besteht konkret, wenn die Erziehungsverpflichteten ihrer Sorgeaufgabe so unzureichend nachkommen, dass für ihre Kinder eine dem Entwicklungswohl förderliche Erziehung iSv. § 1 SGB VIII nicht mehr abgesichert ist. Die Vorschrift des § 27 führt aus in Abs. 1:

Ein Personensorgeberechtigter hat bei der Erziehung eines Kindes oder eines Jugendlichen Anspruch auf Hilfe (Hilfe zur Erziehung), wenn eine dem Wohl des Kindes oder des Jugendlichen entsprechende Erziehung nicht gewährleistet ist und die Hilfe für seine Entwicklung geeignet und notwendig ist.	§ 27 I SGB VIII

Liegen die genannten Voraussetzungen vor, besteht also in erzieherischer Hinsicht eine Mängellage für den betroffenen jungen Menschen, dann haben seine Eltern einen Leistungsanspruch auf erziehungsstützende Maßnahmen. Das Jugendamt als verpflichteter Leistungsträger muss prüfen, welche Hilfeart bei der vorliegenden Bedarfslage »geeignet« ist (d.h. Aussicht auf Erfolg, also Aussicht auf Besserung der Erziehungsbedingungen verspricht). Der Anspruch auf Hilfe zur Erziehung ist auch von Eltern, die behinderungsbedingt Schwierigkeiten bei der Erfüllung ihrer Sorgeaufgabe haben, geltend zu machen, wenn aus der erzieherischen Mängellage eine Gefährdung des Entwicklungswohls ihrer Kinder erwächst. *Mängellage*

2.2. Eingliederungshilfe für seelisch behinderte junge Menschen

Einen eigenen Anspruch auf Entwicklungsförderung iSv. § 1 SGB VIII können junge Menschen mit Behinderungen gegen den Träger der Jugendhilfeleistungen geltend machen, wenn die Anspruchsvoraussetzungen nach der Vorschrift des **§ 35 a SGB VIII** vorliegen.

Das ist der Fall, wenn sich eine seelische Behinderung manifestiert, die bei dem betroffenen jungen Menschen beeinträchtigende Wirkungen auf die Möglichkeit zur Teilhabe am sozialen Leben entfaltet. Die Bestimmung führt aus: *seelische Behinderung*

(1) Kinder oder Jugendliche haben Anspruch auf Eingliederungshilfe, wenn	§ 35 a I SGB VIII
1. ihre seelische Gesundheit mit hoher Wahrscheinlichkeit länger als sechs Monate von dem für ihr Lebensalter typischen Zustand abweicht, und	
2. daher ihre Teilhabe am Leben in der Gesellschaft beeinträchtigt ist oder eine solche Beeinträchtigung zu erwarten ist. [...]	

Mit dieser Unterstützungsleistung soll – über die individuelle therapeutische Behandlung hinaus – seelisch behinderten jungen Menschen bei der sozialen Integration geholfen werden.

In **§ 35 a Abs. 1 a SGB VIII** ist als Voraussetzung für die Inanspruchnahme von Leistungen der Eingliederungshilfe gefordert, dass die Stellungnahme eines Arztes für Kinder- und Jugendpsychiatrie und Psychotherapie, eines Kinder- und Jugendpsychotherapeuten oder eines Arztes oder eines psychologischen Psychotherapeuten, der über besondere Erfahrungen auf dem Gebiet seelischer Störungen bei Kindern und Jugendlichen verfügt, eingeholt wird.

Diese Stellungnahme muss zum Ausdruck bringen, dass es sich bei dem ermittelten Befund um eine seelische Störung mit Krankheitswert handelt. Die Diagnose ist auf der Grundlage der ICD-10 (F00-F99) – *psychische und Verhaltensstörungen* – zu erstellen. Die dort aufgelisteten Erscheinungsformen psychischer Erkrankungen bei jungen Menschen sollen nachstehend verkürzt benannt werden: Entwicklungsstörungen des Sprechens, Sprachstörungen, Entwicklungsstörungen schulischer Fertigkeiten, Lese- und Rechtschreibstörung, tiefgreifende Entwicklungsstörungen, frühkindlicher Autismus, atypischer Autismus, überaktive Störung mit Intelligenzminderung und Bewegungsstereotypen, Entwicklungsstörungen schulischer Fertigkeiten.

Ferner muss die Stellungnahme darlegen, dass die beanspruchten Leistungen für eine soziale Integration erforderlich sind und die Auswahl der Hilfe als begründet angesehen wird.

»Geh weiter, Schatz, und sieh nicht hin. Das sind arme Kinder.«

SONDERSCHULE

2.3. Hilfen zur sozialen Eingliederung

Die Regelung des § 35 a SGB VIII enthält Elemente der Jugendhilfeleistung Hilfe zur Erziehung gem. §§ 27 ff. SGB VIII und ebenso Elemente der Sozialhilfe in Form der Hilfen zur sozialen Eingliederung nach §§ 53, 54 SGB XII. Die Leistungen der Jugendhilfe und der Sozialhilfe konkurrieren sozusagen miteinander, wobei nach dem Grundsatz des Nachrangs der Sozialhilfe die Leistungen des Trägers der Jugendhilfe vorrangig einzusetzen sind. Der Träger der Jugendhilfe ist also in der Pflicht, dafür Sorge zu tragen, dass im Bedarfsfall die benötigten Leistungen zur Förderung der Entwicklung und die Leistungen der Eingliederungshilfe zur Verfügung gestellt werden.

Vgl. Kap. »Leistungen zur sozialen Eingliederung für behinderte Menschen«, 3.1.

Merke: Die Eingliederungshilfe-Verordnung findet im Kontext mit der Vorschrift des § 35 a SGB VIII Anwendung. Das bedeutet: damit Leistungen im Sinne dieser Verordnung in Betracht gezogen und gewährt werden können, muss sich bei einem jungen Menschen aus einer bestehenden seelischen Störung eine seelische Behinderung, also ein Zustand mit langanhaltender Wirkung, entwickelt haben.

Vgl. Kap. »Leistungen zur sozialen Eingliederung für behinderte Menschen«, Abschn. 5.

Das Zusammengehen beider Leistungsformen stellt eine »Kombi-Leistung« nach § 11 SGB IX dar. Wegen der Kosten der Unterstützungsmaßnahmen müssen sich die Träger der Jugendhilfe und der Sozialhilfe untereinander abstimmen.

Beispiel: Bei einem jungen Menschen wird eine seelische Behinderung festgestellt, die sich ausdrückt in Symptomen von Sprachhemmung (Stottern, Stammeln) und Lernschwäche (fehlende Konzentrationsfähigkeit, Lese- und Schreibschwäche); diese Behinderung wirkt sich stark beeinträchtigend auf seine schulischen Leistungen und auf den Kontakt mit Gleichaltrigen aus. Wird ein Antrag auf Leistungen gem. § 35 a SGB VIII gestellt, dann wird hier Unterstützung und Hilfe gegeben durch Gewährung von

a) Leistungen der Eingliederungshilfe, (insbesondere in Form von Hilfen zu einer angemessenen schulischen Ausbildung für einen angemessenen Beruf) und darüber hinaus

b) Leistungen zur Unterstützung der Persönlichkeitsentwicklung gemäß den allgemeinen Förderformen der Jugendhilfe und der Hilfe zur Erziehung nach § 27 SGB VIII, wenn aufgrund einer erzieherischen Mängellage ein Kompensationsbedarf besteht, der durch Leistungen zur Entwicklungsförderung abgedeckt werden kann.

3. Wiederholungsfragen und -aufgaben

1. Auf welche Vorschriften gründet sich das Recht junger Menschen auf Erziehung und Förderung der Persönlichkeitsentwicklung? Lösung S. 188 f.
2. Erläutern Sie die elterlichen Sorgepflichten unter Bezug auf die vom Gesetz vorgeschriebene Sorgeaufgabe! Lösung S. 188 f.
3. Haben die Eltern eines behinderten jungen Menschen besondere Sorgfaltspflichten bei der Wahrnehmung ihrer Erziehungsaufgabe? Lösung S. 188 f.
4. Unter welchen Voraussetzungen wird die Sozialleistung »Hilfe zur Erziehung« gewährt? Lösung S. 190 f.
5. Benennen Sie die Voraussetzungen, unter denen die Leistungsform »Eingliederungshilfe für seelisch behinderte junge Menschen« gewährt wird! Lösung S. 191 f.
6. Aus welchen Leistungsarten setzt sich die Eingliederungshilfe für seelisch behinderte junge Menschen zusammen? Lösung S. 193

Das sozialrechtliche Verwaltungsverfahren

1.	Verwaltungsakt	197
2.	Widerspruchsverfahren	201
3.	Wiederholungsfragen und -aufgaben	202

In den vorstehenden Kapiteln ist beschrieben und erörtert worden, welche Sozialleistungen unter welchen Voraussetzungen von Menschen mit Behinderungen beansprucht und bezogen werden können. In diesem Kapitel soll dargelegt werden, was in formalrechtlicher Hinsicht zu unternehmen ist, um die gewünschten Leistungen zu erhalten. Damit sollen die wesentlichen Aspekte des sozialrechtlichen Verwaltungsverfahrens kurz aufgezeigt werden.

Bei dem sozialrechtlichen Verwaltungsverfahren handelt es sich um den förmlichen Verfahrensweg, der einzuhalten ist, damit bei Leistungsbedarf die begehrte Sozialleistung bezogen werden kann – Antrag und Bescheidung des Antrags sind Gegenstand des Verfahrens. Ferner gehört zu dem sozialrechtlichen Verwaltungsverfahren die Einlegung des Rechtsmittels gegen die Entscheidung eines Sozialleistungsträgers, wenn man mit der Entscheidung nicht einverstanden ist.

Zum Begriff *Verwaltungsverfahren* führt § 8 SGB X aus wie folgt:

§ 8 SGB X

Das Verwaltungsverfahren im Sinne dieses Gesetzbuches ist die nach außen wirkende Tätigkeit der Behörden, die auf die Prüfung der Voraussetzungen, die Vorbereitung und den Erlass eines Verwaltungsaktes […] gerichtet ist; es schließt den Erlass des Verwaltungsaktes […] ein.

Frage: Was ist eine *Behörde* iSd. SGB? Dazu wird in § 1 SGB X erklärt:

§ 1 II SGB X

Behörde im Sinne dieses Gesetzbuches ist jede Stelle, die Aufgaben der öffentlichen Verwaltung wahrnimmt.

Bei den Behörden im Geltungsbereich des SGB handelt es sich um die in §§ 18 ff. SGB I genannten Stellen bzw. Leistungsträger und Ämter – also z.B. die Krankenkassen als Träger der gesetzlichen Krankenversicherung, die Agentur für Arbeit, die Berufsgenossenschaften und die Träger der Rentenversicherung.

Das sozialrechtliche Verwaltungsverfahren beginnt mit der Antragstellung; Beteiligte dieses Verfahrens sind gem. § 12 SGB X Antragsteller/in und Antragsgegner/in.

Der Antrag auf eine Leistung ist gem. § 16 Abs. 1, S. 1 SGB I bei dem zuständigen Leistungsträger zu stellen.

Frage: Was geschieht, wenn ein Antrag bei einer unzuständigen Behörde bzw. einem unzuständigen Leistungsträger abgegeben wird?

In diesem Fall greift die Regelung des § 16 Abs. 2 SGB I:

§ 16 II 1 SGB I

Anträge, die bei einem unzuständigen Leistungsträger, bei einer für die Sozialleistung nicht zuständigen Gemeinde oder bei einer amtlichen Vertretung der Bundesrepublik Deutschland im Ausland gestellt werden, sind unverzüglich an den zuständigen Leistungsträger weiterzuleiten.

Antragsteller/in ist der Mensch, der Anspruch auf eine Sozialleistung erhebt und sie beantragt; *Antragsgegner/in* ist der Leistungsträger, von dem eine Sozialleistung beansprucht wird und der den Antrag auf Gewährung einer Leistung zu bescheiden hat, der also eine Entscheidung treffen muss.

Der bei dem zuständigen Leistungsträger eingegangene Antrag ist umgehend zu bearbeiten. Die Sach- und Rechtslage ist zu prüfen.

Es gilt der **Untersuchungsgrundsatz** iSv. **§ 20 SGB X**:

(1) Die Behörde ermittelt den Sachverhalt von Amts wegen. Sie bestimmt Art und Umfang der Ermittlungen; an das Vorbringen und an die Beweisanträge der Beteiligten ist sie nicht gebunden. | **§ 20 SGB X**
(2) Die Behörde hat alle für den Einzelfall bedeutsamen, auch die für die Beteiligten günstigen Umstände zu berücksichtigen. [...]

Vorhandene **Beweismittel** sind zu nutzen, d.h. die vorliegenden Unterlagen (Urkunden und Akten) sind zu sichten, Auskünfte sind einzuholen, die Beteiligten sind anzuhören, Zeugen sind zu vernehmen, vgl. **§ 21 SGB X**.

1. Verwaltungsakt

Sind die sachlichen Feststellungen getroffen und ist die Rechtslage geprüft, dann ergeht ein Bescheid. Dieser Bescheid wird in der juristischen Terminologie Verwaltungsakt genannt.

Frage: Was ist ein Verwaltungsakt? Die gesetzliche Definition dieses Begriffs gibt die Vorschrift des **31 SGB X**:

Verwaltungsakt ist jede Verfügung, Entscheidung oder andere hoheitliche Maßnahme, die eine Behörde zur Regelung eines Einzelfalles auf dem Gebiet des öffentlichen Rechts trifft und die auf unmittelbare Rechtswirkung nach außen gerichtet ist. | **§ 31 S. 1 SGB X**

Zu unterscheiden vom Verwaltungsakt ist die allgemeine Verwaltungstätigkeit – dieser Begriff meint ganz allgemein und umfassend die Arbeit einer Behörde bzw. eines sozialen Leistungsträgers zur Erfüllung ihrer/seiner gesetzlichen Aufgabe, z.B. die Anmietung von Räumen, die Einstellung von Personal, die Sachmittelbeschaffung.

Der Verwaltungsakt (bzw. der Bescheid) muss rechtmäßig sein; die *Rechtmäßigkeit* liegt vor, wenn der Bescheid

a) eine konkrete Aussage enthält und eine Anordnung trifft, die auf ein bestimmtes Handeln oder Unterlassen gerichtet ist, vgl. § 33 SGB X,

b) eine Begründung für die Entscheidung enthält, vgl. § 35 SGB X,

c) mit einer Rechtsmittelbelehrung versehen ist, vgl. § 36 SGB X,

d) ganz allgemein im Einklang mit den Grundsätzen der Rechtsordnung steht.

Merke: Mit Blick auf behinderte Menschen ist die Vorschrift des § 10 BGG von Bedeutung. Hiernach ist bei der Gestaltung von schriftlichen Bescheiden eine Behinderung des Adressaten zu berücksichtigen.

Beispiel: Die Agentur für Arbeit erlässt gegen einen körperlich behinderten Empfänger von Alg II, der wegen behinderungsbedingter Minderung der Erwerbsfähigkeit nur noch etwa 4 Stunden täglich arbeiten kann, einen Bescheid, wonach dieser Mensch zu »leichten Waldarbeiten« für täglich »höchstens 5 Stunden« in einer 60 Kilometer entfernten Gemeinde verpflichtet wird. Eine Begründung enthält der Bescheid nicht; ferner wird keine Rechtsmittelbelehrung gegeben.

Der im Beispielsfall ergangene Bescheid ist aus formalrechtlichen und materiellrechtlichen Gründen **rechtswidrig**.

Formalrechtlich deshalb, weil die Entscheidung nicht begründet wird, dem Adressaten keine Möglichkeit zur Äußerung gegeben worden ist und sie zudem keine Rechtsmittelbelehrung enthält.

rechtliches Gehör

Merke: Vor Erlass des Verwaltungsakts ist dem Adressaten Gelegenheit gegeben, sich zu äußern – sie/er hat einen Anspruch auf rechtliches Gehör. Dieses Recht ist festgeschrieben in der Vorschrift des § 24 SGB X – dort heißt es in Abs. 1:

§ 24 I SGB X

Bevor ein Verwaltungsakt erlassen wird, der in Rechte eines Beteiligten eingreift, ist diesem Gelegenheit zu geben, sich zu den für die Entscheidung erheblichen Tatsachen zu äußern.

Materiellrechtlich ist die Entscheidung rechtwidrig, weil dem behinderten Menschen eine Arbeit zugewiesen wird, die er aus gesundheitlichen Gründen tatsächlich gar nicht leisten kann. Zwar ist er erwerbsfähig im Sinne von § 8 Abs. 1 SGB II, denn er kann grundsätzlich noch mehr als drei Stunden täglich arbeiten. Aber laut Zuweisungsbescheid soll er mehr als vier Stunden täglich eingesetzt werden, wobei die relativ lange Anfahrzeit von insgesamt etwa zwei Stunden noch nicht eingerechnet ist. Dieser Umstand ist der Agentur für Arbeit auch bekannt, weil sie von dem zuständigen Sozialhilfeträger über das Ergebnis der Untersuchung zur Feststellung der Erwerbsfähigkeit unterrichtet worden ist.

Der Bescheid der Agentur für Arbeit ist damit aus formalrechtlichen und materiellrechtlichen Gründen rechtswidrig.

Merke: Einfach ist die Sach- und Rechtslage, wenn die Sozialleistung bewilligt wird – z.B.: ein behinderter Mensch stellt einen Antrag auf gesundheitliche Rehabilitation in einer Kurklinik; er erhält antragsgemäß einen Bewilligungsbescheid. Dann entstehen aus dem Antragsverfahren keine Probleme – sie/er bekommt, was sie/er beantragt hat.

Es geht hier deshalb nur um die Erläuterung der rechtlichen Möglichkeiten, die der behinderte Mensch hat, wenn

- die beantragte Leistung *nicht bewilligt* wird (Problem 1) oder
- nach Leistungserbringung eingewendet wird, die *Leistung sei zu Unrecht* erbracht worden (Problem 2).

Problem 1: Welche Sach- und Rechtslage entsteht, wenn ein Antrag auf eine bestimmte Leistung abgelehnt wird?

Beispiel: *Lisa hat die Werkstatt für Behinderte verlassen und nach aufwendiger Bewerbungsprozedur eine Beschäftigung in einem Laden für Produkte aus ökologischem Anbau gefunden. Die Umstellung in Lebensführung und Arbeitszeit hat sie nervlich so sehr belastet, dass sie krankgeschrieben wird. Ihr Hausarzt beantragt eine stationäre Kurmaßnahme – dieser Antrag wird aber abgelehnt.*

Frage: Welche rechtlichen Handlungsmöglichkeiten hat Lisa als Antragsteller/in?

Antwort: Sie kann das Widerspruchsverfahren gegen den ablehnenden Bescheid in Gang setzen, indem sie das *Rechtsmittel* gegen den Bescheid, – also den Widerspruch – einlegt.

Widerspruch

Problem 2: Wie stellt sich die Situation dar, wenn eine Sozialleistung antragsgemäß bewilligt, dann aber vom Leistungsträger erklärt wird, dass diese Leistung zu Unrecht gewährt worden ist?

Beispiel: *Otto will Kfz-Mechaniker werden; während der Lehrzeit verunglückt er mit seinem Motorrad und bleibt körperlich schwerbehindert – er beantragt nun eine Ausbildung zum Feinmechaniker und erhält diese auch bewilligt inklusive einer Berufsausbildungsbeihilfe gem. § 59 iVm. §§ 105, 106 SGB III. Nach acht Monaten erhält Otto einen Bescheid der Agentur für Arbeit mit der Maßgabe, dass er die bisher erhaltenen Zahlungen für die Ausbildungsbeihilfe zurückzahlen soll. Zur Begründung wird angeführt: man habe einen Berechnungsfehler im Computerprogramm festgestellt; dieser habe dazu geführt, dass in Ottos Fall irrigerweise von der gesetzlich verlangten Bedürftigkeit ausgegangen worden sei.*

Otto ist damit nicht einverstanden, weil er im Vertrauen auf die Richtigkeit des Bescheides das Geld längst ausgegeben hat. Er legt deshalb das zur Verfügung stehende Rechtsmittel, *also den Widerspruch gegen diesen Bescheid der Agentur für Arbeit ein.*

Den Widerspruch muss er form- und fristgerecht einlegen. Ob dem Widerspruch stattgegeben und der Rückzahlungsbescheid aufgehoben wird, ist abhängig von der tatsächlichen Sachlage, so wie sie im Widerspruchsverfahren gem. § 20 SGB X ermittelt und festgestellt wird.

2. Widerspruchsverfahren

Mit dem Eingang des Widerspruchs bei dem Leistungsträger beginnt das Rechtsbehelfs- oder Widerspruchsverfahren iSd. Sozialgerichtsgesetzes, vgl. **§ 62 SGB X**:

> Für förmliche Rechtsbehelfe gegen Verwaltungsakte [… gilt …], wenn der Sozialrechtsweg gegeben ist, das Sozialgerichtsgesetz […].   **§ 62 SGB X**

Auch hier sind zwei Sachlagen zu betrachten:

a) der Leistungsträger erkennt einen Fehler in dem von ihm erlassenen Bescheid – dann hilft er dem Widerspruch ab und die Angelegenheit ist erledigt, d.h. die/der Beschwerdeführer/in bekommt ihr bzw. sein Recht.

b) die Behörde weist den Widerspruch zurück, das Widerspruchsverfahren verläuft also negativ, nun muss die/der Beschwerdeführer/in entscheiden, ob sie/ er Klage vor dem Sozialgericht erheben will.

Merke: In diesem Fall ist zu empfehlen, anwaltliche Beratung einzuholen, weil vor Klageerhebung fachkundig zu prüfen ist, ob die Klage auch Aussicht auf Erfolg bietet.

Der Ablauf des gerichtlichen Verfahrens wird mit diesem Buch nicht besprochen.

3. Wiederholungsfragen und -aufgaben

1. Geben sie eine Definition des Begriffs »sozialrechtliches Verwaltungsverfahren«! Lösung S. 196
2. Was ist eine Behörde im Sinne des SGB? Erläutern sie den Begriff der Behörde mit Bezug auf das Gesetz! Lösung S. 196
3. Erläutern Sie den Begriff »Verwaltungsakt« und benennen Sie die Rechtmäßigkeitsvoraussetzungen für einen Verwaltungsakt im sozialrechtlichen Verwaltungsverfahren! Lösung S. 197 f.
4. Welche Funktion hat die Rechtsmittelbelehrung für einen Bescheid? Lösung S. 198
5. Schildern Sie die Rechtslage, wenn ein Leistungsantrag positiv beschieden wird, später jedoch die bereits gewährte Leistung zurückgefordert wird mit der Begründung, der Leistungsträger habe sich geirrt, seinen Fehler jedoch erst jetzt bemerkt! Lösung S. 199 f.

Fallbeispiel und Lösung

1. Fallgeschichte: Hendrike und Bruno   204

2. Beantwortung der Fragen   207

1. Fallgeschichte: Hendrike und Bruno

Handlungsabschnitt A: Hendrike ist 26 Jahre alt und hat nach Beendigung der Schule eine Lehre als Akustiktechnikerin absolviert und in diesem Beruf zwei Jahre gearbeitet. Über den Kontakt mit hörgeschädigten Menschen hat sie Interesse an der Heil- und Behindertenpädagogik entwickelt und sich entschlossen, ein Studium in dieser Fachrichtung zu absolvieren. Sie ist nun seit über vier Jahren als Heilpädagogin für einen freien Träger in der Behindertenhilfe tätig. Sie hat einen unbefristeten Arbeitsvertrag abgeschlossen.

Fragen:

1. Ist sie versicherungspflichtiges Mitglied in der Sozialversicherung?
2. Welche Rechte und Pflichten erwachsen aus der Mitgliedschaft in der Sozialversicherung?

Handlungsabschnitt B: Seit mehr als drei Jahren lebt Hendrike jetzt mit ihrem Freund Bruno in einer gemeinsamen Wohnung. Bruno ist Softwaretechniker. Eines Tages erleidet Hendrike einen schweren Schock, als sie die Nachricht erhält, dass Bruno während der Arbeit zusammengebrochen und als Notfall ins Krankenhaus gebracht worden ist.

Fragen:

1. Was stellen diese unvorhergesehenen Ereignisse aus sozialrechtlicher Betrachtung dar?
2. Welcher Leistungsbedarf entsteht für Bruno durch den Zusammenbruch?
3. Welche Leistungsansprüche kann er geltend machen?

Handlungsabschnitt C: Aufgrund des Schocks ist Hendrike bereits seit mehr als sechs Monaten traumatisiert mit der Folge, dass sie unter Herzrhythmus- und Schlafstörungen, Alpträumen und Gewichtsverlust leidet. Ferner hat sich bei ihr wiederholt ein Hörsturz ereignet – sie ist nun erheblich schlechthörig. Sie befindet sich seit dem Schock in ärztlicher Behandlung und ist wegen ihrer schlechten gesundheitlichen Gesamtverfassung bis auf weiteres krank geschrieben. Nach einer Weile steht fest, dass sie nicht mehr in ihrer zuletzt ausgeübten Berufstätigkeit als Heilpädagogin wird arbeiten können.

Fragen:

1. Wie ist der Zustand, in dem Hendrike sich wegen der Schockfolgen befindet, aus sozialrechtlicher Sicht zu definieren?

2. Welche sozialrechtlichen Leistungsansprüche kann Hendrike wegen der gesundheitlichen Störungen geltend machen? Gegen welche Leistungsträger?
3. Ist der Umstand, dass sie ihre Arbeit in der Behindertenhilfe nicht mehr ausüben kann, für ihren Arbeitgeber ein berechtigter Grund, das Arbeitsverhältnis zu kündigen?

Handlungsabschnitt D: *Brunos Behandlung im Krankenhaus hatte nur bedingten Erfolg. Die Ursache des Zusammenbruchs war eine Hirnblutung, die sich zunächst als weitgehende Lähmung der linken Körperhälfte auswirkte. Nach acht Monaten ist er jedoch gesundheitlich wieder soweit hergestellt, dass er in die gemeinsame Wohnung zurückkehren kann. Seine Bewegungsfähigkeit ist verbessert, er kann sich aufrecht fortbewegen, jedoch nur ganz langsam und mit fremder Hilfe. Er ist deshalb auf einen Rollstuhl angewiesen, den er schon gut beherrscht.*

Fragen:
1. Wie ist Brunos körperliche Verfassung sozialrechtlich zu beurteilen?
2. Welche Leistungen zur gesundheitlichen Rehabilitation stehen für Bruno nach der Entlassung aus dem Krankenhaus zur Verfügung? Welcher Träger ist für die gesundheitliche Rehabilitation zuständig?

Handlungsabschnitt E: *Hendrike und Bruno halten zusammen und lernen, mit den veränderten Lebensbedingungen umzugehen. Mit der Zeit ist der Wunsch gewachsen, das Arbeitsleben wieder zu fortzusetzen. Sie beginnen zu überlegen und zu planen ...*

Fragen:
1. Welcher Träger ist für die beiden wegen der beruflichen Pläne zuständig?
2. Welche sozialrechtlichen Unterstützungsleistungen kommen für sie in Betracht?
3. Gibt es Sonderregelungen, die Menschen mit Behinderungen die Rückkehr in das Arbeitsleben erleichtern sollen? Können Sie Leistungen beanspruchen, die auf ihre speziellen, behinderungsbedingten Verhältnisse zugeschnitten sind?

Handlungsabschnitt F: *Die finanziellen Rücklagen von Hendrike und Bruno haben sich mit der Zeit aufgebraucht. Die Familien beider können nur gelegentlich und nur in geringem Umfang finanzielle Unterstützung geben. Die gemietete Wohnung wird zu teuer. Das zur Verfügung stehende Geld reicht nicht mehr aus, um die Kosten der Lebensführung zu bestreiten, obgleich Hendrike und Bruno sich bereits sehr* *eingeschränkt haben. Außerdem ist die Wohnung in Ansehung von Brunos körperlichen Beeinträchtigungen nicht behindertengerecht eingerichtet.*

Fragen:

1. Gibt es sozialrechtliche Hilfemöglichkeiten, die Hendrike und Bruno in dieser Situation als Unterstützung beanspruchen können?
2. Kann Bruno hoffen, materielle Unterstützung zu bekommen, wenn er eine behindertengerechte Wohnung anmieten will, deren monatliche Kosten höher wären als die bisher gezahlte Miete?

2. Beantwortung der Fragen

Hinweis: Im Kontext mit der Beantwortung der Fragen wird verwiesen auf die Punkte im Inhaltsverzeichnis, zu denen der jeweils besprochene Aspekt behandelt wird.

Handlungsabschnitt A:

Zu Frage 1: Hendrike wäre Mitglied in der gesetzlichen Sozialversicherung, wenn sie versicherungspflichtig beschäftigt ist; das ergibt sich aus § 25 Abs. 1 SGB III., § 5 Abs. 1, Ziff. 1 SGB V und § 1, Satz 1, Ziff. 1 SGB VI (vgl. Kap. »Behindertenrecht und Sozialrecht«, 2.3.).

Subsumtion: Dem Sachverhalt ist zu entnehmen, dass Hendrike eine dreijährige Ausbildung durchlaufen hat und seit sechs Jahren berufstätig ist. Demnach ist sie Mitglied in der Sozialversicherung.

Zu Frage 2: Aus der Mitgliedschaft erwächst grundsätzlich das Recht, die von der Sozialversicherung zur Verfügung gestellten Leistungen in Anspruch nehmen zu können. Mitgliedschaft bedeutet zugleich die Pflicht zur Zahlung der Beiträge sowie die Bereitschaft, bei einem Bezug von Leistungen den Pflichten zur Mitwirkung gem. §§ 60 ff. SGB I nachzukommen.

Subsumtion: Es ist davon auszugehen, dass die Sozialversicherungsbeiträge für Hendrike gezahlt worden sind, vgl. §§ 28 a bis k SGB IV, so dass Hendrike Leistungen erhalten kann. Des Weiteren kann davon ausgegangen werden, dass Hendrike ggf. einer Pflicht zur Mitwirkung Folge leisten wird (z.B. bei den medizinischen Untersuchungen und Behandlungsmaßnahmen).

Handlungsabschnitt B:

Zu Frage 1: Brunos Zusammenbruch würde in sozialrechtlicher Wertung das Eintreten bzw. Vorliegen des Leistungsfalls Krankheit bedeuten, wenn Brunos körperlicher, geistiger oder seelischer Zustand Leistungen der gesetzlichen Krankenversicherung erfordern würde.

Subsumtion: Nach der Fallgeschichte ist Bruno als Notfall ins Krankenhaus gebracht worden; es ist also eine Situation eingetreten, in der ärztlich-medizinische Intervention erforderlich ist. Damit liegt eine Krankheit im Sinne des SGB V vor. (vgl. Kap. »Zentrale Begriffe des Behindertenrechts«, 1.2.)

Zu Frage 2: Für Bruno besteht Bedarf an einer Krankenhausbehandlung gem. § 39 SGB V in dem Umfang, der für die Heilbehandlung erforderlich ist, also: Notfallversorgung, Operation, medizinische Versorgung und Betreuung.

Zu Frage 3: Bruno kann Anspruch auf alle erforderlichen Leistungen zur stationären und (nach Entlassung aus dem Krankenhaus) ambulanten medizinischen Rehabilitation geltend machen. Die Arten der erforderlichen Leistungen im Einzelnen ergeben sich aus dem Katalog des § 26 Abs. 2 SGB IX (vgl. Kap. »Zentrale Begriffe des Behindertenrechts«, 1.5. und 1.6.).

Handlungsabschnitt C:

Zu Frage 1: Bei Hendrike könnte eine zu Arbeitsunfähigkeit führende Erkrankung vorliegen. Dann müsste in ihrem Gesundheitszustand eine Abweichung mit Krankheitswert von der »normal-gesunden« körperlichen und seelischen Verfassung vorliegen.

Subsumtion: Dem Sachverhalt ist zu entnehmen, dass Hendrike unter mehreren körperlichen und seelischen Beeinträchtigungen leidet – sie hat sich deshalb in ärztliche Behandlung begeben. Der Arzt hat sie für eine Dauer, deren Ende noch nicht absehbar ist, krank geschrieben. Demnach besteht bis auf weiteres Behandlungsbedarf. Hendrike ist damit ohne Zweifel krank im Sinne des SGB V.

Bei Hendrike könnte auch eine Behinderung iSv. § 2 SGB IX vorliegen. Dann müsste ihr Gesundheitszustand von der körperlichen, seelischen und geistigen Verfassung eines normal-gesunden Menschen für eine nicht absehbare Zeitdauer abweichen mit der Folge, dass sie am Leben in der Gesellschaft nicht mehr in einer Weise teilhaben kann wie ein normal-gesunder Mensch.

Subsumtion: Zu diesem Zeitpunkt ist nicht vorhersehbar, ob ihr gesundheitlicher Zustand sich wieder bessern wird. Deshalb liegt – jedenfalls bis auf weiteres – eine Behinderung iSv. § 2 SGB IX vor, bis möglicherweise die Bemühungen im Rahmen der gesundheitlichen Rehabilitation ihren Gesundheitszustand wieder normalisieren.

Zu Frage 2: Hendrike könnte Anspruch auf medizinische Behandlung nach § 27 SGB V iVm. § 26 SGB IX geltend machen. Dann müsste sie weiterhin behandlungsbedürftig sein.

Subsumtion: Hendrikes Gesundheitsverfassung ist noch stark beeinträchtigt. Ziel der ihr zur Verfügung stehenden Behandlungsmaßnahmen soll die Wiederherstellung ihrer Gesundheitsverfassung und auch ihrer Erwerbsfähigkeit sein. Insbesondere könnten Leistungen zur seelischen Stabilisierung sowie zur Förderung ihrer sozialen Kompetenz gem. § 26 Abs. 3, Ziff. 5 SGB IX angezeigt sein – Feststellungen insoweit wären von dem behandelnden Arzt zu treffen.

Leistungsträger ist der für sie zuständige Rentenversicherungs-träger, soweit die Maßnahmen der gesundheitlichen Rehabilitation auf die Wiederherstellung ihrer Erwerbsfähigkeit abzielen. Soweit es bei der medizinischen Behandlung um die Besserung und Wiederherstellung ihrer Gesundheitsverfassung geht, ist ihre Krankenversicherung auch weiterhin zuständiger Leistungsträger (vgl. Kap. »Zentrale Begriffe des Behindertenrechts«, 1.7.).

Gem. § 12 SGB IX sollen beide Leistungsträger zusammenwirken, um das Ziel der Rehabilitationsbemühungen optimal zu erreichen. Im vorliegenden Fall ist davon auszugehen, dass die Krankenkasse und die Rentenversicherung Absprachen treffen wegen des Fortgangs der Genesung und sich wegen der Kosten einigen, denn beide haben ein Interesse daran, dass Hendrike so bald als möglich wieder gesund wird.

Zu Frage 3: Bei Hendrike könnte eine Arbeitsunfähigkeit vorliegen. Das wäre der Fall, wenn sie zwar derzeit krankheitsbedingt ihre Arbeit nicht verrichten, in absehbarer Zukunft jedoch ihrer Pflicht aus dem Arbeitsverhältnis wieder nachkommen könnte. Rechtlich gesehen wäre sie dann nur wegen einer Erkrankung vorübergehend iSv. § 616 BGB verhindert, ihrer Pflicht aus dem Arbeitsverhältnis nachzukommen.

Subsumtion: Hier verhält es sich so, dass Hendrike wegen der gesundheitlichen Beeinträchtigungen ihre Arbeit als Heilpädagogin in der Behindertenhilfe gar nicht mehr wird ausüben können. Der Arbeitgeber ist deshalb berechtigt, das Arbeitsverhältnis zu kündigen, weil Hendrike aus gesundheitlichen Gründen ihrer vertraglichen Pflicht zur Erbringung der vereinbarten Arbeitsleistung aus tatsächlichen Gründen nicht mehr nachkommen kann – vgl. § 611 Abs. 1 BGB. Der Arbeitgeber könnte deshalb den Arbeitsvertrag kündigen.

Handlungsabschnitt D:

Zu Frage 1: Bei Bruno könnte trotz aller medizinischen Bemühungen im Krankenhaus und in der Rehabilitation eine Behinderung iSv. § 2 SGB IX vorliegen. Das wäre der Fall, wenn Bruno aufgrund seiner körperlichen Verfassung in der Teilhabe am Leben in der Gesellschaft beeinträchtigt wäre.

Subsumtion: Bei Bruno besteht eine Lähmung der linken Körperhälfte, die ihn in seinen Bewegungsmöglichkeiten stark einschränkt. Er kann sich nicht ohne fremde Hilfe fortbewegen und entsprechend auch nicht alleine im Leben der Gemeinschaft zurechtkommen. Es ist deshalb festzustellen, dass eine erhebliche Beeinträchtigung seiner Möglichkeiten zur Teilhabe am Leben in der Gesellschaft vorliegt – eine Behinderung iSv. § 2 SGB IX ist damit gegeben (vgl. Kap. »Zentrale Begriffe des Behindertenrechts«, 2.).

Zu Frage 2: Bruno könnte Leistungen zur Teilhabe gem. § 4 SGB IX beanspruchen, wenn Leistungen zur Verfügung stünden, die den bei ihm vorliegenden Zustand von Behinderung zu verbessern geeignet sind. Eine Maßnahme zur gesundheitlichen Rehabilitation könnte diesem Zweck dienlich sein.

Subsumtion: Bruno muss zunächst einen Antrag auf Bewilligung einer Maßnahme zur Rehabilitation stellen (vgl. Kap. »Behinderung und Arbeitsleben«, 2.). Von dem zuständigen Leistungsträger wäre zu prüfen, ob eine ambulante oder eine stationäre Maßnahme zur gesundheitlichen Rehabilitation zur Verfügung steht, die geeignet ist, Brunos Zustand zu bessern. Wenn es eine solche Maßnahme gibt, hätte Bruno einen Anspruch auf Bewilligung der in Betracht kommenden Maßnahme (vgl. »Zentrale Begriffe des Behindertenrechts«, 3.4.).

Zuständig wäre nunmehr vorrangig der Träger von Brunos Rentenversicherung, weil es jetzt nicht mehr nur um die Beseitigung eines Zustands von Krankheit geht, sondern um die Besserung eines Zustands von Behinderung und deshalb auch Bemühungen entfaltet werden müssen, dass Bruno wieder eine Beschäftigung ausüben kann (vgl. »Zentrale Begriffe des Behindertenrechts«, 1.7.).

Handlungsabschnitt E:

Zu Frage 1: Die Agentur für Arbeit (AfA) könnte zuständig für die Umsetzung des Vorhabens von Bruno und Hendrike sein, weil die Leistungen der aktiven Arbeitsförderung gem. § 3 SGB III von der AfA erbracht werden.

Subsumtion: Die Aufgabe der AfA besteht u.a. auch darin, behinderten Menschen die Teilhabe am Arbeitsleben zu ermöglichen, vgl. §§ 98 ff. SGB III. Demnach müsste die AfA für Hendrike und Bruno Leistungen zur Teilhabe am Arbeitsleben erbringen.

Hier ist aber die Vorschrift des § 22 SGB III zu beachten – danach darf die AfA den Leistungsberechtigten nur dann Leistungen der aktiven Arbeitsförderung zur Verfügung stellen, wenn nicht ein anderer Leistungsträger vorrangig verpflichtet ist.

Im vorliegenden Fall könnte der Träger der Rentenversicherung gem. § 9 Abs. 1, Ziff. 2 SGB VI zuständig und verpflichtet sein, die erforderlichen Leistungen zur Teilhabe am Arbeitsleben zu erbringen. Aufgrund der Bestimmung des § 22 SGB III wäre die Rentenversicherung von Hendrike und Bruno vorrangig verpflichtet, Maßnahmen für eine neue berufliche Orientierung bereitzustellen. Der Träger der Rentenversicherung würde aber im Sinne der Vorschrift des § 12 SGB IX mit der AfA zusammenarbeiten – d.h. beide Leistungsträger würden Absprachen treffen mit Blick auf eine sinnvolle Unterstützung zur beruflichen Rehabilitation.

Zu Frage 2: Nach § 3 SGB III gehören zu den Leistungen der aktiven Arbeitsförderung die Berufsberatung (Ziff. 1), die Eignungsfeststellung und Trainingsmaßnahmen (Ziff. 2) und gem. Ziff. 6 die Übernahme der Kosten für eine berufliche Weiterbildung. Zudem können Bruno und Hendrike als behinderte Menschen auf die Unterstützungsleistungen gem. § 3 Ziff. 6 und 7 SGB III (besondere Leistungen für Menschen mit Behinderungen) abstellen – soweit die gesetzlich formulierten Voraussetzungen vorliegen, werden diese Leistungen erbracht. Es handelt sich dabei um die besonderen Leistungen zur Teilhabe behinderter Menschen am Arbeitsleben iSv. § 103 SGB III. Die Anspruchsgrundlage bilden die §§ 97, 102 SGB III iVm. § 77 SGB III (zu Einzelheiten vgl. Kap. »Behinderung und Arbeitsleben«, 2 und 3).

Zu Frage 3: Bei der Ausgestaltung der Fort- bzw. Weiterbildung gem. § 77 SGB III wären von dem Leistungsträger die Vorschriften des § 33 SGB IX zu beachten. Hiernach können spezielle, auf die Bedürfnisse des behinderten Menschen im Einzelfall zugeschnittene Leistungen erbracht werden. (zu Einzelheiten vgl. Kap. »Behinderung und Arbeitsleben«, 2.4. und 3.6.).

Die Anspruchsgrundlage für derartige Leistungen findet sich in § 102 Abs. 1 SGB III. Zu den besonderen Leistungen für Menschen mit Behinderungen rechnen auch die in § 33 SGB IX im Einzelnen aufgelisteten Unterstützungsformen – so könnten während einer beruflichen Weiterbildung zum Beispiel auch Hilfen zur Behinderungsverarbeitung oder zur seelischen Stabilisierung bewilligt und durchgeführt werden, vgl. § 33 Abs. 6, Ziff. 1 und 5 SGB IX (siehe hierzu Kap. »Behinderung und Arbeitsleben«, 3.7.).

Zur Abklärung aller drei Fragen wäre Bruno zu raten, sich mit dem Integrationsamt in Verbindung zu setzen. Nach §§ 102 ff. SGB IX hat dieses Amt die Aufgabe, schwerbehinderten Menschen Unterstützung zu geben, wenn sie am Arbeitsleben teilhaben wollen und dazu der Unterstützung bedürfen (vgl. Kap. »Behinderung und Arbeitsleben«, 5.1.).

Handlungsabschnitt F:

Zu Frage 1: Hendrike und Bruno könnten einen Anspruch auf Hilfe zum Lebensunterhalt gegen den Sozialhilfeträger haben. Gem. § 19 SGB XII müssten sie sich in einer Situation befinden, in der sie ohne Leistungen der Sozialhilfe den notwendigen Lebensunterhalt nicht oder nicht ausreichend aus eigenen Kräften und Mitteln bestreiten könnten.

Subsumtion: Dem Sachverhalt ist zu entnehmen, dass sie ihre eigenen Rücklagen aufgebraucht haben; von der Familie können sie keine Unterstützung bekommen. Nach allem liegen die Voraussetzungen für eine Hilfe zum Lebensunterhalt vor.

Zu Frage 2: Um dieses Problem zu lösen, sollte Bruno sich zunächst an das Integrationsamt wenden. Dieses Amt wird prüfen, ob es gem. § 102 Abs. 3, Ziff. 1 d SGB IX aus den ihm zur Verfügung stehenden Mitteln Bruno finanziell bei der Anmietung der behindertengerechten Wohnung helfen kann.

Darüber hinaus könnte Bruno gem. § 55 Abs. 2, Ziff. 5 SGB IX eine Unterstützung bei der Beschaffung der behindertengerechten Wohnung bekommen – bei dieser Leistung handelt es sich um die sog. Wohnungshilfe. Voraussetzung wäre, dass die Beschaffung der behindertengerechten Wohnung eine Leistung ist, mithilfe derer Bruno die Teilhabe am Leben in der Gemeinschaft und/oder am Arbeitsleben erleichtert wird.

Das ist bei dem vorliegenden Sachverhalt anzunehmen: wenn Bruno eine Arbeit findet, die er trotz seiner Behinderung leisten kann, dann muss er sich von seiner Wohnung zum Arbeitsplatz begeben können, d.h. die Wohnung muss so beschaffen sein, dass er sie begehen und verlassen kann. Eine solche Wohnung würde auch seine Schwierigkeiten, am Leben der Gemeinschaft teilzuhaben, verringern. Die im Vergleich zu der bisherigen Wohnung höheren Mietkosten können für den Sozialhilfeträger kein Argument sein, die Leistung zu verweigern.

Weitere Anspruchsgrundlage für diese Leistung könnte § 68 Abs. 1, S. 1 SGB XII sein – Hilfe zur Überwindung besonderer sozialer Schwierigkeiten. Zuständig für die Gewährung dieser Leistung wäre das Sozialamt. Auch hier wird u.a. als Leistungsvoraussetzung verlangt, dass die Beschaffung einer behindertengerechten Wohnung notwendig sein muss, um einen Arbeitsplatz zu erhalten oder zu sichern.

Register

Agentur für Arbeit
⇨ Arbeit, Agentur für

AHP-Tabelle
⇨ 35

Anhörung
⇨ 160 ff.

Arbeit, Agentur für
⇨ 15 ff., 45, 49 ff., 65 f., 71, 75, 7ä ff., ä2, ä6, 90, 92 ff., 97 ff., 137, 167, 1ä0, 196 ff., 210

Arbeitsförderung
⇨ 1ä ff., 40, 50, 62 ff., 75, ä5, ää, 95, 9ä

Arbeitsleben, Teilhabe am
⇨ 10, 2ä, 36, 39 f., 43, 62, 64 ff., 69 ff., 76, 7ä, ä3 ff., 90 ff., 144

Arbeitslosengeld
⇨ 12, 19, 47, 51 ff., 66, ä0, 97, 137

Arbeitslosigkeit
⇨ 3, ä, 13, 39 f., 49 ff., 62, 65, 95, 134, 137

Arbeitsunfähigkeit
⇨ 25, 2ä f., 46 ff.

Bedarfsgemeinschaft
⇨ 55, 96, 9ä

Bedürftigkeit
⇨ 136

Behandlungsverhältnis
⇨ 111

Behindertenrecht
⇨ 2 ff.

Behinderung, Definition
⇨ 31 ff.

Behinderung, Grad der
⇨ 34 ff., 44

Behinderung, Schwer-
⇨ Schwerbehinderung

Bemessungsentgelt
⇨ 53

Bemessungszeitraum
⇨ 53

Berechnungsprinzip
⇨ 53

Beschäftigung
⇨ 2ä, 36, 42 f., 49 ff., 56, 63 ff., 73, ä7, 91, 93 f., 99, 199

Beschäftigung, geringfügige
⇨ 63

Betreuung
⇨ 152 ff.

Betreuungsbedürftigkeit
⇨ 152 ff.

Betreuungsperson
⇨ 145, 152, 155, 157, 161, 163 f., 165 ff., 170

Betreuungsplanung
⇨ 165

Betreuungsrecht
⇨ 152 ff.

Betreuungstätigkeit, Vergütung
⇨ 170 f.

Betreuungsverfahren
⇨ 159

Eingliederung, soziale
⇨ 132 ff., 140

Eingliederungshilfe
⇨ 20, 31, 34, 37, 77, 116, 124, 132 ff., 144 ff., 191 ff.

Eingliederungshilfe-Verordnung
⇨ 144 f., 193

Eingliederungsvereinbarung
⇨ 49 f., 75 f., 96 f.

Einkommen
⇨ 42, 97 f., 136 ff., 141 f., 146 f., 15ä, 164, 170, 174, 1äo

Einwilligungsvorbehalt
⇨ 162 f., 165

Entmündigung
⇨ 154

Erwerbsminderung
⇨ 15, 42 ff., 140

Erwerbsunfähigkeit
⇨ 42 ff.

Erziehungsaufgabe
⇨ 16 f., 1ää ff.

Früherkennung
⇨ 107 ff., 113 ff.

Frühförderung
⇨ 113 f., 116

G

Gehör, rechtliches
⇨ 160, 19ä

Genehmigungsvorbehalt
⇨ 16ä

Grad der Behinderung
⇨ Behinderung, Grad der

Grundsicherung
⇨ 19, 47, 51, 54, 95 ff., 140

Gutachten
⇨ 43, 51, 55, 75, 99, 110, 121, 160 f., 1ä3 f.

Hilfe zur Erziehung
⇨ 16, 19, 1ä9 ff.

Integrationsamt
⇨ 90 ff.

Integrationsfachdienst
⇨ 73, 92

Integrationsprojekt
⇨ 66, 90, 93 f.

Krankenbehandlung
⇨ 19 f., 26 ff., 40, 47, 102 ff., 175

Krankengeld
⇨ 19, 25, 27, 29, 46 ff., ä2, 137

Krankheit
⇨ 24 ff.

Leistungsentgelt
⇨ 53

Leistungssatz, allgemeiner
⇨ 52

Leistungssatz, erhöhter
⇨ 52, 54

Leistungsträger
⇨ ä, 13, 15, 1ä ff., 24, 2ä, 30, 33, 40 f., 4ä, 72, ä2, 104, 117 ff., 122 f., 137, 142, 14ä, 196 ff.

Leistungsverhältnis, sozialrechtliches
⇨ 111 f., 122, 12ä f.

Lohnfortzahlung
⇨ 29, 47

Menschenrechtskonvention
⇨ 2

Menschenwürde
⇨ 4, 11, 142

Mitgliedschaft
⇨ 11 ff., 1ä, 37, 104 f., 117 f., 120

Pflege, häusliche
⇨ 123

Pflege, stationäre
⇨ 59, 124 f.

Pflegebedürftigkeit
⇨ ä ff., 15, 29, 57 ff., ää, 102 ff., 15ä

Pflegebedürftigkeit, erhebliche
⇨ 5ä, 121

Pflegebedürftigkeit, Schwer-
⇨ 5ä, 122

Pflegebedürftigkeit, Schwerst-
⇨ 5ä, 122

Pflegebedürftigkeit, Stufen
⇨ 5ä

Pflegegeld
⇨ 59, 123, 125

Pflegesachleistung
⇨ 59, 123 ff.

Pflegeversicherung, Aufgaben
⇨ 119 f.

Pflegeversicherung, Leistungen
⇨ 117 f.

Prävention
⇨ 107 f., 115, 119, 179

Psychiatrieplan
⇨ 176 f.

Psychisch-Kranken-Recht
⇨ 174 ff.

Qualitätssicherung
⇨ 12ä f., 14ä

R

rechtliches Gehör
⇨ Gehör, rechtliches

Regelbedarf
⇨ 141 ff.

Rehabilitation
⇨ 9, 26 ff., 37 f., 39 ff., 45, 47 f., 69, 72, ä0, ä5 f., 90, 93 f., 102 ff., 107, 109, 115, 117 ff., 152, 165 f., 176, 1ä4, 1ää, 199

Rehabilitation, berufliche
⇨ 26, 3ä, 40, 45, 4ä, 69, 72, ä0, ä3, ä5, 90, 93 f.

Rehabilitation, gesundheitliche
⇨ 9, 17, 20, 28, 38, 40, 47 f., 109, 117, 119, 184, 199

Rehabilitation, soziale
⇨ 9, 37 ff.

S

Schlussentscheidung
⇨ 162 f.

Schlussgespräch
⇨ 161 f.

Schwerbehinderung
⇨ 35 ff., 66, 90 ff.

Selbsthilfegruppen
⇨ 115 f.

Sicherheit, soziale
⇨ 3, 7 f., 11

Sicherstellungsauftrag
⇨ 119

Soziale Sicherheit
⇨ Sicherheit, soziale

Sozialgesetzbuch, Aufgaben
⇨ 7

Sterilisation
⇨ 168 f.

Subsidiarität
⇨ 118, 136

T

Teilhabe am Arbeitsleben
⇨ Arbeitsleben, Teilhabe am

Teilhabe am Leben in der Gemeinschaft
⇨ 7, 10, 31 ff., 132, 140 ff.

U

Unterbringung
⇨ 71, 81 ff., 157 f., 168 f., 175, 182 ff.

V

Verfügbarkeit
⇨ 49

Vermögen
⇨ 42, 97 f., 136 ff., 146, 157 f., 163 f., 170

Verwaltungsakt
⇨ 18, 196 ff., 201

Verwaltungsverfahren, sozialrechtliches
⇨ 18, 196 ff.

Vormundschaft
⇨ 154 ff., 170, 189

W

Werkstatt für Behinderte
⇨ 12, 63, 84 ff., 138, 144

WHO
⇨ 32

Widerspruch
⇨ 9, 199 ff.

Wiederbefähigung
⇨ 10, 38 ff., 102

Z

zumutbare Arbeit
⇨ 99

Zumutbarkeit einer Beschäftigung
⇨ 50

 springer.de

Recht - schnell erfasst

Bei Fragen oder Bestellung wenden Sie sich bitte an ▶ Springer Distribution Center GmbH, Haberstr. 7, 69126 Heidelberg ▶ **Telefon:** +49 (0) 6221-345-4301 ▶ **Fax:** +49 (0) 6221-345-4229
▶ **Email:** SDC-bookorder@springer.com ▶ Die €-Preise für Bücher sind gültig in Deutschland und enthalten 7% MwSt.
▶ Preisänderungen und Irrtümer vorbehalten. ▶ Springer-Verlag GmbH, Handelsregistersitz: Berlin-Charlottenburg, HR B 91022. Geschäftsführer: Haank, Mos, Gebauer, Hendriks   023682

MIX
Papier aus verantwortungsvollen Quellen
Paper from responsible sources
FSC® C105338

If you have any concerns about our products,
you can contact us on
ProductSafety@springernature.com

In case Publisher is established outside the EU,
the EU authorized representative is:
**Springer Nature Customer Service Center GmbH
Europaplatz 3, 69115 Heidelberg, Germany**

Printed by Libri Plureos GmbH
in Hamburg, Germany